记录成长点滴　感悟情感力量

浅语生情

陈永兵　徐志刚◎主编

吉林人民出版社

图书在版编目（CIP）数据

浅语生情 / 陈永兵, 徐志刚主编. -- 长春 : 吉林
人民出版社, 2022.5（2023.11重印）
ISBN 978-7-206-19307-1

Ⅰ.①浅… Ⅱ.①陈… ②徐… Ⅲ.①中学生—情感
教育—文集 Ⅳ.①G444-53

中国版本图书馆CIP数据核字（2022）第160545号

浅语生情

QIAN YU SHENG QING

主　　编：陈永兵　　徐志刚
责任编辑：卢俊宁　　　　　　　　封面设计：周圆正
吉林人民出版社出版 发行（长春市人民大街7548号 邮政编码：130022）
印　　刷：北京一鑫印务有限责任公司
开　　本：787mm×1092mm　　　　1/16
印　　张：23　　　　　　　　　　字　　数：320千字
标准书号：ISBN 978-7-206-19307-1
版　　次：2022年5月第1版　　　　印　　次：2023年11月第2次印刷
定　　价：69.80元

编委会

主　编：陈永兵　徐志刚

编　委：丁志祥　纪卫东　李晓明

　　　　陈　惠　张　健　葛婷婷

　　　　蒋洪钰

情感教育激发成长动力（代序）

成尚荣

情感教育是一个十分重要的教育命题。五育并举、全面发展，都与人的情感紧密相关。在教育高质量内涵式发展的今天，在落实立德树人根本任务的过程中，教育必须走进学生的情感世界、走进学生的心灵。只有这样，才能在更丰富的精神生活中促进学生的全面发展，塑造灵魂、塑造生命、塑造新人。

当前，教育改革不断深入。我们欣喜地看到，以学生为主体，变革学习方式，让他们在真实、丰富的情境里生动活泼地发展，正在成为广大教育工作者的共同追求和积极行动，学生健康成长的美丽风景线正在校园里生动铺展。

但同时，我们也应当看到，在部分学校，学生情感品质的培养还没有得到应有的重视，学生的积极情感还没有得到充分的发展，导致少数学生出现青春期的生理焦虑、沉迷手机、学习动力不足，甚至害怕和讨厌学习、不信任父母、与教师疏远等问题。这些问题的出现与情感教育息息相关，或是情感教育的设计不充分、与情感的连接不足、积极情感支持不够，或是教师和家长对孩子情感世界的觉察能力、教育智慧还相对薄弱。因此，关注孩子的情感培育、关注学生的心灵成长，成为当前教育过程中不可忽视，且亟待加强的命题。

著名教育学者朱小蔓认为，情感犹似儿童一个原始完整的胚胎，具有无限分化发展的可能，如果呵护、培育，就会积淀为饱满的、具有生命力的精神情感。她还认为，促进人正向、积极情绪情感状态的持存，不仅是有意义学习的基础条件，也在人的健康习性养成、道德价值观内化以及人格培养等方面发挥着弥散性的效用。

江苏南通田家炳中学将学校作为情感教育实验的田野，以立德树人为根本任务，紧密聚焦初中生的身心发展特点，从"心灵教育开端"，用情感激发生命的活力，在情感切入和深入中着力培养学生良好的情感品质、积极的生活态度，坚定他们的理想信念，深植爱国主义情怀，加强道德学习，努力培养德智体美劳全面发展的社会主义建设者和接班人。

经过六年多的探索，以构建"情感场"为牵引，学校已构建一整套情感育人体系。形成了以"难忘教育"为特色的情感育德的活动体系，以情促德，以美其身，加强学生的品德修养；构建了"情感—交往"型课堂范式，以情优教，以教促学，提升了学生学科核心素养和综合素质；建立了以师生关系改善为核心的教师情感工作坊，开展了系列化活动，为教育专业发展开拓了一条新路。

在探索过程中，我们看到，广大教师充分地与学生进行情感互动，引导广大初中生真实、合理地表达自己的情感。在充满情感的课堂上，学生的学习兴趣更加浓厚、学习状态更加积极、情感交流更加真诚，课堂真正成为情感激发下的学习发生地、心灵栖息和舒展的情感场。更加令人欣喜的是，通过情感教育的实践，师生关系有了较大改善，教师情感素养的发展得以促进。我们发现，当情感素养进入教师专业发展内涵时，教师专业发展的视野变宽了，动力变强了，格局变大了，教育走进了学生的精神世界，为学生点燃了生命的篝火，也点亮了教师自己的心灵。

教育是人类传承文明和知识、培养年轻一代、创造美好生活的根本途径。放眼未来，让教育走进学生的心灵世界，提升学生的情感品质、道德素养，践行社会主义核心价值观，为学生打好精神的底色，情感教育必将在更多校园、更多课堂上绽放绚丽之花。

成尚荣：原江苏省教育科学研究所所长、国家督学

本文原载于《人民日报》（2021年8月22日05版）

自　序

　　江苏省南通田家炳中学（以下简称"南通田中"），是一所积极实践情感教育的学校。早在20年前，学校得当代情感教育理论奠基人朱小蔓教授的关怀与指点，开展"难忘教育"的实践。[①]2014年起，学校更是全面加入到朱小蔓教授的情感教育实践体系，成为朱小蔓教授亲自指导的两所全国情感教育实践学校之一。朱小蔓教授这样评价："像江苏省南通田家炳中学的这样一批学校，有那么一群教师一直保持着研究和学习的热情，将优化学生的内在生命成长方式作为办学的最终追求，是非常难得的，也让我和我的学生们倍感钦敬。希望南通田中能够继续将这方面的优势和特色坚持下去，并辐射带动更多的学校认识到情感性德育的价值，参与到实践探索之中。"[②]

　　南通田中的情感教育、情感德育，以情感文明学校为标识，以情感文明校园建设、情感性德育活动实施、"情感—交往"型课堂实践、学生情感素养专题课程建设、教师情感素养提升等为操作路径，通过全程、全员、全类型的情感教育、情感德育设计与实践，切实提升学校全体成员对情感教育、情感德育价值的认知，全面提升学生的道德、情感、知识、技能等全方位的生命品质。

　　应该说，对于很多学校而言，在认知教育与技能教育方面，都已经累积了很好的基础，但是对于情感教育，则可能是一个相对崭新的命题。情感教育与认知教育有着显著的区别，其中一个最大的差异在于，情感无法通过命令、灌输来获得。若想激起某种情感，最佳的方式便是

---

① 江苏省南通田家炳中学初中部系原江苏省南通中学初中部整体并入。
② 陈永兵、徐志刚. 情感德育课程的操作与案例［M］. 北京：北京师范大学出版社，2021：序言.

创设能够唤起某种情感体验的环境。或者说，需要让个体在一定的环境中与外在刺激形成互动关系，进而促进个体获得某种体验，形成某种情感。因此，就情感教育、情感德育而言，环境的营造特别重要。

杜威认为，"成人有意识地控制未成熟者所受教育的唯一方法，是控制他们的环境。……我们从来不是直接地进行教育，而是间接地通过环境进行教育。"①从这个意义上说，南通田中的情感文明校园、情感德育活动、家校共情陪伴课程等，都是学生情感得以滋养、生长的良好环境。

情感教育之所以在学校教育体系中开展得并不乐观，个中原因有很多，除了认知教育为主的考试竞争压力之外，更有情感教育操作路径与方法的复杂性，情感教育效果评价的困难等因素。近些年来，南通田中主要致力于情感教育操作路径与方法的积极探索，并相继出版了《情感文明学校的理论与操作实务》《情感文明学校的课堂优化方案："情感—交往"型课堂行动手册》《情感文明学校的德育课程设置：情感德育课程的操作与案例》这三本著作。出版著作的目的，除了学校自身归纳、总结、反思、提升的需要之外，也希冀能为兄弟学校开展情感教育、情感德育提供系统性的操作参考。

三本书出版之后，得到了很多专家、同行的积极评价，同时也收获了很多的意见建议。在意见建议中，有一点特别重要，即情感教育、情感德育的评价问题。评价不仅是工作结果的检验，更具有工作开展前的导向功能和工作过程中的激励功能。于是，我们也开展了相关的评价努力。

对于情感教育、情感德育的评价，既有质化的，也有量化的。在量化方面，南通大学情感教育研究所所长丁锦宏教授团队开展了相关工作，他们的研究发现，"南通田中与B、C三所学校初中生源均来自同一行政区（市区），且就近入学，具有随机性，三校间，南通田中学生学业情绪与B、C有显著差异，且B、C两校差异不显著，且田家炳中学学生学业情绪的积极性情绪唤醒程度高于B、C两校，消极情绪低于B、C两

---

① ［美］约翰·杜威. 民主主义与教育［M］. 王承绪译. 北京：人民教育出版社，1990：21.

校，最大可能的原因是：南通田中推进的情感教育实践对学生学业情绪产生了积极影响，发挥了重要作用。"

当然，我们更希望有质化的评价，于是便有了这本书的编写。在本书中，我们请学生及家长作为表达主体，从校园、课堂、活动、教师和家庭等多个维度，展现学生情感的唤醒、激起、变化及其生命质量的整体提升。

需要说明的是，基于学术研究的需要，可以单独观察、研究与讨论情感，但是从实践的层面看，学生的情感生长是与认知、技能、道德等多种生命质素相伴随的。在学生与家长写作的时候，我们无法要求他们像理论研究者那样，将情感从认知、技能等中剥离出来。在引导他们写作的时候，我们甚至都不提交"情感"这个词。我们担忧命题作文式的做法会固化他们的思维、想象与抒情。我们只是说，希望作者写出自己或者自己孩子这几年在南通田中学习、生活方面面的点滴感受。我们相信，一旦学生和家长能够敞开自己，去体悟与表达成长，那么情感自然会流淌在字里行间。

刘勰《文心雕龙》有云："夫缀文者情动而辞发。"尽管学生的文字还比较稚气、意蕴也相对浅显，但是其中蕴含的情绪情感元素却并不鲜见。在这些文字中，我们不仅看到了惬意、喜悦、兴奋、欣赏、忧伤、彷徨、自责等各种基础性情绪的微微波澜，同时也看到了责任、向往、信任感、尊重感、宽容心、家乡情怀、爱国感、自然珍爱感等高级情感的熠熠光辉。因此，我们将这本书定名为"浅语生情"。这里的"生"，既可以是名词，也可以是动词。作为名词，意指浅语展现的是学生之情；作为动作，则是指浅语中生发出了情感。当然，读者还可以做更多的其他解读。

在编辑本书的时候，我们时时被每一篇文章内蕴的情感所感染、感动，于是，我们无法控制自己的笔触，每篇文后的评析便自然产生了。这些评析，一方面是作为一个阅读主体的有感而发，另一方面也试图表达我们开展情感教育、情感德育的理论诉求和实践审思。当然我们也知道，无论是学生或家长的文本，还是编者的评析，都是稚嫩的，甚至还有这样那样的问题，但是其中的情感是真的。《性自命出》中说："苟以其情，虽过不恶；不以其情，虽难不贵。""真"是我们情感教育的本质追求。悉尼·胡克在杜威《教育上的道德原理》序言中写道：非正式的和不受约束的社交机会中才有真教师，才有"真人"。①"真人"就是"仁人"，"仁人"都是有真性情的人，即拥有"直"德，能够真实，合宜地表达自己的情感。故孔子说"唯仁者能好人能恶人。"②

本书共为六章，前五章选编的是学生的作品，第六章则是家长的作品。前五章分别从课堂、活动、教师、校园和家庭五个方面，展示学生在与这些对象互动之后的所悟所感，第六章是从家长的视角看自己孩子的成长。本书所选的一百四十多篇学生作品和十多篇家长作品，展现了学生生命成长和成长轨迹。而这些聚合在一起，便构成了初中生活的丰富画面。

我们期望这本书不仅仅作为南通田中情感教育的成果而存在，它更应该能够成为多种阅读主体的选择。对于初中生而言，本书可以帮助他们更好地了解校园生活；对于教师而言，本书可以帮助他们更好地了解学生的另一面；对于家长而言，本书可以帮助他们更好地抵近孩子的内心世界；对于向往初中的小学生而言，本书可以为他们提供了解初中生活的机会；对于其他成年人而言，本书可以唤起他们过往初中生活的美好回忆。当然，若有人将此书作为一本可供参考的优秀作文选，我们也并不介意，尽管这并非是我们的初衷。

本书由陈永兵、徐志刚主要进行框架设计、观点凝练与理论部分的文字撰写，丁志祥、纪卫东、李晓明、陈惠、张健、葛婷婷、蒋洪钰等在本书撰写过程中进行了组织协调或文字完善工作，周圆正老师为本书进行了封面设计。此外，多位语文老师或班主任老师参与了学生作文的指导工作。在书中，相关指导老师或班主任的信息均有标注。

在情感教育、情感德育的道路上，我们只能算一个初学者，我们还有很长的一段路需要走，希望有更多的伙伴能够与我们一起结伴同行，同时也恳切期望读者能够对本书及我们的实践提出意见与建议。

---

① ［美］杜威. 道德教育原理［M］. 王承绪等译. 浙江：浙江教育出版社，2003：29.
② 张传有. 伦理学引论［M］. 北京：人民出版社，2006：217.

目 录 CONTENTS

CONTENTS

第一章　藏在课堂里的感动

课堂，是一个令学生几多欢喜几多忧的场域。人是情感性动物，课堂学习的过程中充满着情感的波动起伏，或轻微平缓，或激烈澎湃。比如，课堂上，感觉自己收获很大，或是得到老师表扬、同学称赞，喜悦兴奋便会溢于言表；若是听不大懂或者被老师批评、同学质疑，沮丧愤懑则会涌上心头。这些情感波动，不仅影响着学生对知识的接受，影响着师生间的人际互动，也影响着学生对于自身生命的体悟。

现在，在不少的课堂教学中，教师对于学生的情感是比较忽视的，这些教师关注的基本都是学生的知识接受。换言之，这样的课堂只有知识教育，而没有情感教育。为了让学生获得知识、达成记忆，有些课堂甚至以学生过度的负性情绪体验为代价，在此背景下，一些心理弹性较弱的学生，便很容易产生焦虑、抑郁等心理问题。

对于课堂教学中的情感教育的重要性，朱小蔓教授团队有这样一段表述："人的情感体验紧密关联其价值观认同、道德品性与健全人格的养成，继而对完整的、整合的人的生命成长起基膜性及持续生长性作用。学校课堂要为人的健康、积极、高级的情感发展提供安全、温暖而又理性的环境。学校中的所有课程，乃至每一节课都可能而且应当具有维系人发展的情感性价值，从而实现教学、教育融合一体、课程育人的真正的教育目的。"[1]也就是说，每堂课，我们都应该关注与思考学生的情感状态、情感发展，只有这样，才能营造最佳的课堂生态环境，从而成就学生的全面成长。

---

[1] "教师情感表达与师生关系建构"项目组．"情感—交往"型课堂（HEART）观察与评价指南［R］．2016（5）

2014年，南通田中整体加入朱小蔓教授的"教师情感表达与师生关系建构"实践研究，初始时以"情感生态课堂"作为课堂教学的标识。2016年，朱小蔓教授提出了"情感—交往"型课堂这个概念，于是，学校将"情感—交往"型课堂确定为学校课堂教学改革的基本范式。"情感—交往"型课堂，追求的是"融合情感教育、课程育人、情感德育为一体，注重个体生命间的联系，并尤其关心包括个体情感在内的整体人格健全发展的动态过程。"①

与传统的课堂样态或者范式不同的是，"情感—交往"型课堂具有三个方面的特质。（1）更关注与强调建构积极、健康、和谐的课堂师生关系和教学环境。"教师""学生""教材"和"教学环境"是课堂教学的四大基本要素。长期以来，课堂教学的理论研究与实践探索主要体现在"教材"之于"教师"和"学生"，对于师生关系，对于教学环境的关注度显得不够。事实上，"师生关系的性质是决定性的因素，比起教什么、怎么教以及谁来教都更有决定性。"②只有教师才懂得如何去与学生建立一种良好的关系，教学的过程才能畅达。而关系建构的核心是情感。如果课堂上教师能够表现出尊重、关怀、宽容、欣赏等情绪情感体验和状态，学生能够体验到安全、兴趣、热爱、信任、胜任、成就、自在等情感状态，那么就构成了促进教学的良好教学环境。物态化的教学环境固然重要，而这种良好人际关系组成的精神环境，即我们所认为的一种师生之间、师生与环境之间形成的"情感场"更为重要。（2）关注师生个体生命内部品质的协调发展。"情感—交往"型课堂通过"师生、生生感性和理性沟通统整、情感与认知沟通统整，培养和激发师生自我调适、塑造为感性与理性、认知与情感协调发展的人为教学和教育的根本目的。"③这种努力，可以克服当前课堂教学中存在的重知识轻情

① 朱小蔓、王平. 情感教育视阈下的"情感—交往"型课堂：一种着眼于全局的新人文主义探索［J］. 全球教育展望，2017（1）

② ［美］托马斯·戈登. 教师效能训练［M］. 李明霞译. 北京：中国青年出版社，2015：2.

③ 朱小蔓、王平. 情感教育视阈下的"情感—交往"型课堂：一种着眼于全局的新人文主义探索［J］. 全球教育展望，2017（1）

感、重理性轻感性等不良倾向。（3）以教师情感素养提升为工作基点。情感教育的课堂实现，关键在于教师的情感素养，包括教师对喜怒哀乐等的认识、对影响情绪因素的认识、反省自己情绪之能力、改善自己情绪的能力、觉察学生情感的能力、调节学生情感的能力等方面。只有教师拥有情感素养，才能在课堂上表现出"情感—交往"型课堂所需要的宽容、欣赏、尊重、关怀，以及行动方面应该具有的激发注意、创意思考、适当行动、机智调整等功效。为了提升教师的情感素养水平，我们开展了系列化的教师情感素养提升工作坊活动，以保障教师有效开展"情感—交往"型课堂教学。

课堂教学中实施情感教育、情感德育，与活动育人、课外师生互动育人或校园环境育人的工作机制是有差异的。课堂教学中的情感教育、情感德育，是融认知、观察、思维、记忆、想象、体验、情感、道德等多种因素相互促进、印证、补充的活动。在这一系列因素交互活动中，情感有时是动力、燃料，有时又是黏合剂。

若要让学生表征课堂学习活动中的心理品质的交互，学生所选择的普遍性词汇是"感动"。学生感动有多种表现形式，或表现为人际间的温暖体验，或表现为知识获得的成就感，抑或是瞬间的美感享受，等等。通过本章的阅读，您可以通过走入学生们的文字，去感受学生们的这些感动。

我的高光时刻

初二（10）班　马铭宇

如白驹过隙的那一瞬，我正好抬起头，又正好与数学老师犀利的目光相对。他在那堂课给予我特别的关心与鼓励，让我重拾信心，迎来了人生的高光时刻。

进入初二，数学的难度陡然加大，全等三角形、轴对称、因式分解……一个个重难点单元像一座座大山压在我身上，令我喘不过气。一到上数学课，我就打不起精神，成绩也一次次不尽如人意。

又是一堂枯燥无味的数学课。好不容易熬到下课铃响起，老师却神秘地一笑，在黑板上留下了一道极其古怪的题目："这可是一道复杂的综合题，馈赠给同学们思考，谁做出来我可是重重有奖哦！"繁多的题设、奇怪的图形，让人望而生畏。我明知拿不到奖，但看到老师神秘的笑容，不知从哪里涌出了一阵好奇，仍想去尝试一番。

夜幕降临，我独自坐在桌边苦思冥想，做到其中一步时便"卡壳"了，怎么想都想不出来。反正老师会选优秀的同学回答的！我心里暗暗想，便放弃了。

第二天数学课上，当老师询问谁会解这道题时，我偷偷瞄了一眼，正好对上老师那犀利却不失温暖的目光："就你吧！"面对成绩优异的同学投来的惊疑的目光，我本想推辞，但老师已经走到了我身边，轻轻拍了拍我的肩："试试看！"我只能硬着头皮走上了讲台。我知道，身后有几十双眼睛如探照灯般盯着我，我的内心好忐忑。

来到黑板前，左手按住黑板，右手执粉笔，跟着之前的思路，一步一步演算起来。当解到昨天试算"卡壳"那步时，我再次停了下来，默默低下了头。突然，一个极低却又熟悉的声音在耳边响起："构造手拉手模型！"再仔细看看题目，我恍然大悟！顿时，解题的思路也像一江春水般畅通了。

终于，在经过了反反复复的演算、推理、纠偏之后，我点下了最后一个句号，脸上的笑容也随之绽放。忽然，一阵自发的掌声在我耳畔响起，那样欢快，那样悦耳，仿佛一波又一波潮水，从四面八方涌来，将我包围，我在这欢乐的海洋中尽情遨游，感受到乘风破浪的欢快和豪迈。我在数学课堂上从未有过的高光时刻，就这样与我不期而遇。

讲台上，温暖的阳光照在老师的脸上，那样宁静而又明亮。我知道，老师用他特别的方式在帮助掉队的我再回课堂，重拾信心。

感谢这堂数学课，它带给了我人生的高光时刻；感谢这高光时刻，它带给了我更多的自信，让我有勇气去迎接人生中一个又一个高光时刻的到来。

（指导教师：薛自军）

评析：课堂学习过程中，学生常有思维卡顿的瓶颈时刻，而一旦突破这一思维阻塞，便会获得思维的高质量发展，这一过程即本文所谓的"高光时刻"。在这堂课上，教师首先敏锐地觉察到了作者的疑虑，于是将作者推到了前台，因为在"聚光灯"下，个人的潜能往往会被激发出来。当发现作者即将陷入在众人面前无法下台的窘境时，教师用不易被人察觉的"暗示"助推作者突破了思维困境。教师的这一暗助，不仅保护了作者的自尊心，更重要的是体现了"不愤不启，不悱不发"的原则。具体言之，即教师不是一开始就出手相助，而是发现作者个人多重努力之后无力自解时，才出手相助，这种适时点拨恰到好处，充分体现了教师的情感教育智慧。

从字里行间可以看出，对于作者而言，这节课的这一"高光时刻"，带给他的不仅仅是自信和勇气，以及个体思维品质的提升，更重要的是他感受到了教师的温暖与智慧。

第一章 藏在课堂里的感动

数学课，不一样的精彩

初一（9）班　陈保霖

"两点之间有且只有一条直线……"，教室里传来了琅琅的读书声。

不知不觉间，我们踏入中学大门已经两个多月了。其间，我们接触了很多风格各异的老师，从他们那里学到了很多新的知识，也懂得了许多新的道理。幽默而不失严谨的符老师的语文课、经验丰富的张老师的英语课、和蔼可亲的田老师的历史课、阳光健朗的卢老师的体育课……但令我印象最深刻的，还是严谨认真的吴老师教的数学课。

开学第一天，吴老师便意味深长地对我们说："数学是一门严谨的学科，随着年龄的增长，我们所学的知识会越来越难，学好数理化也将是改变人生的一条重要路径。希望在后面的三年里我可以与大家共同成长、进步，将数学的魅力发挥到极致。"

记得在一堂数学课上，吴老师神秘地对我们说："同学们，你们知道流星划过夜空用数学的语言来表达叫什么吗？"同学们七嘴八舌地讨论起来，"流星雨"，搞笑大王王子昂高高地将手举起，迫不及待地说出来。吴老师微微地摇了摇头说："不是，再想想。"同学们一个个陷入了深深的思考中。过了一会儿，我们班的学霸王越泽灵机一动，举起手来说："老师，这叫点动成线。"吴老师点了点头，微笑着对我们说："没错！除点动成线之外，还有线动成面，面动成体，所以，点、线、面便是几何三要素。"同学们一个个都恍然大悟，茅塞顿开。

还有一堂课，吴老师让我们站在阳台上，她则带着几位男生走到操场上，叫其中两人站在操场对角线上的两个端点，又叫来另外三位男生分别从同一端点出发去另一个端点，其中一人走对角线，另外两人则要从操场的边上绕行，然后与另一端点的同学击掌就停下。吴老师又命令他们三人用全力跑步。只听吴老师一声令下，三位男生像离弦的箭一样冲向终点，最终，走对角线的同学率先到达终点。事后，吴老师告诉我们，这叫作"两点之间，线段最短"。

这样的实例很多很多，吴老师就是这样，通过生动的小实验引导我们探究数学的奥妙。在她的教导下，我对数学的兴趣也越来越浓厚，也更深刻地体会到了数学的乐趣。

（指导教师：陆亿尧）

评析： 教育的艺术不在于传授知识和技巧，而在于激发、鼓励和唤醒。教学的根本，也不仅仅是教师从自己的"一桶水"中交给学生"一杯水"，而应该是带领学生一起去寻找、发现水源。

不看花卉，不能欣赏它的美丽；不听音乐，不能领略它的感染力。直接经验的获得是至关重要的，只有这样学生的研究才能透彻。因此，学校的一切活动，凡是学生自己能做的，应当让他自己做。做了就与实物发生了直接的接触，就得到了直接的经验，就知道了做事的困难，从而更能深刻地认识到事物的性质。做事的兴趣会愈做愈浓，做事的能力也会愈做愈强。

文中的吴老师，是一位有智慧的"做中学"的践行者。激发潜能，认识世界，成长自己，这是身为如此师者的学生之大幸！

不一样的班会，不一样的你我

初一（9）班　程心莹

下周一的班会课，吴老师居然提前让我们每个人准备一片树叶！此言一出，大家立马议论纷纷，莫衷一是。我转念一想，这也许是一堂非同一般的班会课吧。

班会课正式开始了。第一环节中，吴老师让我们每个人把树叶随机投入到事先准备好的一个盒子里。等大家都投完了之后，盒子回到吴老师手里，她还特意捧着摇了摇，然后让我们再到盒子里试试能不能找出自己投入的那片树叶。结果你猜怎么着？所有人都找出了自己的那片树叶！吴老师让大家说说理由。虽然说法不一，但大家的理由较为一致，就是自己的树叶是独特的，每片树叶都有它独有的特征，是别的树叶无法替代的。直到此时，吴老师才转身在黑板上写下"每个人都是独特的生命个体"这样饱含深意、富有哲理的一行字，并由此引导我们，人也是一样，世界上每个人都是不同的，即使是双胞胎，他们也不可能完全一样。这个环节，让我们深刻意识到了生命的独特性。

第二环节，吴老师让我们拿出准备好的便笺纸，按顺时针在小组间交传，让每个组员写出他人值得大家赞赏的地方。一轮下来，每个人的纸上都写满了他人的优点，即使是平常比较淘气的同学，他的便笺纸上面也满是优点，如：幽默风趣、乐观开朗、乐于助人、集体荣誉感强，等等。群众的眼睛是雪亮的，当你自己还不甚了解自己的时候，你的同学已经关注到了你，发现了你的长处、你的不足。

最后，吴老师总结说："在这个世界上，没有完全相同的两片树叶，也没有完全相同的两个人。无论你是谁，你做过什么，你都是那个独一无二的、不可替代的你！"她教导我们，每个人都不是十全十美的，既有缺点也会有优点。我们要学会接纳自己的不足，"近朱者赤，近墨者黑"，要努力向品学兼优的同学学习，改正自己的不足；同时也要学会欣赏自己的优点，并让其发扬下去。吴老师的话真有启发性，使我有醍醐灌顶、茅塞顿开之感。原本的我，自认为是一个很普通、没啥特长的女孩，现在我知道了，每个人都是一个独特的个体，永远不要对自己缺乏信心。"尺有所短，寸有所长"，也许自己不是十全十美的，每个人在相貌、性格、言谈举止上不可能完全一样，但要相信自己，接纳自己的所有，相信自己就是那个最靓的仔！

这堂班会课不仅帮我们树立了人生的信念，也让同学们彼此之间有了更好的交流了解，同学们之间也更亲近了。

这堂班会课真的是既有趣而又意义非凡。

（指导教师：陆亿尧）

评析：一提到"班会课"，我们习惯地想起了拉着"包公脸"的班主任，总是表扬极少数，棒喝一大堆。什么"十要十不要"之类的紧箍咒拼命地注入填塞，哪管学生的不易消化，不易理解，即使吃了进去，也如同吞枣。包括在思品课上，教给学生的，也仅限于一大堆概念。正如在陆地上学游泳，是没有多大用处的。学生尽管在陆地上日日夜夜练习游泳，一到水里还是要溺死的。你要他学游泳，一定要在水里教他学；而且要他自己实地到水里去，否则，老是你游给他看，是没有用处的。

为师者，应该像文中的吴老师一样，用学生喜爱的方式，让他们心弦的诗歌响起来，让师生沐浴在幸福完整的教育春风里。真实、朴素而有效的教育，才是教育最美的样子，才有滋养增长生命的力量。

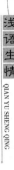

"加油！只差一点点"

初一（10）班　蔡炎恒

体育，一直是我的"硬伤"。就拿这次国测来说吧，我在1000米这一项的发挥太差了，最终导致体育总分没有及格。这件事，成为最近萦绕在我心头挥之不去的痛。

记得体育国测那天，只听得一声哨响，男子1000米测试开始了，同学们就像脱缰的野马绝尘而去，数位身材高大的同学抢得有利跑道，跑在队伍的最前面，而我因为身材劣势，被一骨碌挤到了队伍的大后方"压阵"！

刚开始，大家好像有使不完的力气，能跑多快就跑多快，一股脑地往前冲。身材吃亏、速度上又不占优势的我，决定采取先保存体力再后来居上的策略，跟跑为主，希望到后面等大家体力下降后，再加速反超他们。

果然应了那句俗语——"理想很丰满，现实很骨感。"

我正低着脑袋自顾自地跑着，冷不丁抬头一瞄，吓出一身冷汗！发现自己距离"先头部队"已经很远很远了，而且，前面的那些家伙，体力貌似也没有下降多少，速度上只是略微慢了些。如果我再不采取行动的话，就彻底追不上了。于是，我不得已改变策略，提前加速，把先前攒下来的体能，毫无保留地用了出来。此时的我，像换了个人似的，超过了一个，又超过一个，连超了五个人，其中有两个被我超过的同学，投来诧异的目光，不明白我怎么突然变快了，但他们不甘心被我超越，"嗷嗷"怪吼着追了上来。

最终，我还是高估了自己的体能，在超过第六个人的时候，猛然发现，体能好像一下子全用完了，而此时距离终点还有大半圈。此时，两条腿就像灌满了铅似的，越来越重，每跑一步都要承受巨大的阻力。

豆大的汗珠，从脸颊淌下来，我没有时间，也没有多余的体力去擦拭汗水。此时的我张大嘴巴，大口大口地喘着粗气，速度也逐渐慢了下来，先前那两个"嗷嗷"叫的同学也终于反超了我，经过我旁边的时候，还不忘看我一眼。他们的状态稍微比我好点，但也是大口喘着粗气，缓慢地从我侧边超过。这个时候，大家都是在比拼意志力。不一会儿，又有两个同学把我超越了，此时的我，内心焦躁不安，心情越发沮丧起来，心脏"怦怦怦"跳得飞快，体力已经到了极限，就在自己感觉要放弃的时候，一个有力的声音在耳边响起："加油！只差一点点了，蔡炎恒，加油！"我抬头一看，是班主任高老师，她在不远处双手握拳，大声地鼓励我。她的呼喊，犹如黑暗中的一道光亮，我又重新燃起斗志，用最后仅存的一点力气冲向前方。

抵达终点的那一刻，我早已绵软无力。隐隐约约地听见裁判老师说，有点可惜啊，只差一点点就及格了。听闻此言，我几乎要瘫倒在地……

虽然那次国测没有及格，但我一定会勤加锻炼，力争在补考中顺利过关。

（指导教师：陆亿尧）

评析：虽然文字功底尚待时日打磨，但小作者用真实细腻的描写，让我们形象而深切地理解了一个道理：人生就是不停地战斗，就是在不断"赶考"的路上。其实，失败并不可怕，可怕的是你连尝试失败的勇气都没有。所以最值得骄傲的是，自己从无数次失败中都挺了过来。跌倒了，一次又一次地爬起来，继续坚强地走下去。

领略大山大河、星辰大海之美

初一（10）班　杨骐嘉

"今天让我们来学习一个有趣的知识吧！""大家再仔细思考一下！""同学们，都听明白了吗？"……这些看似平淡无奇的话语，其实都是我们耳熟能详的地理课李老师的"名句"，也正是这些循循善诱的话语，为我这个原本以为地理知识是很枯燥无味的"地理小白"徐徐打开了一扇认知世界的新大门。

课堂上，只见知识渊博的李老师正用黑板擦和粉笔模拟讲解"地球自转"。他一只手高举着"太阳"——黑板擦，另一只手中斜握着"地球"——粉笔，笑眯眯地问道："大家知道为什么粉笔要斜着吗？这支粉笔又代表什么呢？"真的是"一石惊起千层浪"，"到底是因为什么呢？"同学们都小声嘀咕起来，积极性也被调动了起来。"同学们互相讨论讨论，看能不能找到答案。"李老师用鼓励的口吻说道。好奇心驱使着大家开始兴致勃勃地各抒己见。我灵机一动，那应该是地轴！再低头翻翻书，更印证了自己的想法，于是大声说："那是地轴！"李老师听到了我的声音，微笑着点点头。同学们都纷纷开始模仿着老师的方法，自己演示起地球自转的过程来……

不知不觉中，一堂课就结束了，我却依然沉浸其中。我们就是在这样的潜移默化中收获了知识，收获了快乐。接下来的地理课堂中，李老师带我们领略了热带雨林的闷热、温带海洋的湿润、高原山地的变化、寒冷极地的漫长……引领着我们去探索世界的奥秘，去追逐、领略大山大河、星辰大海之美！

（指导教师：陆亿尧）

评析：每当提及史地政生等科目，很多师生及家长都错误地认为，只要死记硬背，考试分数都不会差到哪儿去。其实，任何一门学科的教学，没有足够的智力训练，没有通过足够的潜心研究来发展学生的智力，学生只是日复一日，年复一年地重复着既有的知识，向他们提出唯一的任务就是：记住、保持、再现。这，是非常可怕的，也是没有德行的粗暴行为。因此，要教会学生善于思考和勇于表达，让学生动起来。教育者幸福的根源何在？就在于创造，在于创造性劳动，更在于使学生成为真正有感情的学习主体。

寓教于乐，老师善于教学，学生乐于学习，这就是田中精彩纷呈的地理课堂给人最深的印记。在这样的课堂里，学生领略大山大河、星辰大海之美的同时，情感等内在世界也是自由舒展的。

有趣的生物实验课

初一（10）班　朱顾同

以往，我对"生物"这一概念的理解少得可怜，印象最深的也就只有达尔文的"物竞天择，适者生存"这句名言了。初中学习生活的开启，使我接触到了一门新学科——生物，它为我打开了了解世界的新窗口。

教授我们生物学的老师姓刘，是一个和蔼可亲的女老师。她就如一个探险家，引领着我们不断探究着大自然的奥秘。

终于，期盼已久的生物实验课到来了。当刘老师正用生动的语言讲述着人体器官的消化作用时，我忽然发现生物实验桌上摆着一个大纸袋，鼓鼓的。我心里痒痒的，迫不及待地想打开看看。

不拆不知道，一拆吓一跳，居然是个人体模型！模型是半透明的，里面的器官清晰可见，我甚至能从橡胶做的心脏上找到细小的血管。这"恐怖"的模样使同组的另一个女生害怕极了，只听到她"啊"地急促地叫了一声，接着眉头也紧皱了起来。我却觉得十分新奇，还用手轻轻地捏了捏它们，并在心中一一给它们排好了序：这是喉管，应该在最上面；这是胃，放在中间；小肠和大肠放在下面……

到了动手操作环节，我们根据老师的提示要求，组内经过商讨，决定一人安放一个器官，并说明其作用。有些同学如老学究一般侃侃而谈，详细地讲出了许多器官的功能，成功地引来了一道道敬佩的目光。看来，我与他们相比，还有更大的进步空间呐！

到了第二个环节，刘老师在黑板上贴上了一些纸条，上面写着大、小、细等形容词。正当我疑惑的时候，她又在另一列贴上了不同器官的名称。我这才恍然大悟，原来是让我们找出这些器官的对应特点。课堂里顿时热闹了起来，同学们开始七嘴八舌地议论开来。为了让我们对器官理解得更加深刻，刘老师让我们剪开大肠与小肠的外表层。大肠的内表层是与外表层几乎一致，而剪开的小肠内部却布满了许多小肠绒毛。通过比较，我们小组奇迹般地第一个整理出对照表格，而我也奇迹般地被老师选上去说出我的见解。我忐忑地走上讲台，眼神飘忽不定，十分紧张。老师在一旁鼓励我说出自己的答案。于是，我紧握的双手松弛了下来，挺起胸膛大声说出了正确的答案。同学们报以热烈的掌声，我心中的成就感也油然而生，增添了学好生物这门课程的信心。

接着刘老师在桌上又放了一块大板子，上面还黏着装有不同颜色液体的注射器，分别对应着唾液、肠液、胆汁、胰液和胃液，只要轻轻一推，就演示出了淀粉、蛋白质、脂肪的消化过程，真是有趣极了。

富有挑战的课程、新奇的实验器材、精彩的实验操作……让我真切地体会到初中生物课堂的魅力，它将我们带进了一个别样的天地。

（指导教师：陆亿尧）

评析：四季鲜艳夺目的花草树木、光怪陆离的虫鱼禽兽、变化莫测的风霜雨雪、恢弘的日月星辰，伟大的自然、广博的社会……这些，都是学生的知识宝库，都应该是学生亟待探索发现的世界。

把一本教科书摊开来，遮住了学生的两只眼睛，他们所看见的世界，不过是八寸高六寸阔的书本世界而已。一天到晚要学生在这个渺小的书本世界里面去求知识，去求学问，去学做人，岂不等于是葬送学生的梦想吗？实验原则，是教学的基本原则。通过实验，学生自己所求来的知识，才是真知识，他自己所发现的世界，才是他的真世界。这才是这堂生物实验课的要义之所在。

我们是课堂小主人——探索地理奥秘

初一（11）班　达文丽

进入初中之后开学第一周的周三下午，我们迎来了人生的第一节地理课。面对这个陌生而又充满未知的领域，同学们和我一样，充满着好奇与激动。

门被轻轻推开的刹那间，教室里的数十双眼睛像探照灯一样，齐刷刷地聚焦到门口。只见一位步履轻盈、面带微笑的女老师，裹挟着一缕春风走进教室。从随后的自我介绍中得知，她，就是那个带领我们一脚踏入"地理地界"的人——茅老师。

第一堂地理课无疑是非常重要的。茅老师没有按部就班，更没有照本宣科，而是带领我们如同天马行空般地"周游"世界，从非洲的古埃及一路向北，到欧洲名都法国巴黎，再乘游轮穿过里海，来到历史悠久的、素有"战斗民族"之称的俄罗斯……此时的世界地图，早已不是无数线条和各种颜色交织、错综复杂、令人头晕目眩的"天书"了，而是五彩斑斓、使人心驰神往的梦幻之境。在这种"神游"中，教室如同一艘游轮，而老师就像一位经验丰富的船长一样，指引航向，或更像一个博学多闻的导游，让我们尽情享受一个个动人的故事……

"滴答、滴答"，不知不觉间我们完成了"环球航行"，想要到更高更远的地方去，便飞上太空，直奔银河。鸟瞰蓝色星球时，会看到更令人震撼的场景。于是就有了另一次更为精彩的课堂体验。

这次开始探索地球运动的现象及规律，老师并没有开讲"沉浸式"的故事，而是利用了另一种与众不同的方法——"演绎理解式"。上课伊始，老师突然严肃地叫出了几个同学的名字，那些同学满脸惊讶，不知所措地四处张望，还以为自己犯了什么错误要被批评了呢。令人意外的是，他们一到讲台上，老师就和蔼可亲地说："可以请你们用演绎的方式，将地球的运动展示给其他同学看吗？"他们这才恍然大悟，很快就进入了"演出"的准备当中。台下的同学们也开始了热火朝天的讨论："唉，地球公转和自转方向是怎样的呀？""应该是从东到西吧！""不对，是自西向东。"……一两分钟后，老师"一声令下"，同学们个个都端正坐姿，目视讲台。表演开始了，只见一位同学双手张开，两臂摆平，身子微微倾斜，在自身运动的同时，还在绕着"太阳"（另一位同学）逆时针地转着……看到这里，我忽然觉得自己仿佛拥有强大无边的法力，化身成了寰宇间所有日月星辰的掌管者，魔棒一指，行星与恒星等等都按照我的意志在运行……

有不少人一看到地理的这个"理"字，似乎觉得这门科目的许多知识都需要死记硬背，但茅老师的课堂仿佛让"地理"活了起来。尤其是兵教兵的"小老师"教学方式，不仅让课堂变得风生水起、多姿多彩，更是在不断地磨砺着我们，使我们成为课堂的主人，成为自己命运的书写者。

（指导教师：谢静）

评析：一个成功的教师，一定要研究学生，注重教法。文中的地理老师就是很好地运用了体验式教学法，来增加学生学习的兴趣，提高学习效率的。

直接体验、主动思考，是学习中的唯一门径。凡是在学校里面的各种活动、各种教学，教师都不应该直接告诉学生种种的结果，应当让他自己去试验，去思考，去求结果。他的方法不一定对，他的思考不一定正确，他所获得的结果不一定满意。而我们教师的责任，就是从旁观察学生是怎样研究、怎样思考的。越俎代庖是教师的大错。我们要处处留意学生的心理，用各种方法来满足他的愿望，发展他的个性，培养他的人格，使之成为自己命运的主宰。

用笔在心

初二（14）班　李丹妮

教室中，我们在静静地练字。

今天练习的是隶书。隶书，小学的时候有过接触，但仅仅学了皮毛，这时候拿出来练，难免紧张。我右手紧握钢笔，双眼迷茫地盯着字帖：那字宽宽的、扁扁的，一撇一捺又长又弯，实在让我难以下笔啊！

我努力使自己平静。照着字帖一笔一画地写了起来，起初的几个字写下来还比较轻松，心中不免骄傲。

写着写着，就被困住了，这"点"像是短横，"口"又不像口，带点椭圆，那"横"竟然是弯着的！

怎么写啊？我试着仿写几次，总感觉那么难看，几遍以后，我泄气了。"这字也太难写了，怎么写也不会漂亮！"我小声嘀咕着。同学们都在专心致志地临摹，而我却莫名地烦躁。

姚老师像是看懂了我的困惑，让大家停下笔，在黑板上郑重地写下了："用笔在心，心正则笔正，笔正乃可法矣。"

看着板书，我丈二和尚摸不着头脑，好奇地问道："姚老师，这是什么意思啊？"老师轻柔地笑了笑，说："这句话的意思是，写字时要用心观察，心无旁骛。"同时，一边示范，一边讲解："比如这个字，它就叫蚕头燕尾、一波三折……"

"书法就要多写多练，练习越多，笔画越像。隶书描画的线体，外部运动状如龙蛇，内部笔锋的运动藏头护尾，可以说是典型的内外合一的'S'形笔法。"

大家恍然大悟，拿起笔，再次对着字帖研究了起来。我也如醍醐灌顶，顿时醒悟，放轻松，慢慢写。一边临摹、一边模仿老师的样子，渐渐回忆起老师平时的教学：字形扁方、起笔蚕头、化圆为方、化弧为直。

此刻，眼中只有优美的隶书，耳边仅闻笔尖的"沙沙"声。

看着自己一笔一画临摹出来的字，婀娜多姿、神采奕奕。我也领悟到练字时要心无杂念的含义！这时，姚老师走过来，看到我的字，不禁夸道："不错不错，进步很大！"我无比兴奋，嘴角上扬。

再次抬头看向黑板："用笔在心，心正则笔正，笔正乃可法矣。"我不禁感慨，练字如此，青春又何尝不是如此呢？心无杂念、不急不躁，无问西东！

（指导教师：范存秀）

评析：从迷茫涂鸦到章法有度，从久练不佳的泄气到专业指导后的自信，小作者的隶书入门了！入门的，不只是字，而是对书法的热爱，对"心无杂念、不急不躁"的认同与自信，对青春成长的真切感悟。

贝多芬的微笑

初一（12）班　包宇璐

天蓝云白，阳光成束地照进屋中，照到那张贝多芬的照片上。阳光下的贝多芬似乎在微笑，淡淡地渲染希望。看着他的笑容，我的思绪不断倒带，停在了那一天，那节课。

我带上笔记本，一头冲进雨幕中。风，侵袭着，直往棉衣里钻。

不觉之中，已经来到了音乐教室。温暖的光线驱走了些许寒冷，老师点头示意让我进来，教室里正在播放贝多芬的《命运交响曲》。

音乐才刚刚开始。音乐书上的文字渐渐模糊。

贝多芬出生在一个富裕的家庭，从小开始练琴，他的祖父和父亲都是宫廷乐师，在他们的影响下，贝多芬在八岁时就登台演出。

我呢？平平无奇！

乐曲缓缓流向高潮。

他与他所爱的女孩相恋了，当年他们却无法在一起。因为他太穷，太穷了。尽管如此，他们还是相处得很幸福。

高潮开始了。

狂热于乐曲创作中的贝多芬忽然失聪了。光明之火熄灭了，展现在他眼前的只有无边的黑暗与绝望，亲友们弃他而去——他们不想照顾一个有缺陷的人。但他并未放弃，继续创作。人情世故远离了他，他的世界反而变得宁静而安详，只剩他和音乐。用心创作的一篇篇乐章，在世界奏响。他的名字变得广为人知。于是，那片黑暗又变得明亮，沉淀的才气喷薄而出，冲破云层，如一轮旭日。无数次的练习和奔跑，无数次不惧失败的勇气，无数次努力却失败的淡然，造就了他的辉煌。

听罢老师的介绍，我不禁莞尔，轻翻页，执笔，在本上记下："其实成功很简单，无惧于失败，不屈于命运，厚积以待薄发，就可以。"

我放下笔，望向窗外，小雨依旧淅淅沥沥，轻轻叩窗，但雨水却折射出美丽的彩虹，如同美好的希望。

他，不也曾是一个普通人吗？但他不甘平庸，历经无数的失败、挫折，仍未被击垮，坚持追逐自己的梦。我们又何尝不是呢？失败并不可怕，重要的是有敢于面对挫折的心。

窗外，仍然是云淡风轻。阳光穿透淡淡的云层，一缕一缕地洒下温暖的细碎光晕。一点点的光晕，像是唤醒万物的约定，在泛着青苔的石板上投下温柔缱绻的颜色。再次看向贝多芬淡淡的微笑，心中已被充实，被填满。

（指导教师：蒋慧）

评析：一般的音乐课因为歌唱而精彩，而这节音乐课却因为老师的讲述而让小作者铭记。挖掘音乐课潜藏的教学资源，让孩子汲取贝多芬身上与命运抗争的动人力量，教师的这一教学追求让孩子心中被正能量充实填满。

不一样的数学课

初一（12）班　段美妍

如果要用一个比喻来形容，那么葛老师的数学课，更像一场妙趣横生的音乐会。有条不紊的节奏牵动着课堂，葛老师便是这场音乐会的指挥者，手中的粉笔如同指挥棒，随手拨动着X、Y、Z，奏成婉转悠扬的曲子，耐人寻味。

"打开活动单0302，昨天我们学到……"葛老师的开场白，像有一种铺天盖地而来的力量，总能使我挺直腰杆，待澎湃的演奏声落下，便开始了一场奇妙的旅行……

话音未落，老师便转向黑板，一边挥挥洒洒地画了一条数轴，一边扭着头问："知道零点值吗？"而此时，底下的我们，和着叽叽喳喳的声响，摇着头，晃着脑，有如古人吟诗一般的韵味，此起彼伏。

老师霎时停下粉笔，嘴里抛出："这个'零点值'如何寻找？"课堂顿时静寂，只有私下的只言片语。同学们的思路戛然而止，面面相觑，脸上一片茫然。

葛老师凝望着我们，没有一丝责备，看透了我们内心的焦急和等待。同学们都停止了自己的一切"活动"，目不转睛地注视着她。那飞舞的粉笔，整齐的板演，缜密的推理，以及洒落的粉笔灰，深深地折服了我们。

我们，被吸引了！

课上，我盯着熟悉却解答不出来的动点问题，苦思冥想，毫无进展。惶恐的我，特难受。此时此刻，葛老师早已看透我心中的迷茫，零星几句，点出了我的难点。蓦地，那动点变成了"定点"，这思维深深打动了我。

我，沉醉了！

当我们开始走神时，她抑扬顿挫的声音又唤回了我们的游魂，我们再一次被她的力量、声音折服。细腻柔和的声音，不时地来一句幽默。

我们，被折服了！

岁月悠悠逝去。纵然难题依旧存在，但我们却毫不气馁，坚持与这些难题抗争。终于，坚强的毅力飞速地将我推向胜利，一套又一套难题被我们拿下。

来到田中两月有余，我们品味着酸甜，吞咽着苦辣，有一种力量推着我们前进，使我们更加坚定与无畏。那力量便源于老师的精心准备的课堂，源于老师的支持与关爱。

有老师在，我想我一定能走得更稳、更远、更精彩！

（指导教师：蒋慧）

评析："师者，传道授业解惑也！"小作者以对老师的缜密严谨的思维、细腻温柔的声音的描述，将一个老师对教学工作的爱心、精心、细心、用心传达得淋漓尽致。老师对小作者的影响，不仅仅在数学学习，更体现在人格的撼动和精神的感染。

爱上语文

初一（12）班　许洺诚

从小学中高年级起，可能因为语文老师对我的期望值太高，也可能我的妈妈也是语文老师，我莫名地想疏远语文。

直到我小学毕业，走进了田中的大门，在一节节全新的语文课中，我对"语文"才心生好感。

中学的语文课堂不同于小学，文章内涵丰富，思维更加深入。从散文到小说，从诗歌到古文，从鲁迅到梁晓声，从吴承恩到劳伦斯……在老师的引领下，我好奇、欣然地品鉴着人类几千年的文化硕果；兴奋、愉悦地打量着绚烂的文学世界。这样的语文之美，不知何故，是我以前从未体验过的。妈妈说，因为我长大了，和文字及语文之美有了共情力。

是的，漫游在唐诗宋词的佳境里，我感受到"明月松间照，清泉石上流"的清幽之美；细读史铁生等名家散文，我感悟到苍劲语言背后流淌的汩汩真情；品悟余华的《许三观卖血记》，惊叹小人物在抵抗灾难时成就的大写的"人"……这所有的一切都汇聚到一起，为我注入了一股全新的力量。

蓦然间我才懂得，语文是我们的精神家园，语文让我回到了话语之乡。于是，一篇篇文章诉诸笔端，我写我的语文老师，把遇见她以后自己对语文的改观融进文章《为你点上"！"》，"秋天落叶，纷纷扬扬，几株还在夏天挺立的花草，细细看去，茎脉里涌动的都是阳光，飒飒秋风，正如我盼望语文课的心情，迅疾而又裹挟着季节的香气！"我写《这一次，我没有怯懦》，回忆偶然一次坐出租车幸运地遇到一位乐观的司机，和他的交谈消解了我因画作落选的伤心，"每一处低谷都是通往山峰的必经之路！这一次我没有再怯懦，而是带着面对挫折的勇气和信心，坚定地向前走去。"我写大美贵州，千户苗寨，"碧河风静物华殊，翠岭雾轻春草苏，古寨静卧葱郁山林千年，漫步蜿蜒青石路，听蝉声沉落，蛙鸣升起，看鸟雀归巢，白水河蜿蜒流淌，感受苗寨风景和人文风情，好不自在！"

就这样沉浸于文字的世界，语文以它深邃、广袤与丰富醉入了我的心底，让我在繁重的学习之余找到了心灵的驿站。它是光，我以光之名，热爱着这个世界！

（指导教师：蒋慧）

评析：初中语文为小作者打开了文学之窗，老师的智慧引领让小作者切身体悟到亲近文学、创作文学作品的自在与美妙。语文学习，就像阳光，照进孩子的心灵，也照亮了孩子心中的世界，让他更热爱生活，更珍爱生命！

情感大冒险

初一（13）班　董嘉逸

那一次语文课，仿佛让我经历了一段"情感大冒险"。

"叮铃铃"一串清脆悦耳的上课铃把我从室外催回了教室。我回到座位，拿出了语文课本，心中甚是激动。伴随着语文老师洪亮的声音，一场"大冒险"拉开了帷幕。

第一险："勇攀书峰"

"今天我们将要学习诸葛亮的《诫子书》，请同学们……"语文老师娴熟地说出了一段课前导语，"现在的首要任务是正确朗读全文……"我望着早已预习好的书本，第一个举起了手。我想，老师，你一定会请我朗读的，快点点我啊！谁知语文老师竟朝我笑了一下，请了其他同学，我心中很是失落。听着那位同学磕磕绊绊的朗读，我决定要以一个全新的方式来表现一下。没错，我就是要背诵下来！那位同学话音刚落，我就猛然举起了手，使得老师不得不请我。我把书一合，反扣在桌上，二话不说就开始背诵。流利的语言从我的口中传遍教室的每一个角落。

望着其他人大惊失色的样子，我笑着结束了我的"表演"，得意地坐了下来。

第二险："摇摇欲坠"

经历了上一险，我心中很是骄傲。谁曾想，前一秒还傲立山顶，后一秒就差点摔得"体无完肤"。虽然这篇课文我自认为已经预习得很全面了，但是语文老师就如同一位神算子，预判了我所预习的全部内容，于是便出了一道很难的题目。我慌得手忙脚乱，仔细翻找书本，就是没有找到答案。我祷告着：啊，千万不要抽到我呀！这题我答不上来啊！可谁知，语文老师盯紧着我的眼睛，我想，这回真的完蛋了。果不其然，我终归被点上了。"额……这个……那个……"我一句话都答不上来，霎时间，我感觉全身的细胞都尴尬到发抖。"请坐下，再思考思考。"

我仿佛听到了同学的讪笑声，嗨，真难受啊！

第三险："登顶插旗"

万分尴尬之后，我决心一定要扳回一局。我全神贯注地听着老师说的每一个字，坚决不敢掉以轻心。老师的话语似乎有一种魔力，牵引着我的思绪。突然，老师关掉了PPT，提了一个难以言喻的问题。刹那间，全班陷入了沉默。一丝灵感在我脑海中一闪而过。我一下子举起了手，划破了长久的寂静。老师欣喜地点我起来回答，我随着那点灵感，一点一点地分析着，全班同学也都将目光聚集到我身上。当我说完最后一个字，全班响起热烈的掌声。那种摘得桂冠的感受真让人欣喜若狂啊！

"叮铃铃……"下课铃响了，我刚想起身，发现自己怎么都使不上劲。我趴在桌上，回忆着刚刚的一次次惊险，品味着那"情感大冒险"。

（指导教师：花永妍）

评析：一节语文课，三次活动，三种情感体验，让小作者经历了大冒险般的刺激，也激起了孩子语文学习的成就体验。语文活动，是学生情感场之载体；语文活动设计，也是教师的智慧体现，值得追寻。

第一章 藏在课堂里的感动

春风化雨讲"政治"

初一（14）班 于欣彤

在大家的印象中，政治应该是严肃而刻板的，而我们的政治课王老师——是一个有点凶的主任，也挺符合我对这门课的预想。她中等身高，一头微卷的长发，总戴着一副深色眼镜，眼神总是那么有威严，透过镜片仿佛能穿过我的身体，掌握我所有的心思。每当这时，我的耳边仿佛还传来王老师的经典台词——"同学，过来，在干什么？"所以，我挺怕"政治"的。可王老师好像无处不在，她身上有一种独特的气场，从老远的地方就能辐射过来，让我注意自己的言行举止。

谨小慎微，认真背诵，我决定就这样应对政治课了。但开学后不久，我对政治课又有了新的认知。王老师讲"政治"，让我觉得挺"神奇"的。

作为一个政治老师，她严谨而严格，在她的课上，不带书会罚站，一点不留情面。但这丝毫不影响她的幽默。上她的课，没有不开怀大笑的，用"生动""有趣"来形容都略显贫乏。我也才知道，严肃的政治课也可以这样笑着上明白。她布置的作业不多，动笔的更少，但我们总能取得不错的成绩。总之，王老师的教学是启发式的，而非简单填充。她注重成绩，但更注重情感交流，上她的课完全是一种享受。

记得有一节课，她和我们讨论青少年使用手机的话题。她和一个同学模拟家长和孩子相处的场景，那位同学就好像是现实中的我们，不想做题，只想玩手机。一般的家长的做法肯定是严格管控，但王老师没有直接拒绝与批评孩子，她出其不意地"慷慨"地把手机递给同学，说让他玩个够，想玩多久玩多久。大家都很震惊，怎么会有这样的"中国好妈妈"，其中必定有"诈"，我得好好想想。王老师看那位同学没有接下手机，假装惊讶地问："哦？你怎么不要？"一番解释后，王老师慢慢露出笑容："我就知道，你对自己也是有要求的，不会一味地放纵自己。好，我相信你，你可以用手机，但你也一定要有自律意识，学习和游戏并不矛盾，关键看我们自己。玩游戏玩得好的人，学习也必定不差！"一席话说完，台下掌声雷动。同学们如遇知音，感到了被尊重、被读懂，从内心里认同、赞赏她的观点，同时也对她的这种引导学生自发思考的方式感到心悦诚服！

"听君一席话，胜读十年书"，王老师的课堂就是如此。她不塞给我们现成的答案，而是唤醒内在求知欲，让学生自己探求，让学生在课堂中成长，在生活中学习。她教给我们的不仅是知识，更是人生哲理！正所谓"春风化雨育桃李，润物无声洒春晖"，这就是教育的最高境界吧！

（指导教师：施玉婉）

评析：政治课，一般就是说教灌输，然而，因为王老师的特别的气场、睿智以及情感交往而让小作者改变了对政治课的看法，深深爱上了政治老师，在人格、处事态度和方法上均深受影响。不得不说，智慧和情感，就是教育的双翼！

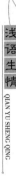

寻觅与回味

初一（15）班　程铄斐

文学哪有什么浅尝辄止，应有不尽的回味与探索。

——题记

　　初一刚开学不久，这只是一节再寻常不过的语文课。我大略地看了一眼课文，没有留下太大的感触，作者的名字也很陌生——"郑振铎"。就是如此普通的课文，谁曾想因为一位老师的讲解，给了我醍醐灌顶的启示，如久旱龟裂的大地受到甘泉滋润，我的内心喜悦且颤栗，原来教育不是一句话传向一个人，而是一种思想碰撞另一种思想，产生更多的共鸣和感动。

　　课上，施老师在黑板上苍劲有力地写出了一个大大的括号。她将教案放在讲桌上，望着我们说道："你们在文章中找到了几只猫呢？"小组课堂讨论，素来是田中拥有的优秀学习方式。一会儿，我们翻遍课文后找到答案。异口同声回答"三只"，有人补充道："不是的，还有一只吃鸟的黑猫。""真的吗？"老师没有做回复，开始了正文的讲解。

　　"郑振铎是一位优秀的作者，他的文字内涵丰厚、质朴，不失真实。"我不以为然地笑笑——他的文笔并不深入，我并没有看出他的文章深度。但是当老师讲完《猫》中的两只猫时，我已经沉浸在情节中不自知了，我为猫的亡失而悲伤，对捉猫贼和冷漠的邻居愤愤不已。"原来，文章感情是很细腻的。"我凝视着书本。

　　然而讲到第三只猫时，施老师话锋一转："同学们，看看在这一部分你们能找到几只猫？"我们震惊了，三分疑惑，七分不解，刚刚不是问过了嘛，怎么还有猫？那只猫隐匿在哪儿了？

全班静静的，我们在思考，老师在等待……良久，她才缓缓地说："你们觉得那只捉鸟的黑猫是强者还是弱者？文中又为什么写这只黑猫？作者是否也是一只猫，作为强者因为不喜欢白猫就冤枉了它，冤枉了一只无法为自己开口辩解的生命，认为错都是它的。《猫》不单单讲猫，揭示的是人性的偏见，抒发了作者人道主义的悲天悯人。"

我们的眼中闪出奇异的光彩，昔日调皮的同学也静静地听着。我们深知，这些是我们的心灵体会不到的，是老师给予了我们提醒。从未想过如此朴素的语言中含有这么深的奥妙，老师引领我们到一个从未触及的世界，而我们今天却能真切感受到"只可意会，不可言明"，原来一切都不应浅尝辄止，而应不断回味与探索，这一刻，我才真正领悟到文学的美，收起轻视和戒备，真诚接纳和融入。

"那么还有谁是猫呢？"我举起手回答："张妈，她在面对作者斥责白猫无法为它辩解时，也同样是弱者。""很好！"老师点头示意，课堂气氛活跃，同学们各抒己见，文学从不是只有一种见解，一千个哈姆雷特让她魅力无穷。

我在课题上留下一个大大的星号，一节原以为普通的课，比以往听过的任何精心准备的课都让人难以忘记。

寻觅与回味的过程中，我懂得了文学的美。

（指导教师：施玉婉）

评析：《猫》的学习，让小作者贴近文本，进而走入文本，深深感受作者对生命敬畏的心怀。孩子之所以有这样深切的情感体验，是因为老师本人对文本的解读独到而入微，是因为老师教学活动中对学生主体性的尊重与无痕的智慧引领。

情感课堂初体验

初一（16）班　王思恩

　　今年九月，我正式以初一新生的身份踏入了江苏省南通田家炳中学的校园。路过诚信商店，穿过紫藤花廊，走过流水曲桥，奔过鲜红跑道……在这美丽的校园中，我邂逅了我的第一批中学老师。

　　田中的情感教育远近闻名，"情感"二字渗透在每一门学科之中。我也在风格各异的良师中感受到了他们共同的理念——情感育人。

　　我的语文老师与我们父母一般年纪，留着稍过肩的卷发。也许是个子高的缘故，抑或是她本身的气质不凡，讲话时便颇有果断豪爽之意。

　　第一课学的是《春》。本以为散文课都是枯燥乏味的，讲的尽是晦涩的情感表达，可老师的情感课堂却令我耳目一新——她将课本中毫无生机的文字进行整理，通过生动的讲课方法，化文字为画卷，一幅幅精心渲染的画面，在老师的引导与声情并茂的诵读、赏析中，我们仿佛走入了书中生机勃勃的春景——沐浴着丝丝春雨，走在乡村的石桥上，桥头是一簇簇的鲜花嫩草，幼鸟啁啾，牧童吹笛，孩童尽情欢笑。沉浸在文中，聆听着老师细致入微的赏析，我渐渐感受到了散文的美妙所在——情感的力量在此体现得淋漓尽致。

　　这样浸润着情感的教学，不仅令我对散文课产生了莫大的兴趣，也使我更好地体会到了古文的魅力。以《咏雪》为例，为让我们更深刻地理解课文，老师便以课文剧的形式请同学们即兴表演，在欢笑声中，我们体会到了谢安先生的教导有方，谢朗的率真与谢道韫的才华横溢，更体会到了谢家其乐融融的氛围。

　　在丰富多彩的情感课堂中，老师也不断强调着田中校训"诚者大成，善行天下"。譬如，近期所授的《皇帝的新装》一课中，当读到大臣们虚伪的奉承时，老师立刻将其与校训串联起来，斥责了这种社会病态。

　　不觉中，我来到田中已经两个半月了，这两个半月内，我深刻地体悟到了情感教育的魅力所在，我们也将在这样的熏陶滋润下，走过人生至关重要的三年初中生活。

　　愿情感教育之花绽放在我们每位田中学子的心田。

（指导教师：葛炜玮）

　　评析：声情并茂的诵读，别开生面的课本剧，针砭病灶的评述，师生共生，演绎了语文课的精彩。这精彩，是对课文情境的捕捉与体认，是对社会百态的感受与见解，有场景的呈现，更重要的是有情感的升华！

细察纹理

初一（16）班　许桐瑄

　　进入初一，我接触到了一门全新的学科——生物。我最喜欢上生物实验课，其中有一节课让我印象最深刻。

　　当得知下节生物课要做生物实验时，教室里人声鼎沸，热闹非凡，大家都在想象、讨论着那即将到来的生物实验课。终于，它来了。

　　那是我们的第一节生物实验课。大家向生物实验室奔去，哪怕是平时最不喜欢生物课的同学，也不甘落后。到了实验室后，大家迅速地找到了自己的位置坐下。大家和我一样对动手实践还是很感兴趣的。

　　上课铃响了，老师走进了教室。看到我们端正的坐姿和一脸期待的表情，她似乎感到十分惊讶，明明平常我们都坐得东倒西歪，今天怎么这么反常？老师清了清嗓子说："同学们，今天我们要观察辣椒表皮细胞，要用到显微镜……"她还没说完，教室里一阵欢呼，几乎快把屋顶掀翻了，过了好久才平静下来。之后，老师讲了一大堆显微镜的使用注意事项，还给我们发了器材。

　　器材刚到手，我不禁有一点失望，显微镜上有许多污渍、划痕，一看就知道它受过许多人的抚摸、使用。不过还好，透过目镜看过去没有一点污点。

　　我们迅速地取镜、安放、对光，并且放置切片标本。接下来是最重要的一步——观察。我透过目镜看过去，只看到了一个明亮的圆形，并没有看到老师说到的东西。"难道老师在骗我们？"我心想，"不，这是不可能的事！"我立马打消了这个念头。

　　这时，一个声音传进了我的耳朵，"你傻呀，你不调粗准焦螺旋看个啥呀！"我往左边一看，原来是我的同桌。我恍然大悟，投给她一个赞许的目光，继续忙活。我小心翼翼地拧动着粗准焦螺旋，突然，一个红色的东西从我眼前闪过，我立马往反方向转动，那个一闪而过的东西又回来了。我终于看清了：几个小红圆圈紧密排列着，中间夹着几个小黑点，像几个黑色的小眼珠。我惊呆了，原来这些就是老师所说的细胞啊。它们是如此微小却又如此重要，大到一头大象，小到一只蚂蚁，所有的生物都是由这样渺小的细胞组成的。

"见藐小微物，必细查其纹理。故时有物外之趣。"感谢生物课，给了我一份热切的期待，给了我一双慧眼，让我从此对世界的认识有了微观的角度，让我看到了生命的美好。

（指导教师：葛炜玮）

评析：实验课，让学生神往，因为可以调动多种感官，因为发现和恍然大悟的惊喜和快乐，学生对科学研究的乐趣和情怀在实验活动中被充分调动、激发，使学生在满足自身好奇心的同时，成长为更为完整而幸福的人。

爱上物理

初二（9）班　曹家昊

"嘀铃铃……"上课铃声响了，只见物理老师满面春风地走进教室。师生问候后，她沉静自若地在黑板上写下了"探究凸透镜成像规律"的课题，然后又拿出一套实验器材放在讲台上装好摆平，整个动作如行云流水，干净利落。

早就听上一届的学哥学姐们说，"凸透镜成像规律"这一章节是进入初二物理学习中的第一个拦路虎，所以我们在上这一节课之前，都对此心怀敬畏，希望它能对我们手下留情。不承想，才上课没多久，我们便忘了先前的担忧。只见物理老师拿着实验器材，一个个向我们介绍道："这个是光具座，我们把凸透镜、光屏和光源的中心放在同一高度。"接着，老师将光源"F"与光屏调整了一下位置，神奇的事情发生了：只见雪白的光屏上出现了一个小如指甲盖大的倒立的"F"像。随后，老师又将光源与光屏互换位置，光屏上居然出现了比原来大了几乎两倍的"F"倒立像！对此，我们看得全神贯注，不少同学都对眼前看到的实验现象发出了惊异的感叹声，整个教室几乎都沸腾了！物理太有意思了，真的太神奇了！

不知不觉中，课堂已经接近尾声。此时，物理老师再一次站回讲台正中央，语重心长地说："物理其实不难，只要我们用心，多观察生活，或者用一个个简单的实验就能解决我们的困扰。简单美是物理学的重要标志，今天学的内容只是冰山一角，接下来的物理学习道路还很长，希望大家不怕困难，坚持走下去！"

是呀，物理学的发展一直不断推动着人类对自然的认识和社会的进步，物理最吸引人的地方，就是探索未知，物理之美是一种简单的生活美，它教会我们一些道理，让我们在接下来的路上越走越平稳。我发现我越来越喜欢物理啦!

（指导教师：薛自军）

评析：学习是辛苦的，收获知识却是快乐的。如同登山，"无限风光在险峰"，只有历经艰辛苦难，才有资格领略山巅的风景，山巅的风景才会更加迷人。在这个年龄段，若能感受到课堂的快乐，你将在这个时段获得比别人更多的知识，你的生命也将更加精彩。

第一章 藏在课堂里的感动

痛点，在灵魂里走了个透

初二（9）班　谢亦可

"'心事浩渺连广宇，于无声处听惊雷'。当鲁迅看到，在北洋政府的统治下，在日本的侵略下，广大人民生活潦倒，内心的悲愤可想而知……"

这是一节语文课，内容是《藤野先生》。讲到作者鲁迅，薛老师开始滔滔不绝，从早年经历，到后来的弃医从文，再到诗和文章。在薛老师时而平静、时而激昂的话语中，我第一次真正地在"横眉冷对千夫指，俯首甘为孺子牛"的灵魂里走了个透。

我的语文老师薛自军，教学几十载，有着丰富的教学经验。岁月对他多有爱护，虽已年过半百，但精神矍铄，说起话来中气十足。

薛老师有两大痛点，一是我们的基础知识出错。薛老师捶胸顿足、叹声连连："哎呀呀，这么简单的字怎么又错了呢？蚊子肉也是肉啊！哎呀呀，太可惜了！"

第二个痛点……

又一节语文课，学习的是《白杨礼赞》。薛老师突然发问："知道今天是什么日子吗？"大家都愣住了，一个个面面相觑。有同学小声说："今天是10月19日。""10月19日有什么特殊吗？节气？或者快到什么传统节日了？不像啊。"我暗暗思忖，找不到头绪，默默地低着头，不敢看老师。此时的教室特别安静，空气里，心虚和不安在发酵。薛老师叹了一口气，缓缓说道："同学们，10月19日是鲁迅先生逝世的日子。你们全都不知道吗？"老师无奈地看了我们一眼，又说道："71年前的今天，中国人民志愿军跨过鸭绿江，开启了'抗美援朝，保家卫国'的卫国之战。"我不由地回忆起《谁是最可爱的人》一文中，英勇无畏的志愿军们与敌人殊死作战的场景。哦，我明白了，鲁迅先生以及志愿军战士们，不就像课文中的白杨树一样，质朴而又坚韧吗？薛老师意味深长地说："每一个正在享受和平年代的幸福的人，都不应该忘记我们的历史。"同学们面带愧色，对"愚人节""圣诞节"了如指掌的我们，是多么的肤浅和无知。我知道，这次我们又戳到薛老师的"痛点"了。

薛老师的语文课总会给我们意外的收获。学习《昆明的雨》，我知道了抗战时期，西南联大迁入昆明；学习《愚公移山》，老师就聊到压在旧中国人民头上的三座大山……在薛老师的影响下，同学们不只是语文课听得认真，就连历史也学得更用心了。

不计辛勤一砚寒，种花容易树人难。薛老师的语文课带给我们的绝不只是单薄的成绩单，还有开阔的眼界、坚韧的精神、前进的动力。潜移默化中，浮躁的我们渐渐沉静下来，每个人都知道了，"天下兴亡，匹夫有责"不只是一句口号，而是要我们成为实力担当！

（指导教师：薛自军）

评析：文中的薛老师，是个博学的智者，不但授予学生知识，更丰盈学生的精神世界，引领着大家在文海漫游，汲取着精神的养分。在课堂的点滴中，学生有了责任意识，有了担当。

一个人，一堂课，一扇门

初二（10）班　袁璐

记得，那是刚开学的一天。

那天下午的第一节课，我们都迅速坐到位置上，翻开陌生的课本，准备迎接陌生的老师，给我们讲解这一陌生的课程：物理。

怀着一颗激动之心，大家期待着这堂实验课。而对于我来说，更多的可能是害怕，害怕听不懂，害怕考不好。

没过多久，老师便匆匆赶到。老师姓张，一头微卷的中长发散落在肩上，一个可爱的球形装饰顶在头上。一副金边眼镜，给人一种活泼的感觉。老师手里还提着一箱东西，是什么呢？大家心里都很好奇。首先，张老师介绍了物理的一些基本情况："物理呢，其实是一门有趣的学科。"为了证实她的说法，老师特意准备了很多实验器材。

张老师拿出一颗被踩扁的乒乓球，并烧了一壶滚烫的开水，然后拿了一个茶杯倒了大半杯，最后把球放了进去，并用一双筷子把乒乓球瘪的地方往下按，好让热水浸泡到它的"伤口"。神奇的是，乒乓球慢慢地膨胀起来，最后，竟然看不到被踩过的痕迹，恢复了原本圆溜溜的模样，甚至比以前更白更光亮了，像刚买来似的。"这到底是怎么回事？"全班同学议论纷纷。张老师告诉我们："因为在这个乒乓球里面也有空气，用烧开的沸水浸泡后，迅速给它加热，乒乓球没有破的话，里面的空气膨胀起来，就像给气球吹气一样，球被撑起来，这就叫'热胀冷缩'。"

除此以外，老师还拿出了三个酒瓶，酒瓶里没有酒，是空的。老师往三个酒瓶里分别倒了一点水，酒瓶里的水不一样多，根据酒瓶里的水多少，按顺序排列。然后，老师拿出一把尺子，对着酒瓶敲击着，发出一些轻微的响声。神奇的一幕再次出现，每个酒瓶发出的声音不一样，大致是"哆来咪"的音调。老师还往酒瓶里吹气，也能发出不一样的声音，但是音色与敲击的又不一样，吹的音更加低一点。

这一堂物理课不仅仅有趣，更让我们都感受到了学习物理的快乐。懂得了物理的有趣，今后才会更加努力地学习物理，而课前我的担心似乎已经烟消云散了，取而代之的便是对物理的热爱。

物理是个知识的海洋，它需要我们去探索。我们发现了漂亮的卵石和贝壳，并且为此而欢欣鼓舞，我们更渴望探知波涛汹涌。让我们在大海上，乘上物理之舟，开始充满艰辛又不乏乐趣的科学之旅吧！

（指导教师：薛自军）

评析：一个睿智有趣的老师，可以激发你的学习兴趣；一节有意思的课，可以激发你对一门功课的热爱。作者是幸运的，在老师的引领下，可以在物理的海洋中徜徉，领略风光。

脚　步

初二（11）班　季韩辰

您的脚步很短，很短，走了一生，都没走出过三尺讲台。

"大漠孤烟直，长河落日圆……"踏着琅琅读书声，您走进教室，望着我们，眼中汪满欣慰。待我们读完，您先是比了个大拇指，随即满面春风道："真棒！同学们先默读，想象一下诗人所在之地是什么样的。"声音如燕呢，温柔得能滴出水来。

我们纷纷低下头，教室里很静，只有时远时近的脚步声。阳光温润，岁月静好。

"沙，沙……"是粉笔摩擦的声音。我们闻声抬头，只见您手持粉笔，在黑板前画着什么。手仿佛是芭蕾舞者，轻盈曼妙；沙沙声似轻柔的舞曲，直击人心。很快，您转过身，轻轻拍拍手，"不知你们想到了什么？是否有欲落的夕阳，是否有整齐的大雁，是否有无垠的荒漠，是否有……"老师每问一句，笑靥如花，更是手下生花。阳光洒下，画细如蚊痕却清晰可见，点点粼光闪烁，灵动可人。

"王维呀，是诗人，又是画家，让我们看看他笔下的边塞吧……"您手捧书本，在我们中间穿梭，声音很是和蔼，挑逗着我的耳膜。"颔联运用比喻，诗人把自己比作野草，表达了什么？"您向我走来，脚步嗒嗒，凝视着我，眼睛清澈如泉，给予我无穷的温与热。"体现了诗人的漂泊无依……"您附和着我的答案，还不断帮我完善："嗯，不错，坐下吧。"语气更是温柔，嘴角盛着满心的愉悦。

阳光中，心中涌出糯米一样的东西，暖暖的。

"什么是律诗呢？它有三个要求……"您脚下生风，走回讲台，在黑板上笔走游龙。"首先……其次……"思路清晰，声音清脆，伴着轻轻的沙沙声，如交响乐般和谐美妙。再看看黑板，字迹洒脱飘逸，左边是手法结构，右边是内容情感，上有诗人介绍，下有零碎的知识。仿佛是艺术，一气呵成而浑然天成。"边塞有大漠孤烟直，有长河落日圆……"您又拿起红笔，在黑板上画上几个圈，打上几个星，"王维诗中有画，画中有诗，这不仅是对音韵的追求，更是……诗人情感纷然，又不知表达，于是……"

您的手在空中舞着，每个字都温婉如春风，抚摸着每个人的脸庞。

"以前，边塞人是辛苦的，现在的边塞人更是不易的啊，他们也是参加过抢渡金沙江的啊，疼吗？累吗？他们每天过着如此生活，几年如一日，无怨无悔，视死如归……"您讲得激情澎湃，我们听得也是热血沸腾。

您的脚步变得铿锵，抬头，您指尖粘着粉末，阳光也为您镶上金花，很是美丽。

您总说"春蚕到死丝方尽，蜡炬成灰泪始干"是情人间的诗句，可这又怎么不是我们对您的爱？您费尽心血只为培育我们成才，鱼尾纹不知不觉爬上您的眼角，您不是我们的母亲，却胜似我们的母亲，无微不至的照顾，谆谆无悔的教诲，是我们的福气啊。

阳光中，您波光粼粼的眸子满是爱意，笑意在脸上漾开，心中草暖了，润了，草芽遍地了……

您的脚步，很长，很长，每个飞到远方的孩子，都是您每一步行走的脚印。

（指导教师：卢剑虹）

评析：老师的脚步，就是教育留下的痕迹，一步一步，串起了奉献的一生；一步一步，引领了一茬又一茬的学生。跟在老师身后，亦步亦趋，学到了知识，丰富了感情，懂得了感恩。

历史课上的风雨雷电

初二（11）班　李思娴

史学之音，历久弥新；时代之声，响彻今宵。

历史课上，孙老师呈现了一幕幕惊心动魄的画面，镌刻出一个个铭记于心的名字，讲述了一件件牵动人心的史实，书写出一颗颗爱国爱家的情怀……

那天学的是《辛亥革命》，老师讲解了革命志士的奋斗历程。萍浏醴、安庆、绍兴及广西的起义未能成功，孙老师表情惋惜，一声沉重的叹息似乎将他拽进了史书。我也跟着哀叹，原本没有波澜的内心泛起了点点涟漪。

接着讲到了孙中山、黄兴等人在广州举行的黄花岗起义。孙老师的面色突然又凝重起来，他一手握成拳，牙关咬紧，眼中似有千言万语又无法言说。我坐正了，挺直身板静静地望着他。他快步走下讲台，用沉痛的语调道："这场起义中，革命党人苦战一昼夜，因众寡悬殊而失败。很多革命党人壮烈牺牲！"此时，我仿佛看到了革命先辈们正浴血鏖战、奋力搏杀。他们手持枪杆，眼神坚韧，呼声响亮，不顾一切向前冲去，眼中仿佛燃烧着烈焰，与周围的熊熊火光相辉映，那声声竭尽心力的嘶吼永远响彻在云霄之上……此时，窗外忽然黑云翻墨，雨声如同千军万马踏地而行，震撼人心；又如同烈士们的脚步声，坚定有力，让人无限沉思。

半晌，孙老师又道："这些烈士中，有一位烈士叫林觉民，他写了一份《与妻书》给妻子。""意映卿卿如晤，吾今以此书与汝永别矣！"听到这儿，我心中不由得生出几分怅然。林觉民深爱着他的妻子，可他为了普天下的人谋求永久的幸福，牺牲了自己的小家庭。这样的爱不拘泥于一方之间，更是一种博爱、一种大义、一种牺牲、一种奉献！想到这儿，泪水已然沾湿了眼眶。窗外的倾盆大雨早就化为了细密的雨珠，如断了线的珍珠一般细碎却又泛着光泽。我低下了头，内心怀着对烈士们的无限敬意：他们把奉献自己刻在骨骼肺腑中，爱国爱家的情感则从四肢百骸中汩汩流出。而我自己有幸生活在先辈们浴血奋战得来的和平年代，平日里却连帮父母做些力所能及的事都百般不愿，不由得心生愧疚。

最后讲到了武昌起义的胜利，孙老师的语调陡然拔高，原本还有一些哀戚的面容绽开了灿烂的微笑。纵使身处百年之外，我依旧感到一阵欢欣，一阵自豪。天边的小雨歇了，拨开云雾便是晴天。热情的阳光泼泼洒洒，尽数照进我翻涌的心中。

用史学讲述中国之声，用激情敲响时代之钟。孙老师将满腔热情投入到课堂当中，那是漫漫无边、犹有余温的历史，是呼啸而过百年的风，是静默生息千年的树，是逝波的墓虚、记忆的青编！

抚今追昔，我们将担负起时代赋予的使命，感悟先辈的伟大，汲取奋进的力量，传承红色基因，弘扬革命精神！

（指导教师：卢剑虹）

评析：岁月峥嵘，强音铮铮。历史让我们警醒，历史让我们感动，历史让我们奋进，历史让我们有了责任感和使命感。一位睿智的历史老师使学生感受到了身上的责任和使命，这是一节成功的历史课。

第一章　藏在课堂里的感动

遇 见

初二（11）班　张家鑫

阳光从窗子的一角倾泻而下，金色的光芒洒满了教室。您穿着一身素色长裙，夹着一本语文书，出现在门前，出现在了我的生命里。欣喜生命中与您的遇见，从喜欢上您眉眼间的温柔开始，我的生活充满了温暖与明媚。

生命中，遇到一个闪闪发光的老师是何其幸运。进入初中，面对深奥难懂的古文，开始总有几分担忧。而您的课，总会让我欣欣然，陶醉其中。您神采飞扬地给我们讲超然尘外、高洁傲岸的陶渊明；讲身居陋室、乐观旷达的刘禹锡……当讲到以家国天下为己任的杜甫，您无比动情，眼眸亮晶晶的，睫毛上聚集了一层薄薄的水雾。您那柔美的声音，如春风般拂过我的心田。我心底那粒文学的种子便悄然生根、发芽……从此，语文便成了我生活中最动听的诗。

还记得那天晨读，校园的紫藤花在微风中送来阵阵清香。您问了一个文言文的拓展问题，看着我们，眼眸闪着光，灿若星辰，脸上荡漾着温暖与期待。这个问题我会回答，我踌躇着举手，看看四周，同学们都在苦思冥想。我犹豫了，刚刚伸出的手，悄悄放下。您注意到了，眼底含笑，对我点头："真好！来，你和同学们讲一讲。"我激动地站起来，心跳加速，脑子里却一片空白，害羞地涨红了脸。您侧着头，笑意盈盈，眼睛弯成两道新月，嘴边漾起浅浅的梨涡。整个人披上一层柔和的光，暖入我的心扉。

我清了清嗓子，流利地说出了答案。您看着我，赞许地点点头，眼中是星辰与大海。此时的阳光轻轻柔柔，穿过枝芽，透过窗轩，照在您身上，也照进了我的心底。

课上，您引领我们在语文书中寻找种种美好；课外，您带着我们把寻常风景看出花开遍野。我们感受到紫藤萝瀑布在清风中的低吟浅唱，听牛毛细雨浮游于天地润泽万物的乐章，喜欢在清朗的月圆之夜走进诗人苏轼的内心……您在我们最好的年华做最美的引路人。若穿越春日，则是簇簇热烈绽放的道旁花树；若将度秋时，则是夜幕中漾开的一轮溶溶圆月。于是，我们在冬日寻找春天的记忆，在归家途中倾听风儿的呢喃，在书页间细嗅丁香花笺的清香……

您数十年坚守三尺讲台，眼中依然纯真而美好，充满了热爱与从容。从遇见您开始，我努力去拥抱生活中的美好，珍藏那点点滴滴的诗意。您将生命的每一季，都在这一个"此刻"镌下闪耀的印迹。我在"此刻"遇见成长的美好，成为前进的原动力。

您是我心头那洁白的月光，是我心底那温暖的朱砂印。欣喜相逢，感恩遇见。不仅是在最美好的年华遇见您，更是因为遇见您，我有了更美好的年华。

（指导教师：卢剑虹）

评析：作者用优美、细腻的语言赞美语文老师，字里行间，可以看出对老师的喜爱、敬佩、尊重。"在我们最好的年华"，"遇到一个闪闪发光的老师是何其幸运"！她让你感受到文学的美好，她让学生懂得了去欣赏，去享受。同时，学生也懂得了感恩，丰盈了内心。

心底那一束光

初二（12）班　葛卜宁

斜阳向晚，黑板上浅印着橙黄色的斑驳光影。她正在写板书，映着余晖，手起笔落，墨绿色的黑板上是一排白色的娟秀小字。

转过身来，继续着她的讲课。"弱国无外交，五四运动的导火索是巴黎和会上中国外交的失败……"那沙哑而柔和的嗓音重又响起。"嘿，记笔记了！"同学戳戳我的手肘，我如梦方醒。近来学习状态每况愈下，我焦虑却停滞不前，心头笼上厚厚的一层阴霾。这是一堂历史课，我还对前几日的小测耿耿于怀，不甘与无奈化作悠悠一叹。

她仍在讲台上不疾不徐地讲课，讲百年前的热血与抗争。五四运动爆发，学生集会游行，历史书上短短几行字的内容，她却由此延伸开，讲字字泣血的宣言与口号，讲义无反顾的罢课。她的语调平稳而真挚，唇齿张合间每一个字音无不饱含深情。我听着听着，不知不觉中入了迷，被时间长河隔开的人又一次在我眼前重现。

窗外，云海翻涌，霞光蔓延，屋内因落日残照而明亮些许。恍神间，思绪又被那平和的声音拉回课堂。五四运动的扩大，学生罢课，工人罢工，商人罢市。她讲到动情处，语气竟也激动起来。"不除国贼，誓不开市！"八个大字铿锵有力，坐在讲台下的我深深体会到了那跨越百年的力量。她在滔滔不绝地讲述着，讲那举国轰动的运动，讲那历经风霜荏苒却始终如一的澎湃激情。但听她语气愈发坚定，见她神色愈发明亮，感染了台下的莘莘学子，我亦激动起来。"此后若没有炬火，我便是唯一的光。"无数人站起来照亮着黑暗，一束光灭了，开花落英皆为祖国；千百束光亮接踵而至，誓将此代代相传。

我看向讲台上的她，望着她疲惫却依旧有力的身影，听着她沙哑却依旧响亮的声音。百年前燃起的光亮今朝在神州大地的每个角落熠熠生辉，此时正由老师传递给我。"师者，传道、授业、解惑也。"传道为首，那生生不息的力量与精神，才是我们学习的真正意义。

史铁生说，当太阳熄灭着走下山去收尽苍凉残照之际，正是它在另一面燃烧着爬上山巅布散烈烈朝晖之时。窗外，宇宙降下光明的旗帜；心中，一轮太阳已冉冉高升，驱走心头阴霾。她在阳光中为我讲述这一切，每一句的背后都是无声的呼喊：

"历史的车轮永不停歇，中国青年的脚步永远向前！"

（指导教师：卢剑虹）

评析：一堂精彩的课，包含了史学知识，显露出了哲学的道理，还有对人生的启迪，真是令人击节赞叹。老师是睿智的，她善用教材，带着学生去学，去悟；作者也是睿智的，善于学习，跟着老师去学，去悟，并终有收获。

在语文课上向光而行

初二（12）班　俞高博

　　窗外雨款款，雨打芭蕉上阶堂，泠泠作响。此刻，我与语文的邂逅刚刚展开，藏在语文课里的感动一点一滴从书页中流出，如行走在诗情画意间的痴情男儿，静静立于语文的一隅，感受着中华古典文化蕴于语文中带来的感动。

　　一品*雪芹

　　"一块弃用顽石，一株绛珠仙草，一段缠绵不尽的红尘旧事。"语文课上，老师手执一本《红楼梦》书卷，笑对众多学生。

　　"请同学们翻阅此书，潜心阅读。"

　　当我翻开书页，细嗅文字的清香时，《红楼梦》中的诸位人物与我相遇。那个"闲时如姣花照水，行动处似弱柳扶风"的林妹妹，却痴情自觉"花谢花飞花满天，红消香断有谁怜？"感花伤己。那个孽根祸胎的贾宝玉感叹"花影不离花左右，鸟声只在耳东西"，兄妹的深厚感情，却被最终的"林黛玉焚稿断痴情""中乡魁宝玉却尘缘"所牵引，扶摇直上直至太虚梦境。文字声声震耳欲聋，催人泪下，让人感动！难道两个痴情人终究不能在一起吗？

　　老师扶上我的肩膀，叹道："都云作者痴，谁解其中味？"

　　是的，曹雪芹的确痴狂，但他所痴之事不是年少痴狂，回忆美好过往，最终模仿自己旧时经历，才成就《红楼梦》这部经典吗？此书太荒唐！只因这荒唐痴情梦，安然立于语文课一角的曹雪芹让我感动。

　　二品*青莲

　　语文课上，陪我同李白共销万古愁。充满儒雅之风的李太白，酒放豪肠，七分酿成了月光，余下的三分啸成剑气，绣口一吐就流传半个大唐，谁能忘记他"举头望明月，低头思故乡"的柔情？谁又会忘记他

"挥手自兹去，萧萧班马鸣"的豪情？在他那"天生我材必有用"的豪情之下，又有谁不记得他在山林间与月共饮、与影同舞，潇洒不羁的正气？虽然"多歧路，今安在"，但他仍吟出了"长风破浪会有时，直挂云帆济沧海"的壮志。诗仙的乐观坚强打动了我。

是语文课，让我认识到了一生坎坷却仍为了理想奋斗不息让人感动的李太白。

三品*陶潜

语文课上，一句"采菊东篱下，悠然见南山"，陶渊明，你的朴实让人感动，光阴见证了菊花的高雅纯洁。

面向小溪，背倚南山，盖一座草屋，垦一亩良田。日出而作，日落而息。清晨，荷一把锄头，垦土耕耘，播下春的种子。午后，闲向轩窗坐，细把粗茶品。黄昏，火做羹，和着缕缕清风，在袅袅炊烟中送走天边的残霞。晚上，掩着寒衾，做个美梦，梦中有木屐、菊花、南山……语文课，让我见到了一个宠辱不惊、淡然处世的陶渊明，让人感动。

语文课上，我为古代文人骚客的深情所感动，更被中国古典文学滋养。生于红旗之下，长于春风之中。目光所至，皆为华夏，五星闪耀，皆为信仰。此生不悔入华夏！语文课上，他们是旧时代的光，我是新时代的向阳花。我贪婪吸吮这洒落的光辉，只为了能窥探一丝他们曾留下的痕迹，我在语文课上向光而行。

（指导教师：卢剑虹）

评析：那一个个在历史上闪耀的巨星犹如指南针，给我们的心灵以指引，给我们的灵魂以滋养。一次次的感动，会转化为学生的修养，学生的情商。愿我们能有这样的闲暇，有这样的心情，走近大家，品味美文，感悟哲理。

青春誓言

初二（12）班　陆陈昊

"起来，饥寒交迫的奴隶！起来，全世界受苦的人！满腔的热血已经沸腾，要为真理而斗争！……"

历史课上，丁老师正在给我们讲述第14课《中国共产党的诞生》。伴随着教室里撼人心弦的《国际歌》，我的眼前不禁浮现出无数革命者挺身而出，抛头颅，洒热血，为寻求民族救亡之路，奉献青春，奉献生命的动人画面！

我一直是个历史迷，自从假期里开始阅读红色经典《红星照耀中国》、观看红色电视剧《觉醒年代》、红色影片《革命者》《1921》，我便对这段历史更加痴迷！

见我们纷纷陷入沉思，丁老师故作神秘地说："今年是2021年，你们知道，100年前，在我们的中华大地上发生了一件翻天覆地的大事情，你们知道是什么吗？"同学们异口同声地回答道："中国共产党诞生啦！""谁来说说你了解的那段历史？"同学们开始如数家珍，丁老师也适时地在屏幕上展现了李大钊、陈独秀、毛泽东等革命领袖的图片。

我的思绪也被一下子带回到百年前的风雨岁月。依稀间，我仿佛看到李大钊先生面容憔悴，但从容坚定地站在绞刑架前。那一刻，我真是对反动派恨得咬牙切齿！这样一个爱国人士的牺牲，换作是谁，心中都会悲愤交加。我又仿佛看到陈独秀先生身着白色西装，在街头播撒革命传单。那一刻，我攥紧拳头暗暗地为他加油！是啊，如果100年前没有他们亮出共产主义的伟大旗帜，没有他们在红船上巨人般的呐喊，中国的革命，哪能有明确的方向？

"老师，什么是共产主义？"小伙伴的提问，打断了我的思绪。丁老师肯定了同学的提问，耐心地回答道："这个问题问得好！为什么这么多的仁人志士可以前赴后继地投身革命，因为他们都有一个坚定的目标，那就是实现共产主义！共产主义是无产阶级思想体系和理想的社会制度，主张人人平等，共同富裕！"丁老师的情绪越发激昂起来，"在中国共产党的领导下，如今的我们已经站起来、富起来、强起来了，终有一天，我们会实现共产主义！"

　　听了丁老师的讲述，小伙伴点了点头，我的激情也一下子被点燃：这样理想的社会，我们值得为之拼搏和努力！这一刻，我的心好像飞到了天安门广场上，和共青团员、少先队员代表集体献词，"请党放心，强国有我！"铮铮誓言一遍遍在我耳畔回响，激荡着我的拳拳报国心，浓浓爱国情！

　　短短的一节课，我们就这样聊着、说着、看着、想着，不知不觉间，回顾了那难忘的百年风云。

　　从那以后，每当我遇到难题，百思不得其解的时候，我就会想起这节课，中国共产党人披荆斩棘，勇往直前的精神激励着我，不解出难题不罢休；每当我考试失利，灰心丧气的时候，我还会想起这节课，中国共产党人筚路蓝缕，百折不回的气概促动着我，不抛弃，不放弃，相信自己，总会成功！

　　沐浴着新时代的丽日和风，作为一名光荣的入团积极分子，我要听党话、感党恩、跟党走！奋斗青春！奉献青春！争当新时代的好少年！

　　今天，我对您许下了青春的誓言；明天，您定将收获我光辉的礼赞！

　　请党放心，强国有我！

（指导教师：卢剑虹）

　　评析： 我们总说，人要往前看，其实，有时候更要回头看。在

第一章　藏在课堂里的感动

那逝去的岁月里，藏着无数的感动，藏着数不清的可歌可泣的故事，这些能给我们带来信仰，带来力量。我们是接班人，我们是继承者。唯有了解历史，才能看清未来；唯有领悟历史，才能逐梦前行。

记忆的温度

初二（13）班　马梦希

昨日的朝霞暖着今日的回想，透过那捧醉人的碎金，是那段岁月的温度与记忆……

清晨的阳光总是在窗台上跳跃，闪闪烁烁，显出春的生机。微风拂起酒红的窗帘，掩不住我们脸上的认真。而您，总能在方寸讲台之间，绘出一抹最为亮丽的画卷。无论是人间烟火，或是书卷情怀，始终如一地用最幽默风趣的语言，叙述出最动人的故事。

依旧记得您在讲杜甫的沉郁顿挫时，讲到"三吏三别"，讲到那个苦时候，怕我们不理解，就讲起您儿时的往事。那是一个物资严重匮乏的年代，买什么都得凭票，每到月底，粮店门口总要排起长长的队伍，但凡家里有孩子的，往往都打发孩子来排队，快排到头了，大人再拎着粮袋赶来。靠着那小小的粮票吃饭，大家总是小心翼翼地扎紧口袋离去。您说着，好似回到了那个清贫但充实的岁月。那时不懂事的我们，初次懂得了生活的不易与艰辛。

印象深刻的，是您讲作文时讲到的母爱。您一改平日的幽默，神情庄重，眉头微蹙，眼神透着淡淡的忧伤，却又含着些怀恋。您说，您小时候体弱多病，每当发烧时，什么都吃不下，您母亲就从供销社买些点心来，哄着您吃……这时，我看见您嘴角漾起了笑意，平淡却满足。您继续讲，为此，您的母亲也总是在家里攒着粮票，唯有您生病时才拿出来。我们都调皮地笑着，问您小时候是不是特别想生病。对上您含笑的双眸，却发现一丝丝愧疚弥漫在您眸底。许久，您才开口："以前是，但自从那一年，那一年的冬天，刚下了场大雪，我便病了，正赶上邻家娶亲没有布料，母亲就用三丈六尺布票和邻居换了三十斤粮票。那一年的冬天，母亲是咬着牙挺过来的……"您的声音微微哽咽着，眼睛里闪烁着清亮的泪花，我好似触到了一代人记忆的烙印，感受到了那清贫岁月里流淌的淡淡的情，理解了那沉默无言的爱。

脑海中又浮现出您第一次给我们上语文课时的情景：您穿着一件碎花长裙，乌黑的青丝绾成一个发髻，微风拂过，您笑着，说着有趣的笑话引入课题。那时的我，已深深沉醉于语文课中。因为您，我爱上了语文，爱上了豪放或婉约的古诗词，爱上了那清新淡雅或浓墨重彩的散文，爱上了那笔触犀利或细腻的杂文……也是因为你，我方才明白了过去岁月的苦，理解了爱，懂得了珍惜当下，珍惜如今的生活……

今日的余晖暖着明日的希冀，透过那入骨的暖意，伴着您殷切的目光，回眸过往的荆棘，莞尔，将记忆藏在脑海深处，只有那抹温度留在心田，继续以梦为马，不负韶华，踏上新的征程，让那抹温度伴着我成长，再去继续传递温暖……

（指导教师：陶轶）

评析：因为一个人，爱上一门课。遇上这样睿智的老师，是你的幸运，也是老师的幸运，这是一场美丽的邂逅。老师在这里实现了人生价值，学生在这里铺开未来美好的画卷。学生品到了人生的苦，尝到了幸福的甜，懂得了感恩，明白了人生要去奋斗，要不负韶华。

金色的粮票

初二（14）班　田启岑

一枚泛黄的纸片，残破不堪的表面上有斑驳的印迹。

老师的手指在邮册的薄膜上缓缓划过，好像是在抚弄沉睡的时光。

"老师，这是什么？"有人按捺不住心底的好奇，举手问道。清晨的鸟鸣，伴着朗朗的读书声。金色的阳光笼罩在少年的肩头，他们昂首挺胸，目光里满是对知识的渴求。

"这是粮票。"老师的手缓缓举起，小小的纸片，闪烁着岁月的光芒。老师将语文书轻轻放下，"同学们，这节课，我来讲讲我们这辈人的童年。"

回眸，是同学们专注的目光。

"那是一个物资匮乏的年代，一个凭票供应的时代：油票、粮票、布票、肉票……没有票，哪怕再富有，也买不到东西。"老师半眯着眼，阳光如小鱼般游弋在她眼角的皱纹间。

"每到月底，"老师摆了摆手中的粮票，"粮店门口总是排起长长的队伍。家中有孩子的，往往让孩子先排队，快排到头了，大人们就赶来。手中拎着空粮袋，攥着早已被焐热的粮票。小心翼翼地打开袋口，装米，扎紧，离去。"

突然间，老师的神情变得庄重，眉头微蹙，唇齿轻启，像是心灵在叹息。

"我小时候，贪玩体弱，容易生病。一生病，就没了胃口。母亲就一直攒粮票，从供销社托人买点心哄我吃……"老师的嘴角又漾起了孩子气的微笑，眉眼中雀跃着少年般的得意与自豪。那段清贫的岁月，艰苦而又幸福。

"母亲很爱美，尤其喜欢绿色。她攒着布票，心心念念道：等攒够了布票，一定去扯一匹水绿的衣料，做一套美美的新衣过年。转眼到了过年的时候，母亲攒足布票，正准备去扯一块新布，我却突发高烧，家里粮食却不够。恰好对门闺女要出嫁，急需用布，母亲忍痛用四丈六尺的布票，换下三十斤粮票！"

"我还记得那年冬天，母亲是穿着缀满补丁的单衣，咬着牙挺过来的……"老师的声音哽咽着，眼里闪烁着清亮的泪花，攥着粮票的手微颤着。

我好似触摸到一代人凄苦的记忆。原来，那"破旧不堪"的粮票，是一个时代的符号：它承载着人间的深情，诉说着岁月的烙印。它烙进一代人的心里，流淌在一代人的血液中。

窗外阳光明媚，我们用心守护。把一个个时代的符号，深深刻进少年的心田，炽热、长久。

（指导教师：范存秀）

评析：粮票，一个时代的记忆，物资匮乏、节衣缩食的一代人生活的真实写照，也是这代人俭朴、勤劳的优秀品质的缩影。金色的粮票走进课堂，让孩子们认识艰苦奋斗的生活，感悟苦尽甘来的滋味，以珍惜当下，坚定地走好自己的青春路。

第二章　把活动烙在青春里

对于大多数学生而言，学校生活中最难忘的不是上课，更不是考试，而是各类丰富多彩的活动。从广义的角度看，上课、考试也是活动。本书取活动的狭义概念，专指非知识学习性的活动，一般也称之为课外活动，我们简称为活动。

活动之所以让人难忘，或者说活动之所以在学生心中成为一种美好的记忆，成为一种难以割舍的精神性存在，从情感教育的视角分析，至少有三个原因。首先，活动中学生是放松、惬意与相对自由的，因此活动可以消解上课、作业与考试所带来的紧张与压力。活动带给人的愉悦感作为一种情绪记忆，留存在人的脑海之中，并时常被人反刍出来。这种反刍即所谓的怀旧。人们之所以喜欢怀旧，是因为那个"旧"曾经给自己带来很多美好的体验。其次，活动往往有背景、有场面、有故事情节、甚至有眼睛、耳朵、皮肤等多种感觉通道的反映，这种场景记忆、情境记忆、身体记忆，比抽象的知识记忆更让人难忘。第三，在活动中，我们会看到参与者哭泣、流泪或者大笑，可见活动过程常常是个体生命敞开的过程，也是个体与自我对话的过程。阿·尼·列昂捷夫认为，"活动是躯体的、物质主体的生活的分子性单位，而不是它的累加性单位。较狭义地说，即在心理的水平上，活动是以心理反应为中介的生活单位，而心理反应的现实机能则是，它使主体在对象世界中辨识方向，换句话说活动不是反应，也不是反应的总和，而是具有自己的结构、自己的内部转变和转化、自己的发展的系统。"[1]可以说，活动是个

---

① ［苏］阿·尼·列昂捷夫. 活动意识个性［M］. 李沂译，上海：上海译文出版社，1980：51.

体呵护与发展内部世界的过程.我们常常看到，参与活动者往往是将自身全部生命投入到活动之中的，甚至达到了"忘我"的境界。从这个意义上说，好的活动对于学生的促进作用，不仅仅符合生理学与心理学的要求，而且达到了伦理学的境界，而这恰恰与朱小蔓教授提出的情感教育目标相契合了。

朱小蔓教授所理解的情感，并非只是生理层面的情绪体验，也不仅仅是心理学意义上的情感反应，而是上升到伦理学层面的人格维度的情感，可称之为情感人文素养或者情感性人格。拥有情感性人格者，会更多地表现出爱心、同情感、联结感等优秀品质。基于这种理解可以看到，我们的活动目标是指向人格发展的，而不仅仅停留于心理辅导或者学业辅导的层次。

好的活动需要设计，需要教师的陪伴，在去年出版的《情感文明学校的理论与操作实务》与《情感文明学校的德育课程操作与案例》中，我们展示了一系列的情感教育指向的活动设计。而这本书，我们转换了表达视角，我们让活动的主体——学生成为叙述者，让他们展现青春岁月的五彩斑斓，从中我们可以看到他们对于生命成长的理解、体悟与反思。

又到扇黄杏落时

初一（4）班　钱循朗

七上语文课由时节开篇，我最喜欢史铁生的《秋天的怀念》。今年的秋不像往常优柔涟涟，连桂香都迟到了半个月。

期中刚过的午后，蓝天和金光调和着，语文丹老师吆喝着去拾银杏果，女生们叽叽喳喳飞了过去，我举起的手又放了下来，但心也跟着去了。

我梦想的校园不过是飞檐翘角，临湖有亭的。若没有，却也少不了大树，操场旁的银杏树就很好。它们是永恒的见证者，是师生的庇护神，是一幅灵动的黄绿交替的中国画。

细碎的脚步声近了，那裹挟着泥土和秋天的清香也跟着来了。我看着分到的这颗微波炉加热过的小果子，象牙白的三棱锥体，微开的口子漏出一丝翠绿。它笑了，我便有口福了。

我试想着，她们像银杏扇片似的在树下旋转，举手投足间，收齐了颗颗惊喜，去果肉后清洗时，又少不了嫌弃气味的嬉闹。我试想着，当几十粒杏果开了口，灌进信封后，在微波炉里放一分半钟的样子，那跳跃的噼啪声呀，融合着炉中的橙光，像新年里头的炮仗，欢喜是欢喜，却不敢近前。

余温下的杏果，被我从课桌上捧起，在掌心中搓开，用指甲盖轻轻刮去灰色衣皮，一颗翡翠果粒就在眼前了，轻掰左右，取嫩黄的苦芯后入口，一股糯糯的、夹带丝丝甘甜的风味就在口腔中散开了。

与田中一巷之隔的城中小学的和实园里，有属于我的那两棵122岁的银杏树，有领着我走进文学社的娟校长。春发出芽，秋分落果，那撒满地的金黄分外夺目，在捡果的刹那间，我成了一个翩翩少年。

今天的丹老师，在这一天饭格似的作息表里，把秋天送还给了我，让我们在母语的世界里，走进去又走出来，还有什么比这秋礼更有诚意呢？

又到扇黄杏落时，金桂来迟错当春。我想各时有各时的美，谁又不讲论朱先生的"春"，老舍先生"冬"的妙呢？

（指导教师：刘轶丹）

评析：因为史铁生《秋天的怀念》，作者更喜欢秋天了。正是带着对秋的新体验、新期许，作者进入到每日身处的校园秋世界。作者借拾取银杏果的欢愉、品尝银杏果的甘甜，展现自己感受校园秋意别样芬芳之后的快意，表达自己对自然的喜爱。喜爱自然，其实是喜爱自我生命的外部投射，或者说喜爱自然实质就是喜爱自我生命。此外，即便是一般人看来容易引起伤感的飘落的银杏黄叶，在作者看来也是美的，这是积极上进的少年心情使然。文末，作者感谢带给他这些美好的老师，感谢老师让他有了从文本世界走入生活世界的机会。

文中的丹老师，让学生从文本的情感世界走入自然的情感世界，再从自然情感世界返回其自身，在这一过程中，学生的情感变得细腻、纯净与丰富。

追风少年

初一（6）班　胡彦文

秋风，递来了田中运动会的邀请函。

于是，踩着秋风，田中学子们飞奔起来……

晴空一鹤排云上的季节，秋日的斑斓伴以万丈光芒，走路带风的少男少女们迎着朝阳，拉开运动会的帷幕，开启了属于他们的秋的盛会。

这里，是田中运动会的赛场。场上，人群涌动起似海的潮汐。班牌高过头顶，荣耀于队伍之前。五彩的旗帜飞扬于艳阳之下，"呼啦啦"迎风招展，风拂过大地，它们如波浪般起伏。

阳光，刷暖了火红的跑道。运动员们双足稳健，踏在雪白的起跑线上，鹰般锐利的目光望向跑道尽头，俯身屈膝，蓄势待发。

枪声乍响，划破苍穹。运动员们应声而起，似利剑破空，如快刀出鞘。阻隔于线外的人们，只惊觉一阵疾风掠过。我的目光不由得追随而去——他们的肩上披着金光，双膝不断抬起又落下，抬起又落下，手臂随着无影般的双腿快速而有规律地摆动着。不等他们足底的灰尘散尽，铺天盖地的加油声已盖过呼啸的风声。

他们奋力向前冲刺，就好像飞起来了一般。如离弦的箭矢，直奔前方，又如雄鹰盘旋于天际，以傲岸的姿态翱翔苍穹……身影，如此地从容坚毅、无畏潇洒。少年追风跑，风伴少年行！

光也似乎捕捉不到他们的影子，电光石火、风驰电掣间，他们以飞跃的身姿冲过终点线，欢呼声刹那间窜上云霄。额上的汗水，已然被暖阳融化成欢乐。顷刻间，好多好多的朋友们纷纷拥来，各种诉说，各种夸奖，都是在分享喜悦。一个人的征途，一群人陪伴；一个人的快乐，一群人共享。

镜头拉转，我又望见了别样的精彩。

跳远运动员弓起的身子，如紧绷的弦，轻掂的脚尖如笔头般准备刷写新的纪录。逐渐加速间，双臂快速摆动，最后时刻脚掌蹬地，"噌"的一声一跃而起，与天空相拥。随即收腿、身体前屈，轻巧地落入沙坑。循着尺子看过去，霎时，大家激动的心情像走在田间的马车，把满心欢喜撞得叮当直响。

运动员手握实心球，后仰着身子，而后收腹，蹬地，迅速挥臂，力量由手臂送至指尖，奋力向前一掷。那实心球带出一道美丽的抛物线，"砰"的一声坠地，向前滚上几步，好一个连贯而潇洒的动作！金灿灿的阳光映于他们温热的脸庞，贴着面颊的汗珠熠熠闪光……他们拍拍手掌上的尘泥，多了几许"事了拂衣去"的侠气。

云儿在苍穹中欢乐地奔跑，从曙光绽放，到夕阳西下。伴着晚霞，我们收获了盈满心间的欢笑。在这背后，又是多少个朝朝暮暮持之以恒的努力！我们不断追求着来自远方那充满希望的光芒，才得以如此畅快淋漓地奔跑。

秋风，悄悄送走了运动会的信笺。我们与风对话，在此启程，奔向未来，奔向梦想。

（指导教师：卢亚清）

评析：虽然人生本就写满奋斗和汗水，亦如赛场上免不了的你追我赶，但在作者诗化的语意中，这些都变成了快乐的享受，变成了青春应有的基因，也因此而涵养着他们的精神成长、丰满起来。

欢乐“圆舞曲”

初一（3）班　陈梓靓

“哈哈哈……”这一串串银铃般的笑声在我的记忆中回荡，它是那天的快乐时光留在我记忆中的主旋律。

太阳初升，柔和的朝阳不似往常的耀眼。鸟儿们“啾啾”地啼鸣着，青草上还点缀着一些露珠。今天，是我们进入田中以来第一次参加的全校性集体活动——秋季运动会。

运动会马上开始了，操场上洋溢着一阵阵欢声笑语。学生们的闲聊说笑声，老师家长们的交流声……这些所有的快乐因子融合在了一起，溢满了整个田中校园。

开幕式是整个运动会的序曲，也是运动会里最令人赏心悦目的一个环节。你看，每个班级为了这短短几分钟，想方设法绞尽脑汁地努力筹划、彩排了半个月，就是为此刻奋力展现自己班级最美的、最朝气蓬勃、充满活力的一面。主席台上的领导、老师以及观众席上的家长们都在不停地鼓掌。望着同学们开心的笑脸，听着同学们爽朗的笑声，我心里也乐开了花。

开幕式表演结束后，就是激动人心的比赛环节。在各类的运动项目中，最累的应该就是男生的1500米了。对于我这种跑800米就气喘吁吁的女生来说，1500米简直就是想也不敢想的事情。但我们班出现了一位勇士，报了这个项目。我们全班同学得知了，全都啧啧称奇。我也好奇，小个子的他如何才能跑完这看似不可能完成的1500米呢？

这不，1500米比赛快开始了。只见他活动活动了几下筋骨，拉伸几下大腿，抖擞抖擞精神。在裁判的指引下，选手们来到了跑道上，听到发令枪的一响，大家便像一支离弦的箭，“咻”的一声冲了出去。一开始，每名参赛选手的速度都没太大差别，一个个快得都似流星一般。但中长跑考验的可是选手们的耐力，越往后，每个人的体力都有所消耗，速度也会受到不同程度的影响。我不住地替他担心，害怕他会掉下。

起初还行，但到后来，小个子的他步长本就吃亏，而且体力也逐渐消耗殆尽。班上的同学们都在替他加油，为他呐喊打气。他的速度虽然渐渐慢了下来，但一直没有放弃。脸涨得通红，头上满是汗珠，头发湿湿的，紧贴着头皮。他落在队伍的后面，即使被好几个对手赶超了，但他还是以顽强的意志坚持跑完了全程。虽然没有夺得名次，但当他冲过终点线的那一瞬间，全班同学都替他欢呼。我也叫了起来："你太棒了！你是我们的骄傲！"是啊，输了又怎样？至少他参与了，至少他没有放弃！他的这种坚韧的精神，激励着我们班的其他选手在接下来的比赛中展现出更强更好的风采，也感染着全班没有比赛项目的每一位同学。

除此之外，运动会还有着其他有趣的项目，如拔河、掷实心球、跳绳、踢毽子、立定跳远等。这些项目中，每位运动员都展现出了自己顽强拼搏、努力奋斗的精神。我们班的选手也不赖。虽说没获得什么好的奖项，但他们依旧是我心目中的勇士。

夕阳西下，鸟儿们都回巢了，我们的运动会也就圆满结束了。可校园里依然回荡着一阵又一阵欢快的笑声，那笑声就仿佛一个又一个小小的音符，合成了一首触动着我们心弦的圆舞曲，留在我们的心里。

（指导教师：刘轶丹）

评析：从形式上而言，小作者和诸多没有比赛项目的同学一样，似乎只是一个摄影师般的旁观者的存在，但是，从沉浸在欢乐兴奋之中，不断地助威呐喊，他们又何尝不是这场快乐赛事的积极参与者呢？所以，就人生而言，绝对不应该有、也不会有袖手旁观者。我们，都是生命的主角。在前行过程中，我们都可以从他人身上汲取成长的能量，藉以相互鼓励和鞭策。

奔跑吧，少年

初一（3）班　祁季

蓝天白云下，绿色的操场，红色的赛道，矫健的身姿，胜利的笑容……运动，点燃青春的激情。

2021年10月23日，学校第56届秋季运动会开始了，我参加的是4×100米接力赛。站在起跑线上，腿呈"弓"字形，上身微向前倾，绷紧每一根神经，等待枪声响起的那一刻。我是第一棒，虽然表面上看似云淡风轻，其实心里"怦怦"地直打鼓，背上那块号码布莫名地愈发沉重，压得我有些喘不过气。我的脑海闪现出许多尴尬可怕的想法：万一掉棒怎么办？对手太强大，跑不过怎么办……强烈的阳光下，我有些恍恍惚惚的。

"祁季——奇迹！"我循声望去，原来是对面人群中的"老班"——陈老师！她左手拿着手机拍照，右手向我竖起大拇指，眼中满是期许。"加油，集美！"好朋友的鼓励拍着翅膀飞入我的耳朵。我清醒地意识到，原来有这么多充满祝福和期待的眼睛在真诚地注视着我、鼓励着我。

"各就各位——预备——""砰！"枪声响起的那一瞬，我的左脚如弹簧般向后一蹬，整个人好似一道闪电冲出了雪白的起跑线，耳边是呼呼的风声夹杂着嗡嗡的喧闹声。我咬紧牙，憋足劲，拼命往前跑，可是第二棒的人离我那么遥远，仿佛她站在了天的那一边，一个我永远也跑不到的尽头。跑着跑着，我感觉自己大口大口地喘着气，呼吸明显跟不上心肺"涡轮增压"的需求，脚步渐渐慢下来了。突然，耳边的嗡嗡声变整齐了，越来越响亮："祁季，加油！祁季，加油！"这声音，是那样的熟悉，那样的神奇，一瞬间我像穿上了希腊神话中众神使者的飞鞋，双臂飞快摆动，加大步伐，加快速度。第二棒的同学正焦急地等着我，我一边冲刺，一边将接力棒从右手交到左手，并向前伸去，三米、两米、一米……终于，她抓住了接力棒，就像天宫一号与神舟八号成功对接，我的心中欢跃不已。望着"第二棒"远去的背影，我也加入啦啦队，一起为她加油助威……

"最后一棒了！"人群中爆发出一阵尖叫！

这时，只见一个黑色的身影一闪而过，头发凌乱地飘在风中，一下子冲过终点线，轻而易举地超越了所有对手，成为了第一名。那个人走出赛道，嘴角微微上扬，扬出了胜利者特有的豪情。她被一群同学欢呼着围在当中。山外青山楼外楼，强中更有强中手。我们班只夺得了第三名，我们四个运动员瘫坐在地上，垂头丧气，同学们的眼神中流露着失落与遗憾。陈老师走过来，微笑着拍了拍我的肩膀说："孩子们，不要气馁，你们人生的赛道还长着呢！好好练，明年运动会再来，争取超过他们！"

回家的路上，我坐在妈妈的电瓶车后，一路上颠簸不平。我默默无语，看着远处，夕阳西下，但余晖仍映照大地，散发出暖暖的光。我忽有所悟：是啊，陈老师说得很对，人生的赛道是漫长的，我们现在才刚刚起步，即使摔倒了100次，也要第101次爬起来。只要我们不轻言放弃，坚持努力拼搏，就一定会用汗水勾勒出美好的未来，一定能让自己到达成功的终点！

（指导教师：刘轶丹）

评析：青春是用来奋斗的；奔跑是少年最美的姿势。人生不易，有机会一定要去拼。人生百年，很多时候去除前三十年，后三十年，能给我们拼的也只有四到五个十年。所以，短暂的人生，怎么让自己活得精彩、灿烂，唯有努力拼搏奋进！人生的旅途不可能从头至尾坦途一片、风平浪静，哪怕再崎岖颠簸，我们都要怀揣初心，义无反顾，超越自己，超越对手，方能无悔于青春。

开在记忆里的花朵

初一（3）班　汤博涵

我们从不因失败而沮丧，因为我们不认输。

——题记

笔尖，幽幽地旋转；灯光，在静静地挥洒。坐在书桌前写作这篇文章的我，自然想起了那耐人寻味的一天。

黑云压城城欲摧，甲光向日金鳞开

期中考试前倒数第五天，田中举行了一场隆重的运动会，说得霸气点儿，那就堪称"田奥会"。战鼓敲响，号角声起，操场上顿时有了沙场秋点兵般豪壮的拼杀之气。平时埋头于学业的我们，此时已将从前的一切困倦、无力、杂念抛到九霄云外。

"田奥会"项目甚多，首个项目是男子200米。事不宜迟，我一把抢过报名单，坚定地望着上面的编组和道次，嘴里直咕咕："我报的是200米！我报的是200米！"班长看了我一眼，"对，现在就看你的啦！"我乐开了花，又做出"耶"的手势，像已经胜券在握了似的。

不一会儿，同组选手便吆喝着上了跑道，静等的时间，似乎在数着自己的心跳。一大片浓云挤压着天空，掠去刚刚的满眼腥红，天沉沉地仿佛要坠下来，整个世界定格了，静悄悄的。

马作的卢飞快，弓如霹雳弦惊

太阳钻出厚厚的云层，陆离的光斑闪烁，一地斑驳。

"各就位，预备……"头顶的一滴汗水垂到发梢，在阳光的照耀下熠熠生辉，周围还有深深浅浅的光晕，像春花那般绚烂。"砰！"一声发令枪响，五位勇士猛然冲锋。倏地，我发力的同时，赫然觉得一块小小的石头硌在我脚下，一开始便跑了个趔趄，真可谓"欲速而不达"。

第二章　把活动烙在青春里

太阳直射在我身上，背上的皮肤被炙烤着，汗水淌进眼里，渍得我睁不开眼，每一步奔跑，我都能听见自己心房颤动的声音。场边别班同学就等着看我出丑，一个个露出邪邪的坏笑。这种耻辱，我哪有忍过？顷刻间，我体内全部的力量爆发出来，似划过天际的陨石，眼中只剩下了不远的终点线，只管咬着牙，闭着眼，闷着头，大步跨过了终点，场外的山呼海啸不绝于耳。

我的"表演"结束了，又回到观众席，兴奋地为其他运动员喝彩。激烈的场景中，我总能找到一个不屈的英雄、一支不败的队伍，看他们兵不血刃，势如破竹，攻城略地。

感时花溅泪……

我们就是这样一群少年，有激情，有斗志，倒了也会爬起来的少年。我们永不认输！我们永不言败！我们永不放弃！虽然我们还是雏鹰，但是我们相信总有一天，我们会冲向蓝天，跨越海洋，穿过沙漠，成为一只高傲的鹰。

那天的经历，凝聚，绽放成记忆中的花朵，值得属文以记之。

（指导教师：刘轶丹）

评析：在辽阔的亚马逊平原上，生活着一种叫"雕鹰"的雄鹰，有"飞行之王"的称号。其飞行时间之长、速度之快、动作之敏捷，堪称鹰中之最。但在这美丽的飞翔背后却隐藏着悲壮而充满血泪的故事——在幼鹰刚刚学飞的时候，母鹰会将它带到悬崖上，然后将之推下……然而没有任何人能够帮助幼鹰飞翔，除了它自己。于是，一次次摔落，一次次忍着剧痛爬上悬崖。每次的折断，都使得翅膀不断地充血，痊愈后的翅膀如凤凰涅槃般更加强健有力。于是，它们不仅拥有了生命，也拥有了蓝天。

我们每个人都拥有辽阔美丽的蓝天，也都拥有一双为蓝天而准备的翅膀，那就是激情、意志、勇气和希望。但愿我们的少年羽翼渐丰，经历风雨的洗礼后翱翔长空。

校运会开幕式特写

初一（4）班　钱李睿

清晨，天气晴朗，白云飘荡。秋日的露水，润湿了操场，使本就鲜艳的操场显得更加斑斓醒目。

跑道上，我站在本班队伍中。抬头，天上的白云在翻腾，恰如我此刻的内心，有一股莫名的激情抑制不住地澎湃汹涌着。同学们站得笔直，等待着运动会开幕式的正式开始。经过了几个星期辛苦的排练，终于等到了正式表演的这一刻。此时，同学们的脸颊上都漾起了兴奋的红晕，眼眸中都闪烁着快乐的光芒。

音乐声起，同学们昂首挺胸，踏着激昂的节拍，迈着矫健的青春步伐，围绕着操场跑道，井然有序地前行。自信满满的笑容，饱满昂扬的状态，展现着田中学子朝气蓬勃的精神风貌。

主席台前，鲜花队、国旗队一一走过，精彩的节目便纷至沓来：一班的舞蹈、二班的武术、三班的集体街舞……终于，轮到我们上场了！

"四班团结，破茧成蝶！气势如虹，笑傲苍穹！"响亮有力的口号道出了我们的豪迈气概。一段铿锵有力的音乐响起，似龙马嘶鸣，振奋人心；如大江东去，气势非凡！两个由男生组成的队伍，按照特定的路线奔跑着，围成一个对称图形后，他们挥舞着手中的五星红旗，表达着对祖国母亲的热爱。一阵如雨点般的鼓声收尾，进入下一个"小标题"。

"红日升在东方，大道铺满霞光……"六位身穿粉色长裙的女生，正随着柔美的旋律，轻灵地踏入中央表演地带。她们忽而用扇子遮着脸，给人一种"犹抱琵琶半遮面"的意境，忽而收起扇子，露出朝气蓬勃的笑脸。扇子开合间，她们的优美舞姿，便成了一道最亮丽的风景。

音乐转换，6×6人的方阵进入中央表演地带。我们面带微笑，将花儿举到胸前，此时的我们，班级凝聚力空前高涨。列队、转换队形、踏步、举花、下蹲、摇花……动作一气呵成，流畅而又自然。在强烈的班级荣誉感的驱使下，我的内心充满激情，充满力量，毫无一丝紧张的感觉。此刻，腰酸腿疼的排练换来了娴熟整齐的动作，我想，这一切都值了！

最后，一个巨大的党徽升起。请党放心，强国有我！中国共产党诞生于风雨飘摇的时代，在风雨兼程的救国、富国路上，走得并不平坦。而今，中国共产党带领全国人民战胜了无数的艰难险阻，向着实现中华民族伟大复兴的宏伟目标奋力迈进。那火红的党徽就如一盏明灯，照耀在同学们的心中，我们发出了由衷的呼喊："奋斗正青春，青春献给党！"

表演结束，我们退进观赏区，欣赏着其他班级的节目。每个节目都构思奇特，极其精彩。校啦啦操队员们表演完毕，开幕式便落下了帷幕。

虽然开幕式只是运动会的序曲，更精彩紧张激烈的场景还在后头，但这次开幕式上的表演经历，还是使我的集体荣誉感与民族自豪感得到了进一步的升华，它就如星火般灼热，深深地烙印在我的心中……

（指导教师：刘轶丹）

评析：本文作者打破常规另辟蹊径，摒弃对整个运动会作全景式的流水记录，出人意料地抓取了开幕式这样一个常人可能关注到，但又没人从此处着眼下笔的突破口。这样的取材和构思已实属难得，但更主要的是，在特写抓拍中，作者通过朴实流畅的文笔将自己的情感体验真实准确地描摹出来了，让读者也因之而生出满满的酣畅淋漓的快意。

幸福时光

初一（4）班　张艾宁

秋风如水，漫过江城的街街巷巷，带来点点微凉。银杏树下，师生欢笑，永远难忘那段幸福时光……

教室里，一阵欢声笑语。刘老师把手机界面转到一条许久前的朋友圈，放在投影仪下，笑着向我们介绍："你们看，这是你们的学哥学姐们和我一起在校园里做的校园美食——银杏果……""哇——"同学们惊叹着，七嘴八舌地议论开了。这个说，自己也想尝尝；那个提议，让刘老师带我们也做一次……教室里顿时一阵沸腾，真是跃跃欲试啊。我虽然也想跟老师一起尝试拾一拾、做一做这银杏"大餐"，但出于对老师的几许敬畏，迟迟不敢表达。这时，刘老师建议我们，明天如果带了工具，也可去银杏树下试一试。我把老师的话默默地记在了心里。

第二天一早，我翻箱倒柜找出几副乳胶手套，小心翼翼地叠好塞进了上衣口袋。上午的时间过得好慢，好不容易熬到中午，我立马拉上几个小伙伴，冲到办公室找到了刘老师。刘老师看到我们准备的手套，甚是惊喜，伸出手摸摸我们的头，然后带领着我们一起向校园里的银杏树方向出发。

来到银杏树下，刘老师拿出早已准备好的、洗得干干净净的空桶，告诉我们一些捡拾银杏果的注意事项，比如要拾大的银杏，才能得到大的银杏果；拾银杏果的时候一定要戴手套等等。听了她关切的话语，我的心里顿时涌上了一股暖流。二话不说，我们便开始了觅果之旅。

一开始拾银杏果时，大家都默不作声，低着头捡拾。不知道谁打破了寂静，讲了一个笑话，气氛一下子活跃起来，大家你一言我一语，刘老师和我们之间仿佛有说不完的话，我们一边拾银杏，一边聊天。我们聊学习，聊生活，师生之间的距离一下子拉近了许多。我忽然感觉刘老师实际上并不像课堂上那么严肃，觉得特别亲切，也挺好相处的。

　　这时，我突然发现一个银杏果上面插着半截吸管，在众多银杏果中，格外出众醒目。我出神地盯着笑了，连忙捡起来举到刘老师面前。刘老师歪着头像孩童般地笑着："这是谁的发明？还挺有创意的！"她从大衣口袋里拿出手机，对准这可爱的小东西"咔嚓"一下记录下这珍贵的一刻。我们轮流拨弄着这个插着吸管的小银杏，议论纷纷。这个说，它好像一个棒棒糖，那个说，它宛如一个插着吸管的小椰子。大家仿佛成了一家人，关系亲密了不少。

　　人多力量大，不一会儿，我们便拾了大半桶银杏。战果颇丰，我们带着银杏到了水池旁。刘老师站在水池旁手把手地教我们如何挤出银杏中的杏果，先双手用力挤压银杏果，使银杏果壳出现裂缝，然后从裂缝处剥开壳子，小心翼翼取出杏果。看到刘老师熟练地剥开了好多个银杏果，几个同学都跃跃欲试。大家戴着手套，分工合作，有专门挤银杏的，有专门剥壳的，不一会儿，水池旁阵阵刺鼻的气息扑面而来。大家个个都歪着脑袋，却都不敢说臭，你看看我我看看你。要知道，到时候吃起来，吃得最香的肯定是我们。

　　上课铃声响了，我们不得不回到教室。等到第一课终于结束，我们又迫不及待地去找老师。到了办公室，发现能干的刘老师早已经处理好了银杏果，她将一个个果子晾在办公室前的一张纸上，还别出心裁地摆成了一个心形。那颗"心"在阳光的照耀下，闪着金色的光芒。那一刻，一股暖流涌进心间，我觉得刘老师仿佛不是我的老师，而是个和我们相处融洽的大姐姐。

　　到了晚上，银杏果已经晾干收起来了，刘老师用微波炉烤了给我们吃。听着那噼里啪啦果子爆裂的声音，闻着阵阵清香，嚼着糯糯的滋味，我们的成就感别提有多大啦！后来，刘老师还剥了好多银杏果带给班上的其他同学品尝。刘老师一进教室，袋子里的银杏果就被同学们一抢而空，大家津津有味地品尝的同时，刘老师还不忘提醒"银杏果不能多吃，一人只能吃3颗"。望着被同学们簇拥着的刘老师，我发现我已经渐渐喜欢上她了。

秋风吹过，银杏熟了。银杏树下，是那永远难忘的师生之间的永远难忘的幸福时光……

（指导教师：刘轶丹）

评析：于永正老师在总结自己从教五十多年的为师之道时，提出的"做一个学生喜欢的老师"的观点，应该是符合所有人的胃口。像文中的刘老师这样放下架子，走下讲坛，把自己置于和学生平等的地位的"是师非师"，用多了些情趣少了些理性、多了些活泼少了些严肃、多了些引导少了些限制的"是课非课"浸润学生，学生才更加"亲其师，信其道"。于是，学生对教师情感表达的愉悦程度和行为认同服从的程度也就更加显著，学生由"畏之如虎"到"喜闻乐见"，由"如坐针毡"到"如沐春风"，这就充分证明教师正性情感引导上具有积极的教育效应。

人生难得几回搏

初一（5）班　陆卓然

　　我爸常说："人生难得几回搏，我们要瞅准时机，勇于突破自己。"这不，在他这句话的鼓舞下，我脑门一热，就心血来潮地报名参加了校运动会。

　　我报的项目是三级蛙跳，心想这个应该不难，凭着我七年的舞蹈技巧功底，学个青蛙跳应该没问题。不过为了保险起见，在比赛前一天晚上我还是请教了老爸一些动作要领。天啊！我居然跳得像个笨拙的大鹅，这次"佛脚"我好像没怎么抱得住！不管了，我只能放手一搏了。

　　运动会这天天气真好，温暖的阳光像金黄的瀑布，盈满了整个操场。可我却无心享受这惬意的温暖，心虚地在女子三级蛙跳的场地边观望着。那些将要与我一同竞技的同学们个个摩拳擦掌，有的在练蹬腿，有的在做着摆臂和拉伸，有的在场边一脸轻松地说笑，看起来个个都像自信满满的高手。

　　随着裁判员的指令，比赛开始了。啊，我眼花了吗？那几位看起来像高手的选手要么犯规，要么摔倒，把我都看蒙了。我甚至有点儿幸灾乐祸，觉得自己好像也不是垫底了。但我的小庆幸没持续多久，后面的几个选手越跳越厉害，尤其有个小女孩其貌不扬，她信心满满地踏上起跳线，一个深蹲，两支手臂在身体两侧有节奏地晃起来，"一、二、三！"女孩纵身一跃，在空中划出三道优美的弧线，最终稳稳落地。"6.8m！"，我不禁鼓起掌来，在佩服得五体投地的同时，我心里却闪过了一丝丝的怯懦，我有点想放弃了。耳边的微风也有些冷飕飕的，我的心渐渐矛盾起来，心想："放弃吧，若跳不好，就会在这么多同学面前丢人哦。"转念又想："来都来了，不试试怎知自己行不行？怎知自己与别人的差距在哪里？当初不就是想突破自己才决定参加的吗？妈妈也常说轻易放弃是人生最大的绊脚石。""请62号选手上场！"清晰的喊话打破了我的思绪，观战的同班同学向我投来了期盼鼓励的眼神。阳光暖得如同父母的手一般抚摸着我的脸颊，我微眯着眼，耳边仿佛又传来爸爸的"人生难得几回搏"。我开始明白过来，风不能把阳光打败，不要看见阴影，就忘记光明的存在。

我站在同学们目光的聚光灯下努力调整自己的心态，深吸一口气，勇敢地踏上起跳线，回想了一遍蛙跳要点，然后屏气凝神，集中注意力，双腿打开，双臂在身体两侧晃动。我找准节奏，"腾"地跳了起来，第一次发挥一般，第二次已渐入佳境。第三次跳时，我的双腿突然发麻了，如有千斤之重，我咬紧牙关，努力摆臂使出全身的力跳了起来。"重心必须把控好，摆臂要有力，身体要尽量向前！"我默念要领，时间仿佛瞬间凝住了，"咚咚咚"的心跳、"呼哧呼哧"的喘息、"呼呼呼"的风声，此时一股脑地涌入我的耳朵。一跳、再跳、冲刺跳，我终于落了地，5.6m！我一次比一次跳得好！虽然跟优秀的选手相比还有差距，但我一点都不沮丧。这一次，我挑战了自我，克服了怯懦。我笑了，发自内心地对自己笑了。

那一天，阳光明媚；那一刻，微风不燥；那个我，敢于拼搏，超越自己。我在青春的日记里记下了这难忘的时刻。

（指导教师：卢亚清）

评析：一个人要超越自我，是要有很大的决心和韧性，要通过不懈的努力才可以做到的。勇于承担，勇于付出，勇于改变，抓住每分每秒，全力以赴，放大梦想，不断耕耘。勇敢地跨越重重困难，将获得斩关夺隘的喜悦、重整旗鼓的信心、战胜万难的欢愉和享受。在超越自我的同时，也就是在不断地完善自我，从而让自己的人生更精彩。

第二章　把活动烙在青春里

闪耀的时光

初一（5）班　薛颖霏

午后的阳光将操场照射得熠熠生光，一串串欢声笑语，一阵阵欢呼呐喊，在操场上空此起彼伏，沸腾的热血在每一个人的心中流淌。随着校长的一声宣布，南通田家炳中学第56届秋季田径运动会正式拉开帷帐。

站在躁动不安的人群中，我踮脚张望。女子实心球投掷项目即将开始检录，我身旁的同学个个都身材高挑，手臂修长，她们就像一座座高山环绕包围着我，我仿佛一个来到巨人国的小矮人。我不安地搓着手，激动与兴奋之情已荡然无存。

很快，不远处一个女生吸引了我的注意。她面带微笑，扎着高高的马尾，脑后的长发悠然自信地摆动着。只见她双手将实心球举过头顶，就那么片刻之间，球径直飞了出去，在空中优雅地滑行，半空中便是一道完美的弧线。时间一分一秒地流逝，球却丝毫没有放缓的意思。我不由地攥紧了衣袖，目光紧张地追随着球。"16米！"随着那一声呐喊，所有人都屏住了呼吸，目光齐刷刷聚焦着她。我不敢相信自己的耳朵，而她依旧泰然自若地微笑着……

"下一个！"轮到我上阵了，调整呼吸，努力平复着心情，但我却感觉手中抓住的不是实心球，而是千钧的陨石。"向后弯腰，双手尽力向后举……"我默念着动作要领，脑中飞速闪过那个女生的动作，一板一眼地模仿着她的样子，可双手却情不自禁有些微微颤抖。我握紧了球，奋力向前抛，满怀期待地看着球。但事与愿违，刹那之间，它便紧紧贴近地面撞击了地球。我闭上了眼，倒吸一口凉气，好像没有勇气去面对接下来的两次投掷了……失望的落差席卷心头，我缓缓走向队尾，低声叹了口气，嘴上说着不能垂头丧气，要振作起来，心中却连振作精神的勇气都丧失了。

队伍缓缓向前挪动着，我低头凝视着脚下的青草，此刻，它们不再光鲜翠绿，而是黯然失色。"你投掷过了吗？成绩怎么样？"清脆的声音打断了我的思绪。抬头一看，是我的同班同学前来看我"笑话"了。"别提了，和别人差得太远了……"我默默等待着他的嘲笑，但出乎意料，他竟恬然微笑着："一次不如别人算什么？不是还有两次机会吗？你平时在班里考试时不总鼓励我们向前看嘛，这次轮到我鼓励你了，虽然你可能没有她们扔得远，但你肯定是我们班里实心球投掷最优秀的啦……"他坚定的目光鼓舞着我，牵动着我，那份勇气好像又失而复得了。有了他的鼓舞和陪伴，我好像被万丈阳光照耀，暖融融的感觉在心中四溢开来，脑海中满是老师同学们饱含希望的鼓励的眼光。对啊，即使输了比赛，但我依旧超越了曾经的自己啊！我有了从头再来的勇气，有了笑对挫折的心态，我所收获的，可远不止一场比赛啊。或许，那个女生之所以能够那么优秀，能够有那样的笑容，一定也有过相似的经历吧。

那个下午，除了运动员们付出的努力与汗水，除了他们闪亮的奖牌，除了他们发自内心欢畅的笑容，还有那份突破自我、永不言弃的执着信念，永远都值得我们铭记。

（指导教师：卢亚清）

评析：人生最大的敌人就是自己，人生最难超越的就是自己。超越，就是首先认识自我，敢于挑战自我，战胜自我，超越自我，其次才是超越他人而走向成功。于是，在从A—Z的过程中，曾经有过的无论是纠结困苦，还是欢心愉悦，都成了收获和财富。

南飞的大雁啊，让我告诉你

初一（5）班　潘莘然

秋日里，湛蓝的天空云朵徜徉，
阳光下，振奋的音乐响彻校园，
而此刻，激动的心儿奔向操场。

南飞的大雁问：
　"你们要去做什么？"
大雁啊，让我来告诉你：
　"运动会马上开幕，
我们即将闪亮登场！"

唰唰唰，整齐的步伐在跑道上行进，
一二一，嘹亮的口号在操场上回荡，
咚咚咚，热闹的锣鼓在音乐中欢唱，
呼啦啦，鲜艳的彩旗在少年手中挥响。

南飞的大雁问：
　"为什么要举办运动会？"
大雁啊，让我来告诉你：
　"操场有青春的起跑线，
是我们拼搏的竞技场！"

南飞的大雁睥睨地说：
　"就凭你们？

一群孩子能比出什么花样？

你瞧，

那位女生只跳出了一点点远；

那个男生身形瘦弱，肯定是风的手下败将；

那个抛球的女生由于失误，还坐在地上暗自神伤；

还有那个接力的男生已摔倒在地上。"

"且慢！"我打断大雁的嘲讪，

"请你瞪大眼睛仔细看看，

跳远女生，充满了力量，

纪录一点点向前生长；

跑步男生，头发迎风飞扬，

摔倒了爬起，正在不断变强；

投掷场地，加油助威震天响，

恨不得把实心球永远留在天上。

这才是真正的青春，肆意的模样。"

此时，

跑道上，追逐的脚步衡量出拼搏的长度，

沙坑旁，摆动的臂膀勾画出拼搏的弧度，

草地边，腾空的身影跳跃出拼搏的高度，

终点处，冲刺的呐喊冲破了失败的迷雾。

南飞的大雁问：

"是什么让少年们如此激昂？"

大雁啊，让我来告诉你：

"永不服输，让我们斗志昂扬，

不断超越，让我们不可阻挡！"

南飞的大雁

冲我点头，不断夸奖：

"我在你们眼中看到了进取之光，

希望下次再见你们，展翅翱翔

比我飞得更高、更远！"

（指导教师：卢亚清）

评析：表面看来，小作者似乎没有集中笔墨从"战术"的角度来具体描绘运动场上的龙腾虎跃，而是将视线从场面上抽离出来，采用天地间人雁对话的形式，先抑后扬，进而从"战略"的高度全貌凸显青春的朝气、奋斗的风采。文章写出了青春的豪迈，喊出了少年的果敢，颇有大手笔之雏形。少年强中国强，我们看到了民族伟大复兴的希望。

一个人，一群人

初一（1）班　陈咨延

有人说，起跑线前跃跃欲试的巾帼，是一条条出洞的蛟龙；也有人说，绿茵场上全力飞驰的须眉，是一匹匹黑色的骏马。我想说，用个体身躯奋勇破冰，为团队寻觅生机的天鹅更是伟大的勇士。——题记

秋阳杲杲。站在起跑线上的你似乎有些紧张和局促。你环顾四周，目光没有定处，似乎在找寻什么。周围一片寂静。运动会的操场上吹来一阵阵清风，吹动了你脚下的青草，却吹不起大家心中的涟漪。

新班长说："大家要一起加油！"但谁都没有应。

开学初就进行的比赛，对于我们这个刚刚组建的"联合国"来说，显得无比匆忙与不适。起先，无人报名。任凭班长怎么动员，教室里都依旧寂静无声，回应的只有一个个黑色头顶。

你第一个自告奋勇，即使无人回应，也笑着在800米跑一栏写下自己的名字。你的孤勇，吹皱了一池春水，打碎了班级表面的平静。在你的带动下，同学们开始跃跃欲试。对你，我心中不由升起一丝敬意。

在踟蹰和回想中，我们视线相遇。你冲我微微一笑，我还没有来得及回应，你就看向了远方——终点。卷翘的睫毛，好似黑天鹅优美的脖颈，掩映着目光里满满的坚毅。

枪声即是命令。你像出膛的子弹射了出去，没有领先，也不落后，只是紧紧地跟着。800米是考验女生体力与毅力的征途，坚持到最后的才是赢家。我的心一紧，似乎和你连在了一起，随着你的跃动而翻腾。

一圈结束，选手之间拉开了一定的差距。你的身材本就矮小，落在长队的末端吃力地跟着。看来，中长跑，你并没有优势，或者说，你并非运动健将。那，为什么要参加？哦，我知道你为什么要参加了，是的，我知

道。你用小小的身躯，带动着这个"联合国"一点一点走向"新集体"。

你大口地喘着粗气，脚步充满了疲惫，眼中掩饰不住的，还有生生的不甘。汗水浸润着你的头发，你的脸色已经开始发白，大地就像强力的黏合剂，粘住你的腿脚，迈出的每一步都显得那样困难。

微风有了些许燥意，班级队伍里也开始焦灼。

"加油！"不知谁喊了一声，恍若星星之火，瞬间燎原——

"加油！加油！"刚刚憋在心里的一股子热辣劲儿似乎全部被泼洒了出来，一呼百应，此起彼伏。

大家铆足了劲儿，似乎想将那一份份信念融合起来，托风送给奋力拼搏的你，告诉你，你并不孤独。你似乎也感受到了热情，重新调整呼吸，燃烧，燃烧！追赶前方的对手！

最后200米了！这是最后的冲刺，也是耐力的磨砺。所有人的目光都汇集在你身上，所有人都虔心祈祷，胜败已不再重要，坚持下来就是赢家！

莫名地，喊得热泪盈眶；莫名地，一种叫"集体荣誉感"的东西油然而生。就在一瞬间，我们不再是刚刚来自各个小学的分裂个体，我们成了一个团队，一个崭新的充满战斗力的团队。

飘飞的思绪中，你冲过终点线，疲惫的目光向我们诉说着这场征途的艰难。大家一拥而上，挽臂，搀扶，递水，擦汗……没有冷落，没有失望，有的只是关怀和温暖。

暖融融的风吹来，吹走了少年之间的隔阂，吹齐了少年们的心。

是的，一个人可以走得很快，但一群人可以走得更远。

2021年10月23日，值得铭记。

（指导教师：马浩佳）

评析：从单子式的"我"到群体式的"我们"，并非一个自然形成的过程，它需要群体中所有人的努力，而在其中更需要优秀个体的积极贡献。文中的"你"，通过个人的努力，以个人的光辉，带动了原本松散的一群人，组成了一个团结的群体。团队感及其所带动形成的荣耀，包裹着群体中所有的人，温暖前行。

书　者

初一（1）班　梅煦洋

运动会的日子愈来愈近了。比赛日正式到来之前，各个班都铆足了劲儿，准备着运动会开幕式上的演出。大家齐心合力，希望能够充分展示我们班级的风采，当然更不能输给其他班。

周六、周日的一小段时间，被安排用来排练。紧张和压迫，无声地压在众人的心头。我倒是不那么紧迫。因为个子小，我被选中当展示书法佳作的"书童"了。这项活动和其他的相比，压力自然不大。在一丝丝窃喜之后，又开始为自己担心，毕竟是全校那么大的阵仗，我能行吗？南通田中可是高手如云啊！

周六，终于到了。天阴沉沉的，不时有雨水滴答，滴答声犹如敲响在我心中的鼓点。书法展示看起来容易，但要做到庄重、有仪式感，还要与笑容进行完美结合，的确需要绝对的熟练与自信，甚至包括举横幅时的手法、走位与站位也要时时注意。

没有道具，我们就临时把一件大衣当作书法作品，几个人轮换演练。我们两人双手当桌托住大衣，另两人接过大衣，轮转一圈高高举起，一次演练便结束了。初已略懂，十数次演练已让我们基本掌握了，我也有些自信了。可真是下了一番功夫！

除了我们书法表演组之外，其他同学都没有闲着，练队列的，练舞蹈的，练歌曲的，个个忙得不亦乐乎。此时，我忽然有一种感觉，以前似乎还没见过这群人这么有朝气和活力呢。

排练的间隙，我取了一瓶水，静静地欣赏、体验这美好的风景。时间一页页地翻着，大家也一遍遍地练着。说不尽的紧张，说不尽的欢乐，信心十足。大家都似那弦上的箭，蓄势待发了。

又一个周六。阳光明媚，操场上暖意洋洋。运动会也像那从云中飞升而出的艳阳，带着无与伦比的热情正式向我们走来了。我们快速地下楼，快速地列队，同学们挺直腰板、目光坚定。我们迈开大步，队伍开始向前进发。美妙的歌声婉转荡漾在空中，一朵朵鲜艳的红花被举起。几名舞者手持长扇，如蝴蝶上下翻飞，舞动着轻盈的翅膀。班级方阵也随着歌声此起彼伏，舞动手中的红花，变幻着队形，一会儿聚拢，如众星拱月一般；一会儿前后奔走，步伐轻快；一会儿做出各种各样的姿势。

轮到我们演出了，我们书法组的四位同学离开了队伍，来到舞台上的桌子两旁。挥毫泼墨一番，端正秀丽的楷书、笔走龙蛇的草书，马上跃然纸上。书写毕，我们拉起宣纸向观众展示。观众席上的众家长也目不转睛地看着，欣赏着，投入着……掌声，是的，我听到了掌声，在人群中，我依稀看到了妈妈激动的泪水。

接着，又是一个一个的精彩节目，最后，演出在音乐的淡出中进入尾声。此后，每每走过校园运动会的舞台位置，我都会稍许凝望片刻，每次我都似乎看到了一个正在书写的自己——那个挥毫泼墨的自信少年。

（指导教师：马浩佳）

评析：运动会，或者学校其他各类展示活动，都是学生们特别期待的时光。在这里，作为学生的个体，可以在课堂之外，寻找到一个绽放自己生命光彩的舞台。我们的孩子需要这样的舞台，每个人对属于自己的舞台，都有着深刻的记忆。这种记忆，会成为推动自己成长的积极力量。

小瞬间

初一（1）班　徐江涛

阳光下，清风中，在无数同学的期盼与呐喊里，我们迎来了一个重要的活动——全校运动会。

得知消息后，我们又是激动，又是期待。参与开幕式表演的同学们，已经开始准备服装、道具等所需要的一切，积极地参与着每一场的排练。报名参与比赛的运动员们，更是开始了刻苦训练，希望能赢得一个好名次。每个人都知道，这是我们进入初中以来，第一次以初中生的身份，去绽放自己的魅力，燃烧自己的青春，洒下拼搏的汗水，留下成长的足迹。

开幕式表演，在雷鸣般的掌声中落下帷幕。接着，令人既紧张又兴奋的比赛开始了。我们的目光被紧紧地牵引着。"各就各位——预备——"大家的心都提到了嗓子眼里，不敢呼吸，目光聚焦在运动员身上。口哨声突然响起，直冲云霄，每个人的斗志瞬间被激起。运动员们反应神速，在刹那间如风一般掠过旁边观赛的同学。"加油！加油！"同学们几乎就是扯着嗓子在喊。加油的呼喊声一浪高过一浪。赛场上的同学拼了命地咬牙往前冲。汗水随着迎面的凉风，纷纷洒在地面上。终于冲到了终点。那些凯旋的"勇士"们，个个面色通红、气喘吁吁，脸上写满了"自豪"二字，似乎犹不过瘾，想再来一场酣畅淋漓的比赛。

在我看来，最值得被点赞的并非那些胜利者，而是那些即便知道难以获胜却仍然积极报名的参与者。1500米跑，班上一开始没有人敢报名，最后小周同学站了出来。在赛场上，起初，我们见他落后，为他担心，手心里捏了把汗，更加拼命地为他加油。他似乎也有些紧张，但并不想辜负大家对他的期望，显示出了勇往直前、矢志不移的坚韧。跑完三圈后，汗水滑过他通红的脸庞，浸湿了他的后背，他大口喘着粗气……当小周同学强咬着牙回来时，我很佩服，想说什么，却欲言又止——他认为自己的名次不好，哭了起来。我心头一阵酸，真的，假如是我，在跑道上会不会直接放弃了呢？我不敢保证自己能够坚持到最后，那可是1500米啊！当金闪闪的阳光抚摸着他湿润的眼角时，我从他的双目中了看到两个字：责任。名次在此刻已不再重要。

运动会在继续，操场上仍然是呼喊声一片。而我，静静地坐在那里。就整个运动会而言，我只是一个看客，为什么我不能如小周同学那样去冲一冲呢？阳光映照在我的脸庞上，我觉得有些炫目……

（指导教师：马浩佳）

评析：本文作者受小周同学的启发，面对着赛场欢腾的情境，忽然生发出了自我成长的责任感和力量感。人的成长，有时候恰恰就是在一瞬间被促发的。而学校所要做的，便是更多地提供促发学生自我成长的小瞬间——或温暖、或纠结、或激越、或忧伤的小瞬间。

回　响

初一（2）班　陈可瑜

秋日的暖阳普照大地，透过枝枝丫丫洒下一地斑驳，映射在张謇先生的铜质雕像上。斑驳的铜锈掩藏不住张謇先生坚毅的目光和刚硬的唇部线条，端庄的神情透射出他在历史漩涡中的那个坚毅的灵魂。

深秋11月，我们田中迎来了参观张謇故居的活动，精选的30名初一学生揣着无比自豪与期待，去了解这位南通先贤的辉煌成就。

首先来迎接我们的是和蔼可亲的解说员曹刚老师，他面露笑容地招着手，领我们来到故居前。张謇故居是座西式别墅，门前的阶梯上攀着紫红藤蔓，藤蔓如瀑布倾泻，每一片叶子都诉说着生命。进了屋内，见到厅室的装修风格是中西合璧的，不禁联想到他"实业救国"的若干主张——"棉铁主义""振新农务""引进外资""实业大同"……徜徉其中，回眸似见一个饱含热情、励志革新的创业者披肝沥胆的身影。

紧跟解说员曹老师的步伐，我们穿过走廊，墙壁上满是记录张謇先生的丰功伟绩。右侧是一张张謇考中状元的榜单，曹老师向我们介绍了清末科举制度选拔人才的残酷性，我不禁感慨："怕是张謇也如周恩来一样'险夷不变应尝胆，道义争担敢息肩'，早有'面壁十年图破壁'之志吧！"。另一面墙上的一张大生码头的景象，让我不禁联想到当时水路四通八达的南通码头渔船来往的繁忙之景，他以四海之活水掀起了经济救国的浪潮，以一人之力支撑起了南通商业贸易的广阔天空，繁忙的商业活动背后折射的是他"实业救国"的政治抱负——为弱暗的华夏寻得一丝光明，坚信付出必有回报。他的经世致用的精神，经过悠长的历史隧道，传递给现在的我们，激励着在场的田中学子奋发向上，不负韶华。

若让我们南通人说起张謇最广为人知的成就，那就是他所办的诸多学校。历史上，张謇虽建立了庞大的商业网络，但他的生活十分清贫。他用努力筹集的资金，创办了一所又一所新校园，全心致力于发展教育事业，旨在建造一个民主科学的社会。这些学校中就有我熟知的南通师范专科学校、通师一附小学、附属医学院等等。现场一位来自南通医学院的白衣天使说道："我们在抗击疫情时，正是秉持着张謇先生为民造福的家国情怀，才团结一心，平安回家。"是啊，张謇先生为国家和社会全力以赴的精神，激励着我们一代人以梦为马，奋斗青春，报效祖国。

张謇先生为子子孙孙留下了许许多多，最可贵的便是他那有责任有担当的民族气节和敢于奋斗的创新精神。我们作为新时代的田中少年，心中若不存有浩然之气和创新意识，怎么为国家贡献力量？怎么背负民族复兴的时代重任？

"蓬生麻中，不扶而直；白沙在涅，与之俱黑。"田中组织的这场追思先贤、精神回暖的游学，激励着我们用理想之光照亮奋斗之路，用信仰之力开创美好未来。

（指导教师：马浩佳）

评析：张謇兴办实业救国、发展教育、从事社会公益，被称为爱国企业家，实业救国、造福桑梓的典范。从小作者的活动感悟中可以看到他深受张謇先生的精神洗礼，产生了强烈的爱国热忱，感受了"敢为天下先"的创新精神和主动承担社会责任的担当意识。"见贤思齐焉，见不贤而内自省也。"田中的活动教育，担起了立德树人的使命。

"燃动"青春

——记2021年第一学期秋季运动会

初一（2）班　方奕苏

迎着飒爽的秋风，我们迎来了一年一度的秋季运动会。随着嘹亮的《运动员进行曲》，操场上顿时沸腾了起来。火红的旗帜犹如燃烧的火焰，在蓝天白云的映衬下，格外鲜艳夺目。初一的同学们排着整齐的队伍，斗志昂扬地在操场的红色跑道上准备展示我们练习多日的节目。

入场式开始了，只见一班的同学们迈着整齐的步伐，意气风发，精神抖擞地进入了表演区。按照班级顺序，紧跟着一班的就是我们班，我们也不能落后！"豪情在天，谁能与我争锋；青锋在手，谁能一剑屠龙……"随着音乐声响起，伙伴们开始变换队形。当队伍来到主席台时，我敢说，我们的步伐是最整齐的，我们的胸膛是挺得最高的，我们的口号是喊得最响亮的。

庄严的升旗仪式到了。护旗班的同学迈着整齐的正步走到旗杆下，把国旗系好。随着"起来，不愿做奴隶的人们……"的声音响彻云霄，鲜艳的五星红旗冉冉升起。同学们举起右手向五星红旗敬少先队队礼。

开幕式上的表演，我们班以中华武术为主题，整体分为三个部分，每一个部分衔接得自然流畅。身着金黄色衣服的队友率先登场，他们手中握着大旗，"刷"的一声，大旗朝一个方向挥舞着。他们用他们的旗、他们的甩发、他们的身形、他们的步伐，坚定他们的意念，挥洒出向上的生气，在蓝天绿草间挥舞出一道道金色的流光，"燃动"青春。

身着白色表演服的队友脚步轻盈地追着金色流光，来到主席台前中央地带。他们随着音乐的节奏，将扇子"转""甩""开""合""拧""圆""曲"，这一系列行云流水的动作，展示出了中华武术的无穷魅力。

身着红色表演服的队员，点燃整个表演的高潮，带来纯武术动作的展示。他们的双拳一会儿有力地抱在胸前，一会儿紧贴腰间，变化万端。随着气势磅礴的嘶吼，"哈！哈！"，双脚落地，地面都感觉震了一震。队员们坚毅的目光似刀剑般犀利，仿佛直刺你的要害，让你瞬间倒地，又像被人突然击中，动弹不得。一会儿，全体队员向前直出两拳后，"咻——"地一下蹲地蓄势，后又腾空而起，一腿站立，另一条腿则腾空弯曲。整个队伍整齐划一，毫无半丝懈怠。

表演完毕，主席台评委以及观众们都为我们精彩的表演鼓掌叫好。任鬓角汗水蔓延，我心中都久久不能平静。在这里，我们不再是个人，而是班级中的一分子。每一个小伙伴都是一朵花，正是这每一朵花汇成了花的海洋，形成了这万花流动的瀑布，彰显了生命的追逐与辉煌。

运动会开幕式虽结束，但余音绕梁。回想起近两周刻苦的训练，我们常常站在酷热的阳光下，一站就是一两个小时，需要在短时间内记好所有动作，并且准确无误地展现出来，这对于我们来说，是一个极大的挑战。但是，我们并没有怯懦、退缩，而是勇往直前，披荆斩棘，克服种种困难，才取得了一个良好的成绩。我的脑海里不禁涌现一句话"千人同心，则得千人之力；万人异心，则无一人之用"。

确实，我们班能呈现如此精彩的表演，少不了每一个伙伴的力量！一滴水是微不足道的，渗入泥土便会消失不见，可汇聚成河，却是川流不息。如同我们，在许多挑战面前，一个人总是显得势单力薄或无能为力，可当我们团结起来时，却可以创造无数的奇迹。

（指导教师：马浩佳）

评析： 能用众力，则无敌于天下矣；能用众智，则无畏于圣人矣。众人划桨，方能开得大船。"团结"这个词看似老生常谈，但是越是公理就越是难以抵达心灵的最底层。从小作者细节化的描写中可见感受自内心生发，已经确实沉淀为精神素养了。

"武"动青春

初一（2）班　马泽轩

秋季，金色的果实，是绿的结晶。在金桂飘香的季节，我们进入初中以来的首次运动会即将拉开帷幕。这，是一场青春的开幕式。

然而，对体育活动无感的我，自然认为运动会不关我一介凡人之事。我只需搞搞后勤、呐喊助威罢了。不过，这种念头很快在班主任宣布开幕式上各班还有团体表演比赛后，彻底破灭了。咱的老班更是以迅雷不及掩耳之势请来了武术教练指导我们一群"菜鸟"苦练武艺，试图以气势取胜。哎，"误入江湖"的我身不由己，只能硬着头皮向前冲。

初次拜师学武，看到教练站如松、立如钟、行如风，拳法虎虎生威，我突然来了兴致，竟也心驰神往。可一想到只有短短三四节课的时间用来训练，对于我这样的凡人来说可真是一大挑战呐！万一到时"画虎不成反类犬"，可就糟大了。我刚刚升起的兴致被浇了一盆冷水，蔫了下去。可教练却似乎胸有成竹，马上就带着我们开练了。拳法中还加入了舞折扇和舞大旗，我原本紧绷着的心也随着他的干净利落的动作而热血沸腾起来。一次动作不合要求再来一次，就这样反反复复地出拳、踢腿，慢慢地似乎变得得心应手、越来越顺畅了。在最后一次的彩排中，我们个个激情澎湃，动作炉火纯青，口号更是铿锵有力、气吞山河！我内心的那股子豪迈劲儿也被激发出来，整套拳法一气呵成！此刻我不愿再做一个打杂的人，而要化身"武林"中的"大侠"。不仅自己做好，还时时与同学们一起"切磋"，共同进步。整个初一（2）班已摆好招式，蓄势待发。

期待的一天终于到来，哪知天公不作美，气温骤降，萧瑟的秋风肆虐着我们单薄的武功服，意图吹灭我们的热情，然而并未得逞。我们初一（2）班武术方阵雄赳赳、气昂昂地入场站定，随着音乐奏响展露拳脚、意气风发。此刻挥出的每一拳、踢出的每一腿，都将练功时的辛苦和劳累变成了动力与自豪，展现了初一（2）班的集体荣誉感，展现了中华民族传统文化的骄傲，展现了龙的传人的民族使命。我们的拳脚功夫，拳拳生风、招招制胜！

这次的开幕式表演，青春飞扬的武功少年们那不服输的坚韧和失败后从头再来的勇气，使得"台上三分钟"超常发挥，勇夺年级一等奖。我们，没有辜负自己洒下的汗与泪！

一次次，在欢笑与泪水中的拼搏，让我们明白了坚持的重要；在愉悦与严厉中的磨炼，让我们感受到了勤奋的力量；在轻松与挫折中的成长，让我们体验到了成功的喜悦。这，就是青春的扬帆，起航！

（指导教师：马浩佳）

评析：一场成功的活动必有回响。本文作者运用对比手法写出了参加活动前后精神世界发生的嬗变——从没有激情、应付畏难到充满热情，知晓拼搏、坚持、勤奋……的重要性，学生的成长是教育最热情的回答。

意飞扬

初一（4）班　秦语韩

"秋风飒爽，意飞扬，勇往直前，步铿锵，下面向我们走来的是由56名同学组成的4班……"主持人的话语中回响着我们响亮、独特而又自信的口号"四班团结，破茧成蝶，气势长虹，笑傲苍穹！"

10月23日，是我进入田中的第二个月，我们迎来了田中的第56届运动会。这天秋高气爽，我和同学们排着整齐的队伍站在温暖的阳光下，等待田中运动会的开幕式。音乐响起，作为即将要进行舞蹈表演的我有些胆怯，心想："天哪，好紧张啊，万一出错了可咋办啊？"就在这一瞬间，一幕幕熟悉的画面在我的脑海中浮现：烈日炎炎，我们六位同学在一丝不苟地练习着。短短一分钟的舞蹈，不知被班长纠正了多少次，一次次的练习，汗水早已浸湿了我们的衣裳。偶尔调皮一下，班长便用她那足足80分贝的音量："帅哥！请你给我认真跳，要是运动会那天有任何一丁点儿的差错，我跟你没完！"

这时，一声"跑步——走"将我的思绪拉回，我不由得想："十年磨一剑，一朝露锋芒。是时候展现真正的技术了！"抬头、微笑、立腰，迈步……56名同学，昂首挺胸，脸上洋溢着四班人的骄傲。"不忘初心，牢记使命"响彻整个操场，一阵阵热烈的掌声让我们还有些稚嫩的脸上再次挂满了骄傲……开幕式在同学们的欢声笑语中结束了。

接下来，再次"迎接"我们的是令人热血沸腾的运动会，其中最令我印象深刻的是女子100米和男子1500米。

女子100米开始了，只见我们班沈子轩像一支离弦的箭冲了出去。刚开始，她跑在最前面，迈着大步，手臂大幅度摆动，同学的加油呐喊声此起彼伏。十分可惜的是，在快到达终点的时候，她的体力有些透支，被其他班同学超越了，最终只取得了年级第二的成绩。虽然没有拿到第一名，大家都替她惋惜，但是我们依然觉得她很棒。

接下来是男子1500米长跑，随着枪声的响起，我也随之紧张起来。1500米呀！王皓天能坚持跑下来吗？只见他迈开大步向前跑去，一圈、二圈、三圈，当跑到第四圈时，他的体力似乎跟不上了，速度明显慢下来了，他满脸通红，"呼哧呼哧"地喘着粗气。我觉得他每一步都很吃力，腿像灌了铅一样。"王皓天，加油！"同学们异口同声地为他加油鼓劲。虽然最后他只拿到第三的名次，但是他不言败、不放弃的精神值得我们学习。

这次运动会让我感受到了什么是集体荣誉，什么是体育精神。我们取得了年级第一名的好成绩，这些都跟大家的努力、坚持分不开。莎士比亚曾经说过："勇气是在磨炼中生长的。"是呀，无奋斗，不青春。在今后的学习中，我们要学会坚持，永不言败，不放弃。

（指导教师：刘轶丹）

评析："无奋斗，不青春！"这是磨炼后内心涌动的激情。成长是一首疼痛的歌，里面有汗水，有挫折，有质疑，有坚守。但青春不问西东，奋斗是永动机。加油，少年！

心和心的距离

初二（1）班　王懿玮

常常傻傻地想：陆地上的距离以公里计算，海洋上的距离以海里计算，星际的距离以光年计算，那心与心之间的距离以什么计算呢？

心与心之间的距离虽然没有办法消除，但可以缩短。这不，刚到基地，教官便拿出几双长长的"木鞋"（每只鞋上可套8只脚）"现在，我们来玩一个游戏——齐心鞋力。"每八位同学一组，穿同一双鞋，然后一起向前走，最先到终点为赢。我心想，这有何难，小菜一碟啊！一起喊个口号，说好规则不就行啦。可稍后的事实有点打脸，是我有些盲目乐观了。

"预备——开始！"，随着教官的一声令下，原本安静的操场瞬间犹如沸腾的油锅，伴随着人头攒动，口号声、争执声、欢笑声此起彼伏。蓄势待发的我们小组情况却很不容乐观，热火朝天的背后，我们组的鞋不知道哪里出了问题，木鞋就像被钉在了操场上，不管我们怎么发力，就是纹丝不动，令人焦急万分。不一会儿，在这本已凉爽的季节，我们一个个脸上就开始出现了豆大的汗珠，组员们都狼狈不已。看着其他小组那整齐划一近乎完美的步伐，我们是集羡慕嫉妒着急于一身，大家不由得都有点火上心头，开始相互指责，闹到最后差点都要放弃比赛了。"不要吵啦！"不知小组中谁吼了一嗓子，"现在还来得及，我们必须心往一处想，劲往一处使，我们才能有望追赶其他组。"

所谓一语惊醒梦中人，这一嗓子把我们从崩盘的边缘迅速拉回比赛现场，组员们打起精神，一边喊着整齐划一的口号，一边努力同时发力，协调步伐，就如同一个个蹒跚学步的孩子。终于，功夫不负有心人，我们的鞋动起来了，一步一步缓慢而有节奏地往前行进起来。

虽然最后的比赛结果不是很理想，但经过这次的波折后，结果反而不是那么的重要了，重要的是我们从这个活动中明白，距离产生美，但却不适合两颗心。朋友间也好，亲人间也好，如果心与心之间的距离越来越远的话，将会产生的是猜忌，是怨怼，是陌路，是距离成功越来越远。而人与人之间最远的距离是心与心的距离，最近的距离也是心与心之间的距离。

齐心协力，才能走得更快；同心同德，才能走得更远。

（指导教师：葛晓周）

评析：每个人都有自己的世界，当我们眼中只有自己，心与心的距离就必然会很遥远。"齐心鞋力"的活动，通过生动的形式拉近了每个参与者之间的距离，让他们知晓了协作、信任的重要性。本文叙事流畅，感悟深沉，内涵深刻，启人深思。

团队养成记

初二（1）班　吴筱

你配合我回头，我配合你微笑。

操场上，"一二一"的口号声此起彼伏，"齐心鞋力"的活动正如火如荼地进行着。我们组的8名同学个个兴致勃勃，红扑扑的脸蛋上映着太阳的金色光芒。我们前后成单列站立，左脚统一放在同一块长板上，右脚一同置于另一块板上，双手紧紧地抓住两边的绳子，一上一下地拉扯，使两块长板有节奏地挪动向前。我排在队伍中间，心跳加速，激动之情溢于言表。

我们开始了尝试。当指挥员"一"的口令声响起，我抬起左脚，左手紧拽绳子向上拉，然而板却丝毫未动。我探出脑袋前后张望，同学们所保持的动作各不相同，有的抬脚却未拽绳，有的拽绳脚却未动。抱怨声前后响起，未能挪动的板子令所有人无比焦急。8人间不由得互相指责，互不相让，场面一度混乱，我的额前挂着的汗珠顺着脸颊落下。指挥员同样恼火，大吼一声："安静！你们是一个团队！"顿时，大家都停止了嚷嚷，面色凝重。经过一段时间的冷静，互相交流了技巧，大家又自发地在口号声中齐心向前。

"一二一，一二一……"随着一声声有力的口号，我们的团队稳步向前。我目光坚定，手脚伴着节奏配合完美。大家也都在互相交流后掌握了技巧，不再争吵，步调一致。我们一步一步，虽缓慢，但进展顺利。我感到微风轻拂脸庞，带来凉爽与舒适，享受着团队齐心协力带来的快感。

其余团队的同学们也不甘示弱，个个铆足了劲向前冲。眼看着被我们甩开的队伍逐渐赶上，团队的一位同学无比着急，催促着"快些，快些！"他自己也加快脚步，结果却是欲速则不达，全体成员被绊前倾，险些跌倒在地。"别看别人，做好你自己！"旁边同学喊道。那位同学红了脸，低下头。我笑了笑，按捺住自己浮躁的心。

继续前行，我们的动作愈发熟练，步调愈发协调，指挥员的声音也越加洪亮与坚定。大家都专注于自己的动作，眼睛紧盯双脚，节奏逐步加快，同学们也一点点适应，左右的两块木板以更快的速度前后交替，发出"嗒，嗒，嗒"有规律的声响。我们就这样，向着同一个目标，彼此心意相连，一点点进步，超越数支队伍，排在前列。我的脸上洋溢着满足的笑容，这是团队互相配合、辛勤付出的结果。

活动结束，我揉揉被绳勒红的手掌，一旁的同学轻揉自己的大腿，阳光映照下，同学们的笑容显得格外灿烂。看着他们的笑容，想起叔本华的一句话："单个的人是软弱无力的，就像漂流的鲁滨逊一样，只有同别人在一起，他才能完成许多事业。"

（指导教师：葛晓周）

评析： 如果没有配合，就得不到所谓的并肩。这是一个张扬个性的时代，追求个性发展成为学生的主诉求；但同时这也是强调团队协作的时代。本文中的发现至为可贵：为了团体的成功，掩藏锋芒，眼中更多地看到别人，发现身边的力量。谁又能敢说，时代的发展会仅靠个人的力量？

把劳动烙在青春里

初二（2）班　范子轩

　　革命导师马克思曾经说过："劳动最光荣。"是的，充满劳动的青春是绚丽多彩的。劳动，让我们尽情书写青春。

　　在南通市青少年社会实践基地的日子里，安排有田间劳动的活动。教官将我们分好组，下达了任务：耕一排土地并播撒下菜种。同学们听了却高兴不起来，有些垂头丧气。我们领取了钉耙，走到田边。站在田埂上，却没有人再往前迈一步，怕把自己的鞋子弄脏了。我第一个抛却了难为情，走下田埂，抢起钉耙开始耕地。一耙下去，翻开一块土，霎时间，清新的空气夹杂着湿润的泥土的芬芳扑鼻而来，竟令人有些陶醉。我顿时有了干劲，细细耕耘着土地，渐渐地也走进了田野，也顾不得脏不脏了，仿佛已经成为了大自然的一分子了。其他同学见状，也纷纷迈出那一步，三五成群，都劳动起来。同学们都撸起袖子，完全没有之前嫌弃的模样，干得热火朝天

　　不知不觉几小时过去了，已然是黄昏时分，太阳没了奔放的热情，落日的余晖亲吻着土地的每一寸肌肤。旁边的同学仍不知疲倦，沐浴在金光中，背拱得像一座小桥，双手握耙，翻起土块后，又将其细细敲碎。隔一会儿便站起来向后仰，捶几下酸痛的腰，又全身心投入到劳动中去，脸上洋溢着青春特有的劳动的喜悦。女孩儿们自然是心灵手巧，原本平整的土地已被细细耕耘，细碎的土块如一颗颗钻石。大家鞋上、裤子上、手上，甚至脸上都有泥土光临的痕迹，俨然成了一个个"泥人"。

　　终于到了播种环节，同学们争先恐后拿了一小把菜种，小心翼翼地撒到田里，又轻轻踩平。他们的眼里是发着光的，仿佛已经看到来日碧绿的菜畦。播撒种子，也挥洒下汗水，在空中发出光亮。那光亮是

什么？是热爱啊！这份看似久违了的对劳动的热爱，来自血脉深处，是五千年来中华儿女对这片土地忠诚的爱与礼赞。

　　劳动，是青春最美的样子。我们要有勇气，将劳动镌刻进青春的土壤。然后从生命的底色中，泛出劳动的光芒，去滋养整个人生。

（指导教师：葛晓周）

　　评析：劳动教育是教育不可缺失的一部分。最好的劳动教育是对劳动之美的诱发。李大钊曾经说过："我觉得人生的求乐方法，最好莫过于尊重劳动。一切乐境，都可由劳动得来，一切苦境，都可由劳动解脱。"本文作者在劳动实践中发现乐趣，获得了最可靠的精神财富。

那些美好而永恒的时光

初二（2）班　王妤今

海风习习，裹挟着泥土的气息扑面而来；烈日炎炎，照亮了我们充满青春活力的脸庞。当我们迈进基地大门的那一刻，如东实践基地的活动正式打开序幕！

绿茵场上的阳光，如金色的针一般射向大地，每个人的脸都晒得通红。一位教官在台上说着简单乏味的开场白，台上灰色的迷彩背景显得压抑而单调……这是开营仪式给我的感觉。原本充满期待、兴高采烈的我们，变得像烈日下的小草，激情荡然无存。

然而，当天下午的活动很快让我有了改观。

"齐心协力"活动与"三人两足"有异曲同工之妙，需要7个人把脚绑在两块木板上，一起踩着木板前进。排好顺序，调整木板，扣好带子，操场上十几队人马蓄势待发。随着教官一声令下，各队同时启动，开始练习，口号喊得一队比一队响。虽然口号铿锵有力，但仍有队员跟不上节奏，常常是前进时木板忽然被踩住。太阳渐渐向西移，天边已然出现了几朵绚烂的火烧云，可我们的队伍始终不协调。我的手臂已经酸得不听使唤，口号声也慢慢低了下去，我似乎一点也看不到成功的希望。"看！他们已经超过我们了！"队长的一声吼让我们从灰心丧气中意识到，我们还有竞争对手！我们不能后退！于是，提起绳子，我们的口号再一次冲上了云霄。阳光下，我们齐心协力地前进着，努力朝着成功走去。尽管在决赛中，倒数第四的名次并不理想，但，我们没有辜负"齐心协力"这个词，我们尽力了！

如果说"齐心协力"是实践活动的良好开端，那么"波比足球"可谓是把活动推向了高潮。随着红、白小人在球桌上上下旋转，紧张而激烈的争斗开始了。迷你足球被红方快速拦截，用力踢向白方的球门；白方守门员也不甘示弱，看准时机把球拦在了门口，又快速转动杆子传给下一个球员。五个小人在同学手中任意调整位置，又一次将球踢向红方的球门。我操纵三个白色小人目不转睛地盯着球，趁红方守门员不注意时，"咚"的一声射进了球门。"哇！赢啦！"我们欢呼起来，尖叫声又很快淹没在从四面八方传来的喊声中，笑声充斥着整个教室。一连几局的获胜让我们自信过了头，一下子又输了好几局，让我不由得紧张起来。我收起骄傲之心，认真观察，似乎整个世界只剩下我与足球，一直到下课还意犹未尽。这堂智慧与耐心并用的课，不仅带来了乐趣，还有谦虚胜于骄傲的道理。

值得一提的还有翻越"毕业墙"，让我领悟到什么是团结；DIY手工，让我理解了什么是创造……四天三夜，有太多的精彩活动，似乎又转瞬即逝。

这短暂的四天三夜，让我明白了团结互助，明白了戒骄戒躁，明白了在社会中独立与自强的重要性。海风再次轻拂过我的脸颊，我们虽然离开了如东，但这段经历将成为永恒！

（指导教师：葛晓周）

评析：齐心协力、谦虚、独立、自强……这些闪光的字眼，通过如东实践活动深深烙印在学生的内心深处，内化为素养，积累为财富。有人说："现在的学校是教学而不是教育。"这句话，在田中并不适用，田中的教育是无痕有径的。

远　方

初二（3）班　缪雨晨

那一次离开父母，远离学业的远行，我将终生难忘。

满怀忐忑，拖着步子，我不情不愿地来到南通市青少年实践基地。四天三夜，90个小时，5400多分钟……这将怎么熬过？我哭丧着脸，一副生无可恋的样子。好在，第一项活动是去做美食，才稍稍吊起了我的兴致。

来到烘焙区。一开始，我信心满满，买菜、备菜需要动脑，也需要动手。生涩地讨价还价后，将各种菜洗好、切好，我不知道如何炒菜，放多少油、多少盐。想起在家中，不停抱怨放多了或少了盐或油，又嫌弃厨房闹哄哄的响声，真是惭愧。我又开始审视自己，我的脑袋里不应该被学业的忙碌、烦恼占据，这也不该是我懒惰的理由。我应该还有生活，那种生活的快乐才是真正的快乐。我逐渐意识到，我该学会自己洗衣服，该学会洗碗，该学会多关心关心身边的人了。

接着，我们来到耕作区。爷爷奶奶都是农民，而小时候的我在他们身后沐浴着田野的风，看着他们辛苦的劳作，我很想试一试。无疑，这次活动给了我机会，在土地上耕作就像在播撒希望，用汗水灌溉。看着一粒粒生命的种子，我们期待着来年的她们充盈朝气。

集体是一股凝结的力量。在"CS"中，我们被战友打得落花流水；但在"抢渡金沙江"中，战友用他们的双手支撑我们安全渡河。我们又被这份情、这份精神深深打动。这项活动中，有真挚的友情在涌动。

深夜，鼻涕开始"呼噜呼噜"地往外冒。如果在家里，也许会有人该替我盖上被子了。我迷迷糊糊地想，勉励自己现在必须把自己照顾好，不能感冒回家，遭人笑话，于是我又裹紧了被子。清晨4：34，我醒了，推开宿舍的门，东方已经浮现了微弱的光芒，一点点在初冬化开各种云雾，红的，黄的，橙的……美得惊心动魄。

回到家，爸爸在听到我几天的活动经历和感悟后，给了我汪国真的诗《远方》：是男儿总要走向远方，走向远方是为了让生命更辉煌。走在崎岖不平的路上，年轻的眼眸里装着梦更装着思想。不论是孤独地走着还是结伴同行，让每一个脚印都坚实而有力量。

（指导教师：宣卫东）

评析：“舒适区”并不会让人感到真正长久的舒适，相反，个体会开始迷茫和无助，变得懒惰和颓废，最终被所谓的舒适吞噬。走出“舒适区”，每个人的人生才真正开始。本文用简洁的语言点数了自己的精神“突围”，质朴实在。

丰　收

初二（4）班　刘芃呈

坐在返程的大巴上，我无神地看着窗外，灵魂坠落在三天的难忘时光中。

那天抵达之后，我们背着包，拎着行李箱，颠颠地跑上楼，跑进寝室。六张双层床紧凑地排成两排，各自套上床单、被套和枕套后，就成了清一色的墨绿，给人一种莫名的、神秘的激动感。

一小时后，我们在军号声中集合，开始了真正的实践活动。

在这三天内，我们进行了许多新奇、有趣又不乏挑战性的活动，其中最令我难忘的则是旱地冰壶。

走进教室，映入眼帘的是四个矩形场地，黄色、红色的冰壶各八个，整齐地安放在塑胶垫的末端，静静地等待着我们。

规则很简单，就是比最后哪方更接近圆形的冰壶更多，多几个记几分。比赛未开始，我们已摩拳擦掌，准备好在接下来的比赛中一展雄风。

对方1号选手跪卧在界前，直勾勾地盯着营垒，手握冰壶在起点来回摩擦，合上一只眼睛有模有样地瞄着，胸有成竹地掷出去，冰壶也勇往直前，一直冲出界外。我方爆发一阵幸灾乐祸的笑声。我方1号选手准备就绪，我们吸取了对方的教训，在他耳边偷偷说"不能太用力，用它的惯性。"显然，他领悟了，就是力稍稍小了一点，连营垒外环都没碰到。对方同样传出一阵笑声，甚至我们都忍不住笑了起来。他捂着脸躲到了一边，下一个人上场。终于，我方占据优势，有一个冰壶接近圆心。我们队长指挥："别管其他的，把路线堵住，别让他们碰到我们圆心的壶就赢了！"我们都屏息敛声，目光汇聚在那个冰壶上。"咻"冰壶向前滑去，不偏不倚地停在了那颗冰壶的正前方。我们欢呼，仿佛已经看到了胜利。对方只剩最后一次机会了，派出了他们的得力干将。只见他毫不慌张，信步走来，手握一个冰壶，像是想好了对策。他左右探望着，然后蹲下身，蓄力一投，使得所有人都提起了一颗心。冰壶从侧面飞了出去！它绕过了前面那只冰壶！它正在缓缓减速，但直奔圆心！求求你快停下来，我在心里乞求。最后它轻轻地挤了一下我们的冰壶，停下了。我们纷纷围上去，比较着哪方更接近圆心。"我们赢了！"有人喊。真的吗？我凑过去，然后下一秒就激动得跳来跳去，迫切地寻找队友击掌。

团结互助、勇担责任，敬畏实践，尊重对手，这次活动让我们在欢笑中获得更深的体会，这是一场灵魂的丰收。

（指导教师：金晓玲）

评析： 冰壶游戏作为一种体育运动折射出体育精神，如文章而言"团结互助、勇担责任，敬畏实践，尊重对手"。这些在运动中产生和积淀的规范人类行为和思想的体育文化，是人类进步的动力，值得我们致敬。

南黄海之光

初二（4）班　赵采禾

　　朝霞从芦苇荡的缝隙中透出，晨光映照着清闲的芦花，闪亮但不刺眼，温暖的光线从白色圆盘中发散，提醒日时，供给能量，引导光明。海风微拂，南黄海之滨的旅途已经启程。

　　太阳刚上树梢，我们扛上装备静悄悄地向人工湖迈进。支好望远镜眺望远方，仔细寻觅飞翔的身影。忽而，一点灰白的影子飘过，轻盈地落在博物馆米白高墙的边缘，赶紧对准、聚焦：只见它缩着脖子，抖抖羽毛，在高处小憩，又舒展开细长的腿，昂起修长的颈项，尖长的嘴直指北方，仿佛挺立的一尊雕像。它是一只灰鹭，头顶和翅尖的那一抹黑色，带给它高级和冷漠。温柔的阳光宛如为它披上金纱，它成了我的模特，我在镜头中端详着它，在纸上描绘着它。凉风吹过，一切都是那么的静谧美好，耳畔有鸟鸣，错综交织却又清悦动听，仿佛是它们在欢歌；眼前有美景，萧瑟寒冷却也质朴素净，尽显自然的动人；鼻底有幽香，远淡而清新，草木水土，缥缈朦胧。生命在此处绽放出独特的色彩，阳光赐予它魅力无限，远离尘世烦扰，染得我的心净透空灵。

　　午后阳光灿然，拎着亲手扎成的板鹞风筝去试飞。心中是无言的欣喜，我攥住细绳，同伴拽着线板，我们迎着风奔跑。手中的线越来越紧，回头一看，风筝低空飞着，我缓缓松开手中的线，向上拽动，风筝随着绳子的放长乘风而起，刚准备欢呼时，一阵急风刮过，风筝一个趔趄，一头栽在地上。我们拾起它，理好线绳，等待着风的助力。一次次尝试都以短暂的起飞后的失败而告终。我们喘着气商讨着正确的放飞方法："早一点放线吧，你松手的时候再推它一下。""好。"又是一次未知的试验，这场风似乎格外有力，托起风筝，向上直冲，就像蓄力已久的短跑运动员。我们惊叫雀跃，仰头含笑望着它，蓝天下那支风筝多耀眼啊！我们准备再放长线时，风筝却一下子扎进了树冠里。同伴很是伤心，用树枝去够，碰不到；用石块去扔，砸不准，急得她直跳脚。她双眼暗淡，失落地站在树下。我搂住她的肩道："没事啦，拿不下来就不要了呗，风筝带给我们的不就是放飞的乐趣吗？你看，它停在那么高的地方，定能看到更多绝美的风景，还能为这棵大树作一个漂亮的发夹，它一定是最幸福的那只风筝！"返回的路上，我不停地安慰她，就像儿时我失掉风筝母亲安慰我一样，她也渐渐释怀了，眼中透出光点。人生哪里都会是顺意的事儿啊，只看你能不能站在心灵的高地眺望，用乐观的心态面对苦楚，让自己时刻向着阳光，将一切看开，并让他人也眼中有光。

阳光下，多彩的社会实践课堂让我们深刻体会人生的智慧，我们在家政课堂上尝试做饭，感受生活的烟火气；在手工课上学习制作丝网花，培养动手能力；在整理内务中，提高生活自理能力；在活动课上体验旱地冰壶，理解策略的重要性……

多彩的晚霞成为芦苇的幕布，黑色的暗影在风中摇曳，橙黄的圆盘渐渐落入地平线，晚风卷着寒意袭来，转动硕大的风车，一圈一圈……望人生之光永远闪耀，带给我生活的美好和力量。

（指导教师：金晓玲）

评析：如东实践基地的活动丰富多彩，可贵的是本文通过精彩的活动发现的生活智慧。花开有声，于滴水中见太阳，学生的审美能力也是素养的重要指标，以这个角度来言，活动的价值意义更上一层楼。

挑战与超越

初二（4）班　李薛晨

车窗外，道路两旁的景物快速闪过，为期4天的如东社会实践活动圆满结束。那一幅幅生动的画面好似一张张拼图，交错汇聚成一幅绚丽多彩的画卷。那一缕袅袅升起的炊烟，最令我难以忘怀。

在实践基地里，我们参加了很多新奇、有趣，又不乏挑战性的活动。烹饪大比武，是让我们施展厨艺的绝佳机会，真可谓"八仙过海，各显神通"。在教官的细心指导后，便到了我们大显身手的时间。购买食材去啰，"瞧一瞧，看一看，新鲜的蔬菜快来买啊！""走过路过，不要错过，大甩卖大甩卖啦！"吆喝声、叫卖声此起彼伏，招呼声、讨价还价声络绎不绝。我挎着篮子穿梭在繁华热闹的集市，丰富的食材瞬间吸引了我的眼球：碧绿的青菜、紫油油的茄子、鲜嫩的蘑菇、活蹦乱跳的鲫鱼、鲜美的大虾……真是应有尽有，在经过一番讨价还价后，终于买到了我们满意的食材。

我们小组分工明确，清洗组、配菜组、掌勺组各就各位，大家摩拳擦掌，齐奏锅碗瓢盆交响曲。第一道大菜：红烧鸡翅根。大厨先在锅里倒入些许油，待油热后，将洗净的鸡翅根逐一放入锅中，开小火慢炸，渐渐地在鸡翅根的表面裹上了一层金黄色的外衣，助厨将未炸透的鸡翅根迅速捞起，装盘备用。紧接着，再次放油，同时加入八角、辣椒爆香，助厨一股脑将所有鸡翅根同时入锅，香气瞬间弥漫开来，周围的同学被扑面而来的香气一下子吸引过来，垂涎三尺的样子逗得我们哈哈大笑。此时大厨精准地加入生抽、老抽、糖，小火快速翻炒均匀，防止糊锅，可以看到鸡翅根的颜色由浅变深，我一直紧握在手中的一碗水顺势沿着锅边缓缓倒入，直至没过鸡翅根，盖上锅盖，开始了漫长的等待。大约炖煮20分钟，汤汁明显变少，变浓稠，还能够闻到浓浓的香味，转

111

大火收汁，出锅前加入适量的盐、鸡精提鲜。就这样，一碗色泽诱人、香味浓郁的红烧鸡翅根出锅了。不一会儿，红烧大虾、番茄炒蛋、青椒土豆丝、肉末茄子、香菇青菜纷纷隆重登场。看着我们亲手做出来的、色香味俱全的美食，满是自豪和得意。这顿晚饭我们吃得格外香甜，回味无穷。

通过这次社会实践活动，我们收获了丰富的知识与技能，培养了顽强与坚毅的品格，学会了团结与互助，在一个又一个的课程中挑战自我、超越自我，在活动中历练，在拓展中突破，在竞赛中进取，在集体中成长。在今后的学习之路上，我们定会继续锲而不舍、携手同行！

（指导教师：金晓玲）

评析：精致的步骤、细致的描写，增加了文章阅读时的顺畅度。读者也仿佛和作者一起，确实经历了一场难忘的美食制作之旅，个中种种滋味，收获均都有根有据，让我们有理由相信——素质教育真正发生了。

成长，最喜人的自白

初二（5）班　黄思齐

　　轻轻合上眼帘，记忆如潮水般涌上心头，一张张充盈着笑意的脸庞浮现在脑海，那些难忘的瞬间似乎又重现在眼前。

　　离开温馨的家，来到位于如东的南通市青少年社会实践基地。一切都得靠自己，从最简单的事情开始：灌被套、铺平床单、叠一床整齐的"豆腐块"；再到以宿舍为单位，以班级为团队完成一项又一项历经千辛万苦，却又必须达成的任务。点点滴滴，都是成长的足迹。

　　"砰砰砰"枪声回荡在树林中，一个个全副武装的五班战士正在与"敌军"——四班同学进行"殊死搏斗"。随着队长曹阳一声令下，男生组成突击队，顶着枪林弹雨，从多角度"围剿"四班，女生在后方掩护。我们默契配合，最终大获全胜。

　　在烹饪活动中，买菜组、备菜组，烹饪组和清洁组分工合作，各司其职。"菜贩"的吆喝声与"大厨"的锅铲碰撞声不绝于耳。而我则是第一次拿刀切菜，土豆丝被我活生生切成了土豆条，不过这一点也不影响我备菜的热忱。一道道美味佳肴端上桌，香味扑鼻，我们吃在嘴里，乐在心里。

　　舞台上，我们唱响《红旗飘飘》，这既是我们对祖国感情的寄托，又是我们这几天以来努力排练的成果。歌声昂扬，回荡在大厅的每一个角落。"请党放心，强国有我"铿锵有力的口号声，冲击着每一个人的心灵。

　　在诸多的实践活动中，我们真正体会到了独立的乐趣，更明白了合作的重要和团结的意义。

　　"团结"对于人们来说就是一个抽象的词汇，它的奇妙在于，只有你用行动去力行，在汗水与眼泪中才能领悟它的真谛。"巧渡金沙江"

113

的活动淋漓尽致地诠释着"团结"的含义。

在这个活动中，10个勇士自告奋勇，用自己的双手筑起一道"人肉桥梁"，让我们其余人得以穿越湍急的"金沙江"。开始，大家都只把这个活动当成游戏，嬉笑打闹，一不小心就违反了规则。可当游戏一次又次重新开始，勇士们的背后沾上了星星点点的汗珠时，我们似乎意识到了这个游戏并没有所想的那么简单。伴随着又一次失误，我们还得重新开始。叹息声、抱怨声从四周传来。这时，教官问我们一个问题：你们是选择继续还是放弃？我们面面相觑，欲言又止，谁也没有出声，可是做"桥墩"的10个人却高声喊道："继续吧！"他们面色通红，汗水顺着发丝滴落在地上，可眼神却是那么的坚定。班主任葛老师红了眼眶，我们以沉默为答案，收起了脸上的笑容，以坚定的眼神开启了第四次挑战。同学们似乎有了一种无形的默契，不再有一句交流，过桥的时候小心翼翼，不再用力地跳下"桥"了。三分钟过去了，一丝差错都没有出现，部队也走了一大半了。这时候，有几道桥梁已经有些撑不住了，身子摇摇晃晃的，如同风中努力挺直的小草。我们见状，默默地走到了他们的身后，用膝盖来顶住他们的腰，做他们坚强的后盾。感人的音符在我们之间来回穿梭，敲打着每个人的心尖。有的人忍不住哭了，有的人强忍着泪水，佯装一副坚强的模样。五分钟后，伴随着最后一个人的落地，我们高声欢呼，喜极而泣。最终，在教官的鼓励下，我们仔细地看了看这些"桥梁"们红肿的手背，那是被40个人踩过去的手背，破皮、流血，触目惊心。我们一个个地看了过去，一个个郑重地表达了自己最真挚的感谢……

基地很小，社会很大，我们以后将会走入更广阔的世界。我敢肯定，这四天的社会实践活动将会是我初中三年里最有意义的活动，它教会了我用拼搏的汗水与团结的力量，绘成一幅成长的画卷！

（指导教师：曹 燕）

评析：对家长、老师而言，没有什么快乐能够超越孩子的成长带来的成就感。本文对成长历程描写得荡气回肠，使人觉得惟其如此，方为真正的蜕变。这次活动，是精神的拔节，是成长的号角。

飞吧，青春的鸟儿！

初二（6）班　顾晨馨

风过林梢，昔日稚童已搭载梦的风筝成长。

如东社会实践基地。长风挟着白云打着旋儿，远处的风车悠悠转动，我的心中雀跃地住下一只小鸟，因为今天我们要制作并放飞板鹞风筝。

几支纤长的竹竿，一匹素雅的白布，几根粗糙的麻绳在我们一组人手中被玩得花样百出，酣畅淋漓。小葛轻抿双唇，紧锁眉头，黏着、搭着，板鹞风筝的骨架应运而生；小顾手执画笔，一描一涂，一只色彩斑斓的"鸟儿"飞落桌前；小季双手翻飞，系了线的风筝，像戴上手链的姑娘惊喜而美丽。一番努力后，一只像模像样的风筝呈现在眼前，它何尝不是每个人的汗水浇灌而成的？蓦的，我好像品悟到了什么，酸酸的、甜甜的，是"不经一番寒彻骨，哪得梅花扑鼻香"的冰雪中的美，是绚丽青春里充溢着的苦与乐，也是我人生中所不可或缺的坚强与柔韧。

心中的鸟儿羽翼丰满，啾啾欢鸣，我们捧着这珍贵的风筝向操场"进军"。"喂——起风了！"同伴在远处呼唤，我应声扶着风筝，在同学们期待的目光中一路逆风奔跑。风越刮越大，像在为我加油呐喊，我撒开双腿，将一切抛于脑后。那一刻，留下的只有我们、风筝和天空。我闭上眼，突然特别享受这种肩负着使命而奔跑的感觉。其实青春何尝不是一场马拉松呢？只要心中有理想，就不会劳累失措，更何况身旁还有为我鼓劲儿的同学。我猛地一放手，风筝甩着那条长长的尾巴扶摇而上，直冲云霄。蓝色天幕下一个少年牵着线，一只五彩斑斓的"小鸟"快意飞翔，阳光从云层间倾洒而下，为它镶上一层靓丽的金边。那是我们的作品，我们汗水的结晶，亦是我们最美的梦！现在乘着风搭着線，与飞鸟作伴，与云朵密语的，就是我们！

"向着风，拥抱彩虹，勇敢地向前冲，黎明的那道光会越过黑暗……"我们一边放声歌唱，一边跟着风筝飞跑，繁忙紧张的学习生活中的这一抹甜，让我回味出太多感悟。我们团队手牵手、心连心，将汗水与收获调和，将学习与生活调和，将幼稚与成长调和，这应该就是青春最美的样子。

风拂流水，小小的鸟儿展开梦的羽翼飞翔，而成长，就在那一瞬间！

（指导教师：曹 燕）

评析：读完本文，为作者文中激荡的激情而心动，特别喜欢"将汗水与收获调和，将学习与生活调和，将稚幼与成长调和，这应该就是青春最美的样子。"不由想起一首歌《追梦赤子心》：向前跑/迎着冷眼和嘲笑/生命的广阔不历经磨难怎能感到/命运它无法让我们跪地求饶/就算鲜血洒满了怀抱/继续跑/带着赤子的骄傲/生命的闪耀不坚持到底怎能看到/与其苟延残喘不如纵情燃烧/为了心中的好/不妥协直到变老。

飞吧，青春的鸟儿！祝福送给青春！与少年共勉！

感谢"毕业墙"

初二（7）班　顾葛亮

"落座！向前——看！"遵循教官的指令，我们不约而同地抬头望向前方，那是被学兄学姐们称之为"毕业墙"的方向。瓦蓝色的天空中的几朵闲云，丝毫没有减轻太阳的威力，那面木墙在阳光下泛着淡淡的木黄色。之前经过的时候有过近距离的观察，微显黯淡的木色，显示已不知被多少人多少次跨越过。现在，它就这么巍然地立着，如一位抱臂而耸的汉子，令人望而生畏。根据教官的讲解和演示，今天，我们所有的人都要越过它坚实的身躯。

按照任务分配，我和另一位同伴有幸被选中扮演"基石"：低头，双手撑地，右腿单膝跪地，左腿后蹬。随着身体的下蹲，心也不免猛地一沉——在重力和不断的冲击力之下，我能为大家提供稳固的支撑吗？微微转头看向右侧，同伴也正好在看我，于是，读懂了彼此相视一笑的眼神中，那份鼓励和坚定。

"各就各位，预备——开始！"一声口令划破短暂的寂静，越墙活动随即开始。尽管我俩有心理准备，但是当第一只脚踩上后蹬腿时，我们还是瞬间一晃。"这家伙好沉啊！"就在人将失衡之际，旁边负责保护的几个同学赶紧出手，他们一左一右，紧紧抓住我的胳膊，扶着我的肩头。一句关切的耳语"还行吗"，我的心霎时一暖，"基石"也更加岿然稳固了。

根据分工，第一个攀上了墙的同学选择了留在墙后的铁架上保护。紧接着，是第二个、第三个……七八个同学留在墙顶也在烈日下奋力着，负责接应。当我班最著名的那位"重量级"同学踏着我和同伴的后背，踩上肩膀时，我们的双臂颤抖了，紧绷的肌肉仿佛一根根都在嘶吼着、抗议着。看见同伴的眉头紧缠成结，紧咬牙关腮帮鼓起，嘴唇和脸色都憋得苍白，有几滴晶亮的液体砸在地上，那是额上滑落到鼻尖儿流淌下的汗珠。听着上面同学的呐喊加油助威声，我俩双手扶墙慢慢站起，顺势空出手托住他的脚掌，奋力向上推举。高一点！再高一点！

倏地，手上的负担卸了，胖哥好像被一股巨大的神奇力量拽了上去。抬头看时，上方的同学正紧拽着他的手腕，传递着他们的力量。抓手拉胳膊、抬肩扶腰搬腿……当他在自己的努力及众人的合力下终于"登顶"时，憨厚地笑着，擦着脸颊上的汗，四周的同学沸腾了！欢笑声、鼓掌声响成一片。

最后，轮到我们两个时，此次活动也就接近尾声了，我们反而变得轻松有力了。抖抖胳膊腿，活动一下腰杆，退后，来个冲刺，在墙顶几双强有力的臂膀的帮助，及无数关切的目光注视下，我们也攀越成功，大伙儿兴奋的掌声经久不息。"咔嚓"一声，教官为我们定格下了这喜悦而又令人振奋的难忘时刻。

不知什么时候，天空多了些云彩。也许是被我们勃发的青春活力和互助协作、跨越障碍的团队力量所折服，太阳羞羞地扯过了几块掩面的纱巾。

直到此时，我才真正明白了这道墙为什么叫"毕业墙"了。困难再大，也大不过我们奋勇前行的决心；难度再高，也高不出我们团结拼搏的力量。越过了"毕业墙"，我们的青春中更多了一份信心和力量！一道篱笆三个桩，一个好汉三个帮。人生路上，少不了别人的关怀，你我都不会是孤军奋战。越了，也就过了，什么纠葛啊矛盾啊……也将化为乌有。其实，人生就像一场接一场的考试，尽心尽力地答完了这一场，再次准备下一场呗。也许有那么一天，当我们回首来路时，接受我们检阅的，正是无数的汗水、拼搏，甚至失败，但也正是这一个个深浅不一的烙印，佐证着我们无悔的生命及意义。

明天，我们就要打理行囊离开实践基地，离开这道"毕业墙"了。现在望去，那淡淡的木黄色倒显出几分可爱与不舍了。

感谢你，"毕业墙"！

（指导教师：金晓玲）

评析：作者用踏、踩、咬、扶、托、抓、抬、拽、搬等一系列动词，细腻地描写了自己与同学们协作翻越"毕业墙"的场景。在活动过程中，作者体悟到了紧张、担忧、兴奋、喜悦、团结感、力量感、自信心等多种情绪情感的波动与缠绕。正是通过这种活动，以及其他类似的活动，同学们的情感世界变得丰富、细腻、坚实。

奇迹．滚烫的人生

初二（7）班　吕蒋馨

如果世界上真有奇迹，那一定是奋斗的另一个名字。

——题记

四天三夜，

新奇、有趣……

尝试了太多第一次，

也挑战了无数不可能。

虽已是秋末冬初的11月，但被云层覆盖的太阳，依旧在缝隙中透出几分光亮。带着几分醉意的柔光，徘徊在云空之中，流泻出暖意，却转而又被萧瑟、咸腥的海风裹挟掠走。朦胧的睡意瞬间被驱散，不觉间，如东综合实践活动已进入第3天，我们迎来了今晨的第一项实践活动——翻越毕业墙。

穿过芜芜荒草，迎面一道墙，就是教官口中的"毕业墙"，目测有三四米高，呈九十度笔直地矗立在草地上，横在眼前，高不可攀。我心中不免有些诧异：这么高，怎么可能翻过去？不禁又仔细打量起来：这面墙由十几块木板拼接而成，顶面是一个平台，背面呈阶梯状回到地面。仔细看正面，许是翻越的人太多了，竟磨出了一条条油亮的痕迹。

"请听清规则！"教官洪亮的声音让我收回目光，开始仔细聆听，大抵是选人当跪桩，其他人依次踩着他们的腿、肩上去，先到达的再与后面的人配合，直到最后一个人完成翻越。25分钟！50个人！我再一次感到了诧异！这是不可能完成的任务，不是吗？

但人群中很快站出了做跪桩的同学，他们没有犹豫，单腿跪地，上身保持直立，手拉手，肩并肩，瞬间就成了一块可依靠的最强基石。人群中很快有人挺身而出，成为了第一个尝试翻越的同学。他踩在跪桩同学的大腿之上，身旁两位同学扶住他的腰，努力地将他往平台送，而他，再次升级踩在跪桩的肩上，同时尽量伸长手臂，借助臂力，将一条腿送至平台，然后一个灵巧的翻身，整个人越过平台。人群中，一双双炙热的眼眸紧盯着他，诉说这无声的喜悦与自豪，为第一个成功翻越的同学，更为跪桩的同学，为在旁助力的同学，为我们身在其间的每一个……

有了成功的先例，大家信心倍增，接下来，一个一个，井然有序。再加上翻越成功同学的提醒，我似乎不那么忐忑了，深吸一口气，准备开始属于自己的翻越。我也将脚踏在同学的大腿上，在密集而安静的人群中，我可以感受到他们轻微的颤抖，但仅是轻微的。站定的那一刻，我就感觉到下面的同学已经快速扶住了我的腰，我在女生当中个儿算高的，也不轻盈，我能感觉到手掌间传递来的力量，这力量，足以使我尽力往上、往上、再往上……借助跪桩同学的肩膀，我再上一级，直到一道阳光刺到我的眼睛，我感觉自己好像已经悬空了，于是奋力抬起一条腿，平台上的人抓住了我，我用小臂架起整个人，将自己往平台上送。一条腿终于落在平台，再一个翻身，动作虽不完美，但总算安全着陆。回头看跪桩的、托举的，再看看身边出手奋力拉我的，包括我自己，在这充满了寒意的初冬，额头都闪耀着晶莹的汗滴。

就这样，25分钟，50个人，我们做到了！

此时，一轮红日冉冉升起，它见证了真正的奋斗：共同行动！

回望，致敬——我们一起奋斗的时光！即便艰辛，但因为我们在一起，一起面对，一起接受挑战，一起将不可能变成生动的现实，所以，我们还是会选择这滚烫的人生，还是会如此兴致盎然地与这个世界交手！

11月的风停在回程的车窗口，叮嘱我记住一段段挥洒汗水的时光。

（指导教师：金晓玲）

评析：谈起奇迹，也许你认为是极其遥远的，但你是否注意到，在自己的身边，奇迹早就降临，悄悄开始她的眷顾？其实，奇迹的发生往往只是因为你比失败多走了一步而已。文中记录跨越"毕业墙"时面临的数次危机和信念突围历程，书写了滚烫的人生的精彩一幕，令人肃然起敬。

社会实践狂想曲

初二（7）班　余享应

落叶知秋，微风徐来，一切美好不期而至。

——题记

Part 1 序曲

碧云天，秋色里，大巴车排成一条长龙。一路高歌，飒爽的秋风中飘扬着青春的乐章，悠远绵长。我们满心欢喜，踏上了赴如东社会实践之路。

分宿舍、领被套、整理内务……几位室长以惊人的领导才能把一切打理得井井有条，同学们积极配合，各项事务有条不紊地进行着。一张张小脸早已被兴奋点染出片片红晕，洋溢着幸福的微笑。眸中星辰璀璨，对未来的几天生活充满无限期许。

"以班级为单位迅速到操场整队站好！"伴着教官威严的声音，我们如出笼的小鸟欢呼雀跃地奔向操场。列纵队，站军姿，瞧，小小少年风华正茂。聆听校领导讲话，牢记军营规则，我们将叮嘱与纪律铭记于心。

"我宣誓，社会实践期间积极配合……遵守纪律……"在铿锵有力的宣誓声中，我们的社会实践正式拉开序幕。

Part 2 呈示部

在基地的每一天都非常充实，一切活动紧锣密鼓地进行着。

"纸上得来终觉浅"，而社会实践就给了我们拓宽眼界、完善自我的好机会。旱地冰壶、波比足球让我们感受到运动的快乐；营救队长、雷霆战鼓、挑战No.1，使我们懂得了团结协作的重要性；自救与互救、消防知识让我们提高自我保护意识，增加了自我保护能力；做饭、整理内务，让我们提高了生活自理能力；贝壳工艺使得我们的想象力与动手能力有了质的飞跃；真人CS使我们感受到战士的热血与激情；毕业墙的翻越失败，警示了我们规则的重要性……四天三夜，教会了我们太多太多。

其中，雷霆战鼓使我感触良多。一人牵一根绳子，十几人抬起一面鼓，有节奏地上下摇动，将乒乓球颠起不落。一开始，我们各自为战，鼓被我们东拉西扯，力量分散。大家眼看着球上下翻飞却又无能为力，颠不了几个球就失败了。几轮下来，我们发现了其中暗藏玄机：只有大家齐心协力，把力量用到同一个地方，鼓才可以动得敏捷迅速。大家商量好对策，由倪好发出指令，大家紧密配合，速度一致，不慌不忙，鼓摇动得要稳，不能倾斜。

"一、二！一、二！"倪好大声喊着口号，发出指令，声音因为激动甚至有些颤抖，"快，往西走！对，就是这样！"磨合了几次，我们配合得越来越默契，越来越熟练。大家目光紧紧锁定着鼓上似蝴蝶翻飞的乒乓球，瞪大了眼，不敢眨一下，唯恐因为自己的缘故使得球掉下来。所有人脸庞涨红，大汗淋漓，随着乒乓球一下下跳动数着数量："21、22、23！耶，我们成功了！"绿茵场上，大家欢欣鼓舞，互相击掌拥抱，脸上洋溢着灿烂的笑。我们美丽的"战地记者"金老师迅速按下快门，记录下这激动人心的一刹那。天空湛蓝，少年明媚，真是美得动人心魄的一幅画卷。

这场活动，让我们明白了独木不成林，众人拾柴火焰高。在学习与生活中，唯有互帮互助，同舟共济，才能共同进步，取得胜利。

Part 3 发展部

要说这次实践活动最激动人心的时刻，当属晚上的两场表演了。

经过良久的排练，同学们早就跃跃欲试。第一晚的合唱比赛，各班用自己丰富的想象力融入各种元素，气势浩大、精彩纷呈。欢乐的音符在礼堂中飘荡，美妙的乐章在黄海边久久回响。同学们在这一次的集体演出中发现了自己个性鲜明、自信绽放的另一面，笑声淹没了美好的夜晚。第二晚的个人秀则更是百花齐放，多才多艺的同学们在舞台上展示自我，书写青春最美的诗行。欢呼声、尖叫声、掌声一浪高过一浪。在这难忘的夜晚，基地上无处不彰显了青春的热血与澎湃。

滚烫的青春，最好的我们，这正是最美的时光。

Part 4 尾声

11月的天，依旧是那么湛蓝透亮，阳光一泻千里。经过四天三夜的社会实践，我们彼此更加了解，更加团结，品格更加卓越。回程的钟声已然敲响，排成长长纵队的大巴车载着一路的欢声笑语，踏上归途。同时，也载着我们，走向未来。这次社会实践是我们人生中最难忘的旅程。军训有终点，而我们奋斗无止境。让我们携起手来，共创美好明天！

好一首社会实践狂想曲！

（指导教师：金晓玲）

评析：一次活动，让作者加深了对纪律意识的认知，这已经是极为成功了。更难能可贵的是，作者还在活动中，有了责任感和团队意识，那这样的活动可谓是寓教于乐，是活动中的典范。青春本就应该神采飞扬，在这样的青春里，有这样的活动，有这样的一群老师和同学相伴，一下子让青春插上了翅膀，成为生命中最为精彩、绚烂、难忘的回忆。

勇攀"毕业墙"

初二（15）班　王子越

　　此刻，我坐在"毕业墙"下，听着教官讲授攀岩的要点。伴着南黄海淡淡的海盐味儿，怀想过去的经历，思绪飘飞到多年前的那个夏天。

　　在那一次攀岩中，我拽着仅有的一根绳索，双腿在空中胡乱踢蹬，往下看是人头攒动的"万丈深渊"，内心哆嗦绝望，最终被工作人员放了下去，成了永远的闹剧。

　　面对眼前这一堵大墙，我忐忑不安，勇气如潮汐般退去。这堵墙似乎遥不可及，不可翻越，通体黄色的油漆，仿佛是警戒色，犹如变色龙挑衅地伸出舌头，嘲笑着我。

　　身边的人一个个翻过去，只剩下背后长长的影子与我茕茕孑立。时间一秒秒流逝，我手足无措地站在那里，忽然猛地一下被推到墙下，我无奈地踩上两个人的肩，随着他们二人身体逐渐直立，我的手脚好像被粘住了，紧张得一动也不能动。时间仿佛静止，在那一刻定格。

　　突然，一双手轻轻按在我后背上，如春风吻过枝头，我的腰间顿时感觉酥酥的。他双手用力把麻木的"木偶"向上推，在发现我没有反应后，他对我低声说："加油，你行的，我陪着你，相信你自己，相信我！"短短几句话，从耳畔直达内心，为心灵注入了坚强的力量。抬头仰望，墙的顶端，同学们正用鼓励的眼神注视着我，热情的话语鼓励着我。他们将手臂垂下，左右摇摆，似藤蔓向下蔓延，极力想抓住我的手。有这么多支持的力量，我难道还会重蹈覆辙，沦为墙下的小丑吗？

　　不，我不能也不想再让自己怯懦下去！

　　我由屈膝半蹲慢慢站直，两脚猛地一蹬，背后的手也渐渐放开，托着我向上。抬头牢牢锁定上方同学伸出的手，两手从腰腹间迅速滑到头顶，抓住援助之手，手肘立刻紧紧靠在墙头，支撑住整个身体，紧接着大腿跟上，在空中旋转90度，身体微微右倾，脚踝靠在墙头，再迅速跨过。

攀上"毕业墙"，我的心情惊喜而又舒畅，心头皎月升起，伴着潮汐的一起一落，在墙头居高临下，一览风光。墙体上黄色的油漆似乎也如这秋日的暖阳，温暖了我的胸膛。今天我翻过了这堵大墙，战胜了过去软弱的自己，攀岩，不再是闹剧，而是勇敢的起点！

"英雄就是对任何事都全力以赴，自始至终，心无旁骛的人"波德莱尔曾如此说过。是啊，勇敢的人不是不流泪，而是愿含泪继续奔跑。过去，我被怯懦与恐惧吓倒，当了一回逃兵；今天，我抛弃了顾虑，在同学们的帮助下，勇敢地攀爬，骄傲地站在毕业墙上，宛如英雄，向过去的自己作别。

（指导教师：陶轶）

评析：生命的意义在于不断地挑战自我，在一次次的犹豫徘徊间，发现真我。对于未知的恐惧，我们生而有之，区别在于，勇者敢于去面对和挑战。所以，勇者的生命更加精彩，让我们都做一个敢于挑战，拥有精彩绚烂人生的勇士吧。

难忘那一次

初二（15）班　孟繁曦

　　清晨的阳光温柔地洒下，暖橙的色调充盈着整个学校。树叶细致地将阳光裁剪成大小适当的光斑，在地上投射出光怪陆离的图案。对远足的期待与担忧夹杂在心间，我兴奋地左顾右盼着。

　　"出发！"一声令下，我们便浩浩荡荡地向着心中的目标前进。想起昨晚妈妈的念叨："明天很累，你还不一定跑得动呢。"我不禁疑惑：真的这么恐怖吗？

　　一路上，我们精神抖擞。天气虽热，但清风常常光顾。路边的树木绿意盎然，焕发着生命的光泽。虽然红绿灯处的狂奔会让我气喘吁吁，但过一会儿就会平复下来。所以当我看到滨江公园时，我惊讶：这也不累啊，就是腿有些乏力。这就是家长们如临大敌的远足？也没有那么恐怖嘛。

　　找地方吃了饭，休息完，我们便踏上归途。中午的太阳毒辣地放射着耀眼的光，高温使鸟儿都不愿引吭高歌。风变得懒惰，偶尔出来遛遛，天地间像一个蒸笼，压抑在人群中蔓延。

　　走，不停地走。戴着帽子依然感受到阳光的灼热，手中的扇子不停，只可惜风是热的。矿泉水瓶中的水慢慢变少，不时有"咚"的扔水瓶进垃圾桶的响声。偶尔拿出手帕擦掉满脸的汗，却依然要在下一个红绿灯路口撒腿狂奔……喘息声变得粗重，心脏剧烈地擂着鼓。腿微微僵硬，脚底疼痛加剧。我默默地想：原来磨难现在才开始。

　　机械地抬腿、落脚，我已经渐渐麻木。手中的扇子不敢间歇，尽管手臂已经酸痛难忍。连冰冷的矿泉水也被太阳烤热，手帕绑在手腕上，汗的增多让我懒得把手帕拿进拿出，直接抬手擦掉。在红绿灯路口本想跑步跟上，却心有余而力不足。大张着嘴，喘气声"呼哧呼哧"，如拉风箱。腿硬邦邦的，动一下都难受极了。脚底的刺痛一阵阵传来，脚后跟格外明显，应该是磨破了。乏力感在全身横冲直撞，眼前微微发黑，头胀痛难耐，似乎要被撑爆。我用力闭眼再睁开，果然"不听老人言，吃亏在眼前"，这远足，果然恐怖！

不知不觉已落下不少，我急忙加快步伐，然而腿阵阵发软，旁边的同学看到了，忙拽着我的胳膊和她一起走，纵使她也十分疲累，我的脸涨得通红，整个人仿佛一尾即将蒸熟的鱼。我们两个就这样互相扶持着，在对方稍稍落后时扯对方一把。班主任陈老师跑前跑后地忙碌着，时时听到她急促的脚步声。抬头，放眼望去，路边的树吐出嫩芽，芽虽弱小，然而生机勃勃地朝着天空，一副向上生长的模样。就算我微弱如芽，也要学着那欣欣向荣的模样，向上，向上，坚持不懈！我下定决心，咬紧牙，绷紧面部肌肉，费力地抬起虚弱的腿，在下一个路口，奋力甩起手，铆足了劲儿迈开腿……

当熟悉的出发地点映入眼帘时，我正喘着粗气，来不及挤出一个笑脸。然而飞扬的眉梢、勾起的嘴角、熠熠闪光的眼，无一不展现出满心满眼溢出的喜悦。随即而来的成就感在脑海中激荡，洗涤了一身的疲惫。

原来远足不是磨难，放弃才是；疲累不是折磨，心死才是！坚持的感觉，真的很酷！

（指导教师：陶轶）

评析： 生命就是一场修行，一次远足，就是对自己的一次磨砺。在活动中，韧性、意志都得到了磨炼。这，真的很酷。

终于，燃了

初二（8）班　陈叙

"快！快！给柴！"

"火小了！"

"嗨，拿干柴来！"

"只剩一点火星了！"

如同在枪林弹雨的战场上打仗，一群人正跪在地上紧张地忙碌。这是如东社会实践小岛上的一幕。

"所有人捡柴！一定要干的！"我，一个平日里在学校沉默寡言的人，仿佛在黄海之滨这块大地上复活了，担当起了各种指挥。伴随着噼噼啪啪的声音，大家四散开始寻找。

"给！干的！""这儿有种易燃植物！"几把柴塞进去，立刻呼啦啦燃起了火焰，灶边爆发出欢呼。

冷下的鸡汤又炖了起来，咕咕冒着泡和香气。大家一片欢声笑语。

"什么东西？湿的！谁给的柴？"那个声音里带着怒气和紧张，在空中炸响。只见灶里新添的柴上升起滚滚白烟，原本燃起的火有一处萎缩下来，牵动着人们的心。

"给我火绒！行动起来！捡柴！"我冷静而又坚定，同学们又四散开来，在草堆里翻来翻去。

几把火绒扔进去，仍是不见效。"把湿柴抽出来！"一股浓烟也被带出来。灶里的灰是烫的，于是再把火绒塞进去，加上灰里的余烬，一丝火苗弱弱地升起。

"有火了！添柴！"火很快再次燃起，伴随着所有人的欢呼雀跃。

"来来来，你把住火，我来下面条。"此时的那个声音放松了不少。带着鼓舞，锅盖轻轻被揭起，一片片面滑入锅中，伴着诱人的香

130

味。

此时的气氛如同战士上了战场，轻松之余又带着些希望。"午饭咱有着落啦！"我大声宣布。

顷刻刮起了凉风，忙得满身燥热、汗如雨下的劳动者们是真的快乐！风越来越大，人们享受之余，却听到灶边一阵惊恐的大喊！

"怎么回事？"灰烬几乎塞满了整个灶膛，以至于大风顺着缺口灌了进来。熊熊燃烧的木柴顺势飞出，在地上肆虐蔓延，形成了燎原之势。灰漫天飞舞，遮天蔽日，如黑云压城，妖魔降世，实在让把火的人吓得不轻。

"别慌！取兵工铲来，把灰扒出一点！别的人往火上扔湿柴，别让火蔓延！"感觉此时的我像极了一位大将军。大家好像都被打了一支强心剂，用脚踩、用湿柴盖……剩下的人顾不得迎着席卷的灰烬，跪在地上，将灰一铲一铲地扒出来！

"等等，灶外的火不要全灭，把一些燃烧着的柴推回去！还有你，去把缺口堵上，让灰歇歇。"灶里很快被填充了火苗，弱弱地晃动着，直牵着这群"战士"的心！

像掷手榴弹，几个火绒来不及剥壳，被扔进灶里。几大卷干柴被猛塞进去。补充了新鲜血液的火苗庄严地升起，热烈而疯狂地越烧越旺！

"咳咳，终于，又燃了！"那个声音嘶哑而低沉地响起。四周的人寂静无声，庄严神圣在每个人心中回响，铮铮有声。

"别高兴太早，我来把火，其余人辅助我！"一回又一回，干柴送到灶边；一次又一次，灶里得以填充。看到渐渐稳定的火苗，所有人心里的激动，不可按捺！

火，终于燃了。鸡汤终于熬好了。一组人围在锅边，捧着一碗碗热乎乎的鸡汤，脸上全都绽出满足、自豪的笑。

看看同学们个个灰头土脸，汗水在脸上冲出一道道沟壑，身上烟味弥漫。可没有人愁眉苦脸。眼里闪烁的，有团结，有成熟，有快乐。那轻松、欢欣的外表下，也都藏着一颗庄严、坚定的心！

（指导教师：宣卫东）

评析：在南黄海之滨，在那一块空气中弥散着海洋气息的大地上，你找到了自我，寻到了价值。有时候，真的，人生之路不止一条，打开你的胸襟，你会发现，无需寻她千百度，她就在灯火阑珊处。自信的人生是多么美好，挥斥方遒，指点江山，方寸间也显风采。

第三章　他是我们的光芒

　　1920年6月5日至9日，世界著名教育家杜威受邀到访南通。在南通期间，他参观了很多学校，并发表了讲演。在名为《教育者之责任》的演讲中，杜威说："现在要去一个地方，这个地方是没有开发的荒郊，只有几条弯曲的小路。那么，一定要有个向导。这个向导，必定要具有两种资格：一种是知识，一种是感情；就是一方面指示目的地和路径，一方面说明沿途的风景怎样，以引起他的兴趣和感情，并且要发生同情。能够这样，那么，游历的人沿途就不觉得寂寞、不觉得辛苦，能快乐地达到目的地，绝不会有半途而返的事情。"[①]在这一演讲中，杜威非常明确地指出教师需要有两种素养——知识素养与情感。教育社会学研究也认为，教师具有工具性和情感性两类角色。工具性角色即韩愈所提到的"传道、授业、解惑"，这主要集中于知识维度。情感性角色则是如马克斯·范梅南所提出的"替代父母"，即教师要像父母一样对学生呵护、关爱，让学生感受温暖。

　　南通田中充分关注教师的这两类素养，及两类角色的培养。在教师知识素养方面，通过指导自学、系列化的培训、课堂观摩和研讨等来加以促进；在教师情感素养方面，通过情感工作坊、情感性阅读等方式进行支持。作为一所以情感文明教育为价值追求的学校，我们还特别关注知识与情感之间的关联问题，期望达成教师知识与情感共融共生的和谐状态。

　　学生与教师朝夕相处、频繁互动，可以更有机会了解抵近真正的教师。学生在接受教师知识传授、情感给予的同时，也在品读教师这个人，尤其是体悟教师带给自身生命成长的促进力量。

---

　　① 单中惠、王凤玉. 杜威在华教育演讲［M］. 北京：教育科学出版社，2007：429–430.

从学生作文的视角看，学生记叙老师，更多的不是记叙老师的知识与能力如何如何，而是记叙教师的情感、道德与人格的力量，换言之，教师情感方面的展示，留给学生的印象更为深刻。因此，读者可以看到，本章中的《树叶对根的情意》《春风拂过》《她是我们的光芒》等文章，将教师拟化为滋养树叶的根、暖融融的春风和烛照黑暗的光芒；《下课铃，别响》《有你，真好》等则直抒胸臆，将对教师的眷恋与爱表达了出来；《窗里窗外》《怀疑》等，扣住细腻的情节、展现了学生内心的情感波澜。可以说，在本书中，以教师为写作对象的这一章，是全书中情感芬芳最为浓烈的部分。

作为教育工作者，我们需要追问学生写教师的作文，为什么更关注情感维度的学术机理。了解这一点，对我们开展教育工作将大有裨益。对于学生而言，他们在写作的时候，不会去思考"情感"这个抽象的词汇，他们只是有感而发，他们只是想叙写心中的感动和感激。因此，对于教师的叙写，他们关注的是教师作为人的方面，而不是工具性的方面。在科技高度发达的今天，知识传授很大一部分可以交给机器，但是学生还是希望有老师，因为老师是真实可感的人。有老师存在的时候，学生才感觉到自己是人而不是学习知识的机器。

人是什么？人是理性和情感兼具的生命体，在人对人的影响力方面，尤其是对人的道德影响力方面，情感更为重要。美国前社会学会情感社会学分会主席丹森认为，"人就是他们的情感。要知道人是什么，必须懂得他们的情感。……情感是人这个现象的核心。"①前苏联教育家乌申斯基也提出，"无论什么——我们的言辞、思想，甚至我们的行为，都不能像我们的情感那样清晰、确切地反映我们自己和我们对待世界的态度。在我们的情感中可以看到的并非个别的思想和个别决定的特点，而是我们心灵及其结构的全部内容的特点。"②情感是个性化的产

---

① ［美］诺尔曼·丹森. 情感论［M］. 魏中军、孙安迹译，长春：辽宁人民出版社，1989：4.

② ［前苏联］雅科布松. 情感心理学［M］. 王玉琴等译，哈尔滨：黑龙江人民出版社，1997：27.

物。对于同一刺激，因世界观、爱好、倾向等个性特征的不同，情感的体验及其反应的选择会有很大的差异性。因此，教师的情感就成了学生判断教师"心灵及其结构"的主要依据。

"小飞飞"老师的"摸头杀"

初一（18）班　陈甜

　　阳光灿烂的九月，有那么一扇透着五彩光芒的窗户"吱呀"一声打开，让我充满向往与期待。周围的一切仿佛都是那么新鲜而又陌生，伴随着好奇、激动、忐忑，还有一丝怯惧，我开始了成长路上一段新的旅程——我，成了一名初中生。

　　至今还记得她走进教室的模样：轻快的步伐，活力四射。走得太快，头发在身后的空气中飘舞。一双含蓄而又睿智的大眼睛扑闪扑闪的，如小溪般澄澈、透明。她说话清脆利落，声音如潺潺流水般吸引了我们："我姓黄，你们也可以叫我'小飞飞'。"全班一阵哄笑，气氛顿时轻松愉悦起来，一下子拉近了彼此的距离。"小飞飞"三个字深深印刻在心上，温和、俏皮而又平易近人，这是她留给我的第一印象。

　　然而，语文课上的她，有另外的一面。不苟言笑，一手捧着语文书，一手拿着粉笔，不时敲着黑板，两眼投射着犀利的目光，那两道光像雷达般扫视全班，似乎看得懂每个人的心思。我常常与她的目光不经意间对视，每次都感受到她的不怒自威，我迅速避开，假装没看见。

　　《济南的冬天》这一课是我最难忘的。课上，黄老师深情地带领我们走进老舍的第二故乡济南，感受冬日的温情。一看到济南，我就想起趵突泉，想起了……这时的我居然情不自禁地神游起来。"陈甜！"一声干脆利落而又带着威严的叫唤惊醒了我，"小飞飞"正站在我身边，"济南的冬天是什么样的呢？"我慢吞吞地站起来，大脑飞速旋转却毫无头绪，双手不知所措地拧着衣角。同学们开始窃窃私语，我的脸涨得通红，心中害怕极了，不知道自己会受到什么样的惩罚。这时，一只温暖的手掌轻轻覆上了我的头，一股暖流瞬间从头顶传递到全身，那只手柔软而有力量，在我头上抚摸了一下，滑到我的肩上，停留片刻，又稍微用力，示意我坐下……"来，让我们一起看看文中的语句，找出这个问题的答案。"她不着痕迹地继续着课文的讲解。我看着书本，却仍然感受着她留在我头上的温度，仿佛那只温暖的手掌没有离开。那一课，我的窘迫被这股暖流融化，"小飞飞"的"摸头杀"成了我心中一抹最珍贵的念想。

从那以后，我开始懂你。我知道，您对我们的严厉是在告诉我们，治学路上容不得一丝马虎；我知道，您对我的批评是因为对我有更多的期待和信任，您相信我可以做得更好；我知道，您给我的温暖的掌心是润物细无声的教诲，让我不断自省，砥砺前行……

（指导教师：黄永飞）

评析：作为学生成长路上的"重要他人"，老师对学生的尊重、爱护是理所当然的要素。但爱生，既不能"捧杀"，也不能"棒杀"，即并非一味地肯定、赞许、表扬。在学生游离迷茫之际，充满关爱的提示点醒，也是教育不可缺失的重要组成部分。像"小飞飞"老师的"摸头杀"这样一个细微的手部动作，甚或一个眼神、一个暗示性的摇头等"此时无声胜有声"的肢体语言，有时真能起到春风化雨般的教育效果。

遇见你，何其之幸

初一（18）班　王燚睿

若不是有幸相遇，怎解答成长谜题。

——题记

怀揣着一颗激动而忐忑的心，我开始了踏入南通四中第一天的生活。走进初一（18）班的教室，充满紧张的眼神环顾周围，最终安稳落定在与座位上的同学们交流的她身上——着装端庄素静、朴实自然，脸上的微笑如天边一抹霞光。我的心，似被春风拂过，带走了紧张与局促。她就是我们的班主任陆老师。

班会课上，陆老师任命班干，我肩上担起了副班长与值日班长的职务。感到责任重大，暗下决心要做好自己。怎料第一周的晚自习，我大大咧咧的性子就给自己惹上了麻烦。

那天我望着讲台上的值日班长，一个问题突然在脑中闪过，便迫不及待转过头去向后桌询问值日班长的工作内容，因为明天就轮到我值日了。我这大条都没在意前几天的值日班长都干了些什么工作，后桌小声答道："就管管纪律……"我正专心地听着，突然耳边炸雷般的声音叫我名字了。我一惊，扭头望去，值日班长正"虎视眈眈"地看着我——然后，刚开学我就被"记录在案"了。哎，真丢人！我无奈地蹙眉，就怕给初识的老师和同学们留下不好的印象。

果不其然，下晚自习的时候她来了，拿起值日手册，认真地看着。我偷眼一瞅，发现她眉头皱了起来，然后抬头严厉地看向我："王燚睿，你过来一下！"我心里一愣，不会吧，这点儿小事也要找我谈话？是不是有点儿小题大做了？我带着一肚子的疑惑走近了讲台，有点手足无措地站定，准备迎接狂风暴雨的洗礼。可意外的是，耳边传来她轻柔却又严厉的声音："晚自习的时候不能说话是最基本的规矩，你是副班长，又是值日班长，应该给同学们做出表率……"老师的语重心长让我内心充满愧疚，连连点头。"下一次，不允许再有这种情况出现了，懂了吗？""嗯，明白了。"

就这样，开学很长一段时间里，我身上总有这样那样的问题时不时地冒出来，庆幸的是她总能在第一时间揪出我的小毛病，耐心地敦促着我不断地改正前进，让我慢慢地改掉从小学带来的坏习惯，一点点成为曾经向往的那些大哥哥大姐姐们的样子。渐渐地，我明白了，踏入中学的校门，就等于告别懵懂的童年时代，如今我们的一言一行都必须体现出当代青少年的责任与担当。

随着了解的不断深入，我发现，"静若处子动若脱兔"这个成语用在我们陆老师身上，是再贴切不过了。之前，陆老师在我们的印象中是沉静的，她总是步态优雅地出现，不紧不慢、不厌其烦地给我们传授知识，守护着我们。而让大家满心期待的一年一度的运动会，则让我们看到了一个更加生动活泼的她！她一改往日的严谨，带着我们尽情展现青春的风采，在赛场上顶着炎炎烈日，甩开膀子跟大家伙儿一起为班上的每一位运动员加油助威！每每想起那些片段，我心里每个角落顿时都明媚了起来。

班上自告奋勇当运动员的同学并不多，我便带头报了一项4×100接力和三级蛙跳。我本以为三级蛙跳就是立定跳远跳三下，可到比赛当天才知道，三级蛙跳是连续三下立定跳远，中间不能停断。因为思想上过于轻视了，所以我一点也没练过，这时就只能硬着头皮上场喽。看着其他选手都表现出色，我紧张极了。令人意外的是，陆老师竟在场边大喊着为我加油打气，我的不安顿时缓和了许多，最终居然夺得了小组第三名。更令人动容的是，在班级拔河对抗赛的时候，她在我班拔河大力士的队伍的前后左右不停地奔跑呼喊，喊得嗓子都有点嘶哑了。这"有失淑女风范"的一幕，深深烙印在了我的脑中，似乎也让我明白了"文武之道，一张一弛"的道理。

这就是我们集沉静与活泼于一身的陆老师。她，激励着我，蜕变成一个崭新的自己；她，使我懂得了我的肩上有责任，要以身作则；她，使我懂得了我的身上有希望，要不负韶华。

陆老师，遇见你，何其之幸！

（指导教师：黄永飞）

评析：俗语中有"金无足赤，瓜无滚圆，人无完人"，《三字经》亦有"玉不琢，不成器，人不学，不知义。"为人师者，从事的是琢玉成器、立德树人的使命。在陆老师的影响下，小作者似乎"治玉之工初琢成"，想必他日定将"荧荧辉彩锵锵声"。求学之旅，遇见这样的老师，岂不幸哉！

怕见，却又相遇

初一（18）班　周肖楠

风乍起，吹皱一池秋水。

教室里空空荡荡，了无他人。午后细碎的阳光从窗户里透进来，照在了后墙的黑板上；暖阳把窗外银杏树的暗影投在课桌上，随清风晃荡摇曳着，枝叶交叠，有柔光穿透。树旁的灌木丛绿得发黑，熠熠闪光；教室外的一盆水倒映着蓝水晶似的碧天，云和天缠绕在一起，偶尔被水波打破，碎成千万点光影……

今日秋色胜春朝，可此时的我却无心欣赏。

开学第一天，我和五个同学在教室里编排第一期黑板报。由于效果不是很满意，现在他们早已各自回家，只留下我独自一人等待老师的"裁决"。

我怔忪地盯着后墙的黑板报，但似乎眼睛里什么也没有看到。毕竟，今天可是我和老师第一次正面相遇。我打小起就怕见生人，尤其是怕老师，几乎是深到骨髓里的那种。

抓起粉笔，刚准备修改，就听见隔壁楼梯上一阵清脆的脚步声。我的脸霎时烧成绯红的云霞，赶紧背过身去，装成一副很认真的样子，可耳边满是窗外灌进来的聒噪的鸟鸣声，声声不断。

接下来的动作，事后连我自己都感到莫名其妙和羞愧难当——一种晕眩的紧张感，迫使我闪身躲进了教室后门的角落里！

一个身影出现在了窗外的走廊里，顿了顿，又阔步走向教室前门。老师站在门口，望着后面的黑板。躲在角落的我，似乎感受到了老师的失望如一江春水朝我涌来。闭着眼，煎熬的滋味如同蚂蚁在心底啃噬蔓延。

我悄悄探出小半个头，只见她默默地拿起了一把笤帚，轻轻扫走了

第三章　他是我们的光芒

地上掉落的粉笔头儿，又把水盆里的抹布拿去洗净了，将水盆里的水倒进水池。老师把教室收拾干净，开始排列几张凌乱的桌椅。

斜阳的光散落在她的一举一动中，阳光在她眼镜镜框上折了个角，化作一束光。她眼镜的镜片是淡紫色的，流光闪烁。

近在咫尺，几步之遥，再过一会儿也许就被发现了。我鼓起勇气，从后门角落里挪了出来，小声喊道："老师——"连我自己都能听到这两个字从我口中挤出时带着的颤音。

即使我这般小声，她还是被突然出现的我吓着了，惊讶地望着我，道："啊呀，我的个乖乖，吓我一跳啊！你怎么会在这里啊？有什么事吗？"

"我这次办的黑板报不好，弄砸了。老师，对不起！"

她轻笑一声，接着轻咳几声，眼角的几道皱纹柔和了她的目光。老师微微摇摇头，温和地答道："第一次，还不错。"

这样不左不右的评判，我更失望了。"还有下次吗？"

老师轻轻拍了拍我的肩膀："你已经很努力了。下一期若还愿意，一定要参加哦。"

峰回路转江南春！表面依旧风平浪静，可心中还是大喊了一声"耶！"但是，接下来的话才更使我大感意外——

她拉着我坐下，仅隔着一张桌子，就这样面对面，虽然我自始至终大多低垂着头。

"周肖楠，你小学时的班主任正好是我的闺蜜，她热情地向我介绍起你，说你是个聪明灵巧、能写会画的好女孩，乖巧懂事、学业上进。不足的是，文静腼腆得过于拘谨了……"听到这里，我的头垂得更低，下巴已经快抵着领口了，刚刚挂上的一丝笑容完全僵在脸上，整个人也像被点了穴一样木然。

"肖楠，发现了问题，回避只能使之加倍。我们只要在行动中有了直面的勇气，肯定会克服缺点，扬长避短的。老师小时候也是和你一样的啊，见人未开口就先脸红。特别是近视后又没及时佩戴眼镜儿，结果把迎面而来的'张哥'叫成了'李叔'，（说到此处，老师哈哈大笑起来）几次之后，更加胆小怕人了……"受她感染，我也会心地笑了。

"后来，大学的生活锻炼了我。入职后，教师的工作职责更是鞭策我不断改变自己。肖楠，今后的日子里，让我们一起加油，努力走出小我的圈子，克服怯懦，果敢阳光地迎接新的生活，好吗？"

眼前迷茫的云雾不再，心中一片明朗。我抬起头，迎着老师的目光，发觉那里面充满着疼爱、慈祥和期盼。"嗯！"我几乎是含着热泪，点着头，给了老师一个肯定而响亮的回答，同时也给了我自己。

告别了老师，回去的路上，和煦的秋风已驱散了正午的炽热。抬头望空，朝飞暮卷的云彩也已散去，只剩"昨夜雨疏风骤"后的万里碧霄。

唉，怕见，却又遇见，这样过山车般的心理落差，感觉真妙！

（指导教师：黄永飞）

评析：文中作者以细腻的笔触所描绘的一些细节行为及心理，可能让人觉得匪夷所思。其实，不少人，尤其是青少年儿童，在面对新情境和陌生人时，往往会显得腼腆、容易受惊、胆怯、犹豫或过分沉默，即所谓的害羞。生活中流传着"沉默是金""听话就是乖"等观念，因此一般人不把害羞视为问题，甚至以为是一种良好行为，以至比起其他行为问题就较为人忽略。其实不然，如果一个孩子的害羞行为与生活紧密相关的话，就会造成最少的社会接触，失去与人建立顺畅关系的可能，更可惜的是孩子无法表现出真正的自我，对人格发展及学业成就影响甚大。

文中的师生虽然是初次正面相遇，但老师能现身说法、循循善诱，引导"我"多增加一些与人交往的机会，感受交往带来的情绪、情感的变化，在潜移默化中学到一些交往技能，这样慢慢就会胆大起来，不再胆小怕羞，心理承受能力也会好起来，并能战胜挫折和困难。此乃真正的良师益友！

数学老师的"三板斧"

初一（19）班　丁俊冯

进入田家炳中学，成为一名初中生，我们也就进入了一个新的学习环境，结识了新的老师和新的同学。作为数学课代表的我，最先熟悉的老师自然是数学老师了。

开学接触没多久，作为数学老师的他，"咔咔咔"直来直去的"三板斧"给我们留下了颇深的印象。

第一"斧"——威严

数学老师姓吴，高瘦的身材，鼻梁上架着一副眼镜，头发有一点稀少，颇有点不苟言笑的学究样貌。果然，一开学吴老师就展现出了他特别威严的一面，要求我们上课时桌上的东西都必须收下去，不能做任何小动作、不许打瞌睡……一开始，同学们都觉得这些个要求太琐碎，未免有点过了吧！大家都觉得没必要这么"麻烦"，一些同学心存不满，时常不是忘记了这个就是丢了那个，经常被点名提醒。直到三两周过后，大家才渐渐明白了其中的"奥妙"：初中的学习节奏非常的快，容不得一点走神和小动作，桌上杂七杂八的东西少了，注意力集中了，上课确实效率提高了，同学们也都渐渐能全神贯注听课了。你别说，还真棒！

第二"斧"——幽默

随着相处的时间越长，吴老师又显现出诙谐幽默的一面出来了。他居然能结合音乐、广告词带领我们"先赏音乐，再学数学"，编了"买保险就是买平安，减整体就要减括号""有一种笨叫作死代，死代死算天昏地暗"等诸多顺口溜，不仅划了重点还轻松易记。这样，枯燥无味的数学概念也就变得生动有趣起来了。你别说，还真灵！

第三"斧"——负责

当然，吴老师也是一个极其负责任的老师。课上先讲的解答题，让我们用铅笔记录过程，下课后复习巩固，名曰：温故。吴老师还紧抓订正，没完成订正的同学课上要主动回答问题才能坐下。对于一些同学的"陈年旧账"，吴老师"死缠烂打"，势必要让这些同学真正弄懂错题，完成旧账。对于填空选择题，吴老师也不"善罢甘休"，讲完后总是要让我们补齐解题过程……这一系列的举措，让我们对错题、难题的印象极为深刻。你别说，这一通操作还真行！

也许是数学老师的缘故吧，干脆利落的三点成一线的"三板斧"下来，我们还真是受益匪浅。相信在未来的三年里，我们一定可以取得优异的成绩回报各位老师的辛勤付出！

（指导教师：谢静）

评析： 每个人都是一本书，如果只开启了扉页，就断言此书空洞乏味，未免有失公允。随着时间的推移、交往的加深，耐心地翻阅，我们必将欣赏到更多精彩的章节、更加细腻动人的场景。本文作者扣住数学学科特点及数学老师的个性特质，精妙地选择了三个角度，较为形象而具体地勾画出了老师鲜明的特征。而且，这"三板斧"不仅影响着学生们当下的学业，也在潜移默化地浸润着他们的习惯和性格，成为他们成长的养料。

145

淡淡的深情

初一（20）班　顾之楷

下午第一课是进入初中的第一堂室内体育课，张老师正绘声绘色地讲解着中考体育要求。平时不爱锻炼的我，此时正忐忑不安。

记得新学期的第一次长跑模拟考试，我竟与及格线差了将近一分钟，张老师当时就把我叫到跑道边，涨红着脸，用铜铃般的眼睛瞪着我，严肃地说："怎么跑得这么慢？你看看人家体型和你差不多的，也能跑进5分钟！今天以后，每天放学来找我练习！"闻听此言，委屈无助的感觉在我体内翻滚，这老师怎会这么无情？

下了晚自习，映着一席微弱的路灯亮光，我来到操场。看着模糊不清的跑道，我的心不禁颤抖起来。本来想好了无数个理由想要逃过训练，但看到早已等候在此的张老师严肃的表情，我败下阵来，只能极不情愿地跑了起来。一圈又一圈，我跑得气喘吁吁，身体好像要爆炸一样，可张老师没有一丝让我停下来的意思。不满和怨恨充斥着我的心田，不知不觉，眼中已经溢满了委屈的泪水。眼前的1000米跑道就像怪兽一样，从漆黑的空气中蹦了出来，对着我狞笑。一天、两天……就这样，每天放学后，我都在经历着这样魔鬼般的训练。

1000米测试转瞬即到。穿着深蓝色的"10"号运动服，在一抹夕阳的霞光下，开始了我艰苦的旅程。第一圈还算顺利，但到第二圈时，我渐渐地变得体力不支。周围的空气好像火苗在我身边燃烧，身体的难受感愈发变大，呼吸不顺，大汗淋漓，体内的五脏六腑好像杂糅在一起，在我的身体里不停地弹来弹去，让我忍不住想退缩。就在这时，我的脑海里突然回响起张老师的话："当你感觉疼痛难忍时，不妨再坚持一下，只要你能迈过这道坎，就会走向成功。再苦再累都是值得的！"想到这里，我鼓足力气，迈开步子，奋力向前冲去。是的，我的腿不那么

146

沉重了，我的心也随之飞扬。"4分59秒！"一个略带欣喜的声音冲入了我的耳鼓，安抚着我快速跳动的心脏。我，合格了！

跑完，我继续在操场慢走着，微风温柔拂过我的脸庞，释然的感觉包裹着我的全身。日暮薄烟里，我望向张老师，突然发现那一向严肃的脸庞竟如此温柔。脑海里再次回响起张老师的话语，正是那些鼓励的话语在我身体极限时打破了瓶颈，让我获得了力量；也正是因为张老师带我坚持不懈地训练，才使我获得了成功。

每每念及曾经对张老师不近人情的误解，我低下了头，在心里默默对自己说："没有人生性无情，只是你未看透那淡淡的深情！"

（指导教师：黄永飞）

评析：鲁迅的《答客诮》中写道："无情未必真豪杰，怜子如何不丈夫。知否兴风狂啸者，回眸时看小於菟？"其实，本文作者也像很多学生一样，误解、曲解了老师的一番良苦用心，以为严格的要求对自己来说就是"无情"的苛求。殊不知，严是爱松是害，一味迁就毁未来。不经一番寒彻骨，怎得梅花扑鼻香？不经历风雨怎能见彩虹？一旦领悟之后就会发觉，"井无压力不出油，人无压力轻飘飘"，适度地加压，才会有更强的动力启程。人生的长跑，又何尝不是如此呢？

对不起，感谢您

初一（20）班　康炜淇

无意随风起，风止意难平。我的思绪绵延千里，因风生起，燃而不尽。

心之湖上泛起了微微清涟，是谁投掷的石子？

我很好奇，向上望去。不是调皮的孩子，不是风华正茂的少年，只是一位瘦瘦高高的中年妇女，她身着紫色衣裙，微微俯下身，和蔼地笑着，带着一丝不属于那个年纪的腼腆。

我也更有兴趣了，从湖里出来，化作她的影子，追随她稳健的步伐。我跟着她来到了一所学校，在学校里转悠，最后踏进了一间小小的办公室，我又跳了起来，趴在她的桌上，看她挥舞红色的法杖在雪白的本子上舞动……看她时而循循善诱，时而春风化雨，时而严厉，时而优雅，让我心生儒慕。

时间一点点过去，她的脸上露出些许疲倦，眉头蹙起，困意不停涌上她的心头，神经传来一阵又一阵的刺痛，她使劲晃了晃头，又按了按太阳穴，能明显地看出她的难受，我想用手抹平她的皱纹，却碰不到她。瞧着她越来越深的皱纹，我变得手忙脚乱，变得急切，我要让它消失，却无能为力，最后……

我惊坐而起，望到旁边的枕头，松了口气。

清晨，我来到了一所和梦中一模一样的学校，两边的光景说不出的熟悉，普通的教学楼，平凡的教室，似乎被赋予了某种魔力，从踏进这里开始，我的心变得痒痒的，像在期待着什么，像被什么东西所吸引，满眼是光地看着教室门。

终于我找到了——梦里的那位瘦瘦高高的中年妇女，我开始兴奋，她终于来了！但她脸上的愁容却依然不散。

忽然听到了我的名字，我感到诧异，因为她喊我的声音中带着气愤，我顿时慌了神，还在我恍惚中，另一个座位上和我长得一样的女孩站了起来，我一下子惊惶了，朝桌子伸出手去，结果是碰不到它，我顿时明白我还是那个从心之湖中出来的孩子，我看着她，那位老师走向另一个"我"，将"我"的作业本子放在了桌上，我也凑了过去，满页的红叉格外醒目，我有些失神地望向另一个"我"，令我吃惊，另一个"我"的脸上充满了不屑，只是瞟了作业本一眼，又像看不见似的看向窗外。

老师看着另一个"我"的动作，轻轻摇摇头，像在忍耐着什么，问："为什么会做成这样啊？是上课没听懂吗？"

"不是，只是不想好好做。"

另一个"我"好像白了老师一眼，又一个声音传进了我的脑海，"为什么要问我，你们老师就知道找学生麻烦！"这是"我"的心声。

一股愧疚涌上了我的心头，这……这不是以前的我吗？我为什么这么不理解老师的一片苦心？老师为了整理我们的易错题，批改我们的作业，引导我们健康成长，一直默默付出着。当我们抱怨作业多时，他们的工作量却是我们的好多倍，那一次，我受伤时，她给予了我母亲般的关怀，带我去医务室，帮我联系家长，那一张关切的脸，那一张被我们熬起皱纹的脸……我记起来了，我全记起来了，您不厌其烦地给我讲题，无微不至地照顾我，心系我的感受，在乎我的变化。

老师，我错了！

让我看看您美丽的笑容吧。

拖课不是您的错，是我们不懂您的心意；批评不是您的错，是我们不懂您的焦急。

您也是人，有生气，有难过，有七情六欲，却从不将负面情绪带给我们。

稻草人守着自家的田野，是对脚下热土的爱；鸟儿守着一片蓝天，是对自己自由的爱；而您，我的老师，您守着眼前这群稚嫩的孩儿，是对我们最无私的爱。

现在我懂了，以前的我太过任性，是您用真诚感化了我，用责任浇灌了我，让我长大。请接受我的道歉和赞美。

"对不起！感谢您！"

（指导教师：黄永飞）

评析：作者没有惯例般的轻描淡写，也没有将老师拔高神化，而是驾驭了分裂、梦境、穿越，这些看似玄幻的手法，将之糅合在一起，在虚与实、正与反的对照中，较好地展现了老师无私奉献、诲人不倦的精神守望、职业担当和慈母情怀，读来使人不由得心生怜爱和敬意。

遇见您，才拥有最好的时光

初一（20）班　杨振宇

刚升初一报到那天，大家坐在教室中，等待着老师的到来，各种讨论的声音不绝于耳。

"班主任也许是一位年轻的老师吧……"我这样想着的时候，走廊里传来了急促的脚步声。伴随着一声门响，全班顿时鸦雀无声。我仔细打量着她：个子不高，体态微胖，一副方方的黑框眼镜架在鼻梁上，皮肤微黄，两鬓有些白发。"我是你们的班主任顾老师。"声音有些沙哑，但说话速度很快。我暗暗寻思：貌似没有小学老师温柔。

可是正式开学那天的英语课，我们见到的并不是顾老师，而是语文老师黄老师。"你们的班主任嗓子不舒服，请了几天假，由我暂时代几天班主任……"听了这话，我心里泛起了嘀咕：顾老师是不是没有小学老师那么负责任啊？刚开学就请假，前天报到时不还好好的嘛！

过了一周，顾老师回到学校，我们才迎来了初中第一堂英语课。

"我看谁还在讲话！"这便是她走进教室的第一句话，我们被吓得大气都不敢喘了。于是，我在心里给她贴上了"凶"的标签。可是，随着课堂内容的推进，我渐渐地发现，"凶"只是她的外表。实际上一堂课下来，虽然节奏很快，但同学们也能跟上，她绘声绘色地讲着，我们安静地听着，而且她经常在讲解知识点时给我们举一些生动的事例。

下了课，她疾步走出教室，"为什么她走路也如此之快？"我好奇着，刚巧我和几个同学一起去办公室送作业，发觉她火急火燎地在改试卷。"怪不得她走路那么匆忙，原来是在赶时间批改我们昨天的试卷。"我们讨论着。

经过半个月的磨合，无论是对同学还是老师，大家都愈来愈熟悉了。记得有一次，我和一位同学讨论数学题，聊着聊着，就错过了午饭

151

时间，顾老师见了，又"大发雷霆"地把我们说了一通。她一边抱怨，一边走出教室。我记得窗外下着雨，不一会儿，她端着两盒热腾腾的饭菜回来了，眼镜上沾满了水珠。我们吃着饭，觉得那是全世界最美味的食物。

又过了半个月，迎来了月考。月考前一天晚上，群里被顾老师发送的考前注意事项给霸屏了，甚至隔着屏幕能感受到顾老师的心急如焚和紧张。

月考后，我们迅速得知了自己的成绩，信息是那么快速，而这一切都离不开顾老师的辛勤付出。原来，她整宿都没有睡觉，做了一晚的分析报告。第二天顶着黑眼圈，拖着疲惫的身躯站到了我们面前，顾老师鼓励考砸了的同学，提醒达到目标的同学，却没有关注自己的睡眠质量。我们看着她的背影，莫名地有些心酸。然而，这连续的操劳造成了她的耳朵发炎，右耳听力有些模糊。这一次她并没有请假，坚持在自己的岗位上，一节又一节英语课，她顶住压力，和我们一起前行。

一年一度的运动会又迫在眉睫，顾老师立马开始着手准备开幕式表演的策划和排练。七个昼夜，七个日月星辰的轮换，顾老师那么疲惫，看上去又苍老了几分。运动会那一天，她的嗓子终究还是没能挺住，几乎失声。看着我们班整齐划一的表演、运动员一个接着一个取得好成绩时，她高兴地蹦着跳着，开心得像个孩子。

一次次的呵斥，一声声的关心，一次次"Class Begin"……都饱含了顾老师对我们的关心。我们不是在最好的时光中遇见了您，而是遇见您我们才拥有最好的时光。虽然我们才朝夕相处2个月，但是您的辛勤付出，您的爱，我都会铭记在心！

（指导教师：黄永飞）

评析：短短的一篇文章中，居然装下了大小7件事，看似有些凌乱，但在详略取舍后，还是较为立体地刻画了一个说话、走路、做事都风风火火的"女汉子"老师形象，而绝没有"纸片人儿"的感觉。呵斥与关怀、外刚而内柔，学生第一、工作第一，忘我奉献，面对这样的老师，难怪作者发出"我们不是在最好的时光中遇见了您，而是遇见您我们才拥有最好的时光"的慨叹和赞美。有师如此，少年强则中国强的第二个百年中国梦必将实现。

第三章 他是我们的光芒

老师！老师！

初一（20）班　张循想

"狼之山，青迢迢，江淮之水朝宗遥。风云开张师范校，兴我国民此其兆。"

这是我国第一所民立师范学校——通州师范学校的校歌。其创作者，也是学校的创办者，是家喻户晓的爱国企业家典范、著名实业家、教育家、清末状元公——南通张謇先生。所幸的是，在南通这座尊师尚教的滨江临海的家乡城市，我遇见了她，才更深切地领会出了师范学校校歌的内在蕴含。

一、第六十六天

初一分班后，我对素未谋面的数学老师就有好感，因为她与我的小学数学老师同姓，且名字也相近，前师为"建芳"，今师为"建兰"。第一次数学课，我毛遂自荐，成了她的数学课代表。

11月20日，周六，我照例将课外打卡题完成后，拍照发给兰老师。老师已经有日子没回应了，我是知道初中老师的日常的，白加黑，五加二，何况她还是隔壁班的班主任。第六十六天，老师教给我初中学习的秘笈——坚持，不懈地坚持。

翻开妈妈的手机，我那珍视的和老师的QQ交流记录，有时是"玫瑰"，有时是"好棒"，有时是"牛"。当然，我也有偷懒的时候，师复：错位相减法，之前讲过！不该错……课时作业本是平时的基础练习，老师不大过问，我以为有自主权，大意不少。结果被打叉之处，师注：客观题订正写过程！重复两次，我便怕了，不是怕批评受罚，而是怕丢掉那一份比全班作业本还重数倍的信任。

二、加座第一排

初一数学与小学相比，确实有难度，不仅计算量大且复杂，而且需要有灵活的数学思维。有不少同学暂时掉队了，评讲习题时，老师让他们加座第一排。我想，世界上除了有血缘的爱之外，不抛弃，不放弃，不离不弃，拽着你往前走的老师，应是最无法言语的另一种深爱吧。

"用好草稿纸""书面订正只是面子工程，要将答案遮起来，重新做对""提醒爸妈，拍照请将页码拍进，便于我指出问题"……老师挂在耳边的箴言，在日复一日中磨砺我，引领我，教诲着我。

三、老师！老师！

小学"芳"老师教诲我：学好数学要有像导弹一样精准的计算能力，要有把问题转化为数量关系的能力。现在，初一"兰"老师对我的更多教诲才刚刚上路。

她们，都不大会关注我在文字的世界里如何去评价她们，甚至都可能看不到我的这些文字，但却并不影响我慢慢靠近她们，或许有一天，我也能成为她们一样的数学人，一个能引领学生的师者。

良师亦可敌千军！我想着，良师更像是这南通城里日日所见的濠河水，你不管怎么绕着总是能被碰到，你在凝视它的时候，它也在凝视着你。它含笑地望着你，你低下头，看见水影里的自己，若哪里不是，也会立即局促不安起来。

吾辈幸哉，生于教育之乡！吾生幸哉，身为吾师学子！

（指导教师：黄永飞）

评析： 一首深情款款的《长大后我就成了你》唱出多少人儿时的纯真梦想，动情地传达出多少为人师者幸福的心声！教育，人类的伊甸园，教人求真、知善、寻美，这一切使这个职业高贵而神圣。黑板上写下的是真理，擦去的是功利；画出的是彩虹，洒下的是泪滴；举起的是别人，奉献的是自己。老师教我们做人的品德，指导我们遨游知识海洋，指引我们走向未来，帮助我们突破云层，寻找阳光、温暖，追寻成功喜悦的快乐。

正青春，向未来，"良师亦可敌千军"。薪火相传中，教育之乡、南通福地，莘莘学子更应砥砺前行，担起时代大任。

数学老师印记

初一（21）班　陈可瑾

任花开花落，似水流年，那份记忆永存。

——题记

永远记得橘子成熟的那个时节。

阳光透过枝枝丫丫在你身上洒下点点光斑，你的身影淡得就像珍藏多年的水墨画。你那几近枯瘦的手紧攥着粉笔，在黑板上留下最朴实而美丽的印迹。阳光照在你深深浅浅的皱纹沟壑里，那一幕便永远地刻在我的记忆中。

第一天来到田中初一（21）班，当看到你那严厉的面孔时，我心里不禁有些害怕。

晚自习下课，夜已悄悄地将墨色涂满天穹，洒下一斛星斗。当大家正准备收拾东西回家时，你却忽然突发奇想地来了一道命令——让我们下楼跑步，说是为了提高大家的身体素质。原本就精疲力竭的我们不免唉声叹气，而你就像领头羊一般，跑在最前面。我无力地甩着手臂，心里满是抱怨和不理解。

"叮——叮——"又是一节数学课，我心烦意乱地拿出课本，心里抱怨一句：明明是自习课，为什么又上数学呢？都是今天的第三节了。我心里满是不愉快。而你一如既往地走向讲台，连续上了三节课的你腰佝偻了一些。但你依旧微笑地看着我们，那皱缩如菊的面容瞬间舒展开来。当时的我，根本没有心思注意到你的疲惫，漫不经心地看着窗外。

你投入地讲着，拿着粉笔不停地在黑板上圈圈点点，黑板上发出"沙沙"的声响。而我则是开着小差，沉浸在自己的世界里。你将目光转向我，沉下脸，严肃地说："你——来回答一下怎么根据等量关系列

157

方程！"

我才猛地回过神来，手忙脚乱地翻出试卷，用焦急、紧张的目光飞速浏览着题目，一时间脑子里没有思路，磕磕绊绊地说："呃，2X加上……"

你严肃地说："坐下，好好听课啊。"我低下了头，一种后悔与自责油然而生。双耳发烫，心里忐忑不安。你拿起粉笔，一个潇洒的旋转，手臂跌宕起伏，那飘飞的粉笔屑犹如枯叶在萧瑟的秋日中纷飞。猛然间，我才发现，几许白发藏匿在你乌黑的头发中，你的腰也佝偻了许多。那一条条皱纹也爬上了眼角。我心头一震：年近花甲的你，为我们操碎了心，而我却如此不上心……

我不禁流下了眼泪，如洪水肆虐，如愁云惨雾，模糊了双眼。你为我们所做的一切将永存于我的心间。

从那一刻起，我对你产生了由衷的敬意与感激。你诠释了"春蚕到死丝方尽，蜡炬成灰泪始干"的奉献精神。看着你，我再度流泪了。

两周后的那个星期一，气温骤降。你看到我穿着单薄的外套，眼里满是担心与焦急，说："你就穿这点儿，冷不冷啊？"我还没来得及回答，你就说："待会儿有国旗下讲话，外面那么冷，可不能冻着了。去我办公桌上拿一件校服外套。"我点点头："谢谢老师！"顿时，一股暖流淌在心间。眼里心里，全是你的温柔。当我套上校服，你微笑地看着我，眼眸弯弯，露出瓷白的牙齿，眉眼绽成了一朵花。阳光照进来，氤氲着说不出的温情。你的双鬓染白，像黛青色长山里的一抹残雪；你的吴侬软语，像大珠小珠落玉盘。

清风徐徐，春草已绿。我看向远方，天空渐渐明朗起来，有着大海一般的纯粹。我想：我一定要好好学习，以梦为马，不负韶华，更不能辜负了老师的良苦用心。

望着你的背影，我的心中有了无限的力量，多了份坚定，亦多了份坦然。

漫漫人生路，这美好的记忆将永存心中。

（指导教师：沈贤）

评析：在父母和老师的眼里，我们是永远的孩子。对于我们孩童时的顽劣任性，他们是完全理解，但不一定全都谅解的。爱岗敬业的赤子之心、教书育人的拳拳之意，文中这位年近花甲的老师，也许就是我们不少老师，尤其是年长一些的老师的真实写照。青春已逝，韶华不再，容颜已改，没有浮华，没有功利，在成就学生中幸福着自己的教育人生。他们，也和那些青春靓丽的年轻教师一样，成为学生成长路上的一座座路标。

老师琐忆

初一（21）班　上官宏毅

微醺的暮色里，她一向严肃的脸庞竟如此温柔，仿佛是在谈论自己的孩子，眸子里尽是暖暖的爱。

晚自习下课后，夜色笼罩下的操场上，总会有一道亮丽的风景线——21班学生与老班驰骋时矫健的身姿。在老班的追赶式陪跑下，小伙子们放飞自我，姑娘们也放下扭怩，奔跑在里里外外的跑道上。顾老师就如一只老鹰，追赶着一只只落荒而逃的小鸡，小鸡们也时刻警惕着老鹰的位置变化。正是在这样的一场场追逐赛中，同学们不遗余力地挥洒着汗水，在欢笑中一点一滴地为中长跑测验奠定了牢靠的基础。"快点冲！加油，向前冲！"顾老师声嘶力竭地为每一个同学呐喊，给我们每一个人以更大的勇气和力量去完成中长跑体测这一艰辛的考验。渐渐地，我听到自己急促的喘息声，愈加困难和厚重，浑身无力，喉咙里也满是血腥味……这是到了最难熬的阶段，可是终点就在不远处！"赶紧冲，赶紧冲！"站在终点线上的顾老师焦急地呐喊着，甚至跳了起来。看到顾老师后，我心中只有一个字——冲！离终点越近越要不遗余力，对每一步都充满信心，充满希望。跨过终点线的那一刻，顾老师为我们欢呼，为我们自豪。

时光流转，四季更替，窗外青葱的绿褪成了枯槁的黄，凉爽的短袖换成了厚重的羽绒服。还记得刚刚踏入陌生的教室时内心的紧张吗？还记得第一次和老班打招呼时忐忑不安的感觉吗？在互相了解后，老班卸下了严肃的面具，像妈妈一样默默地关注着每一个学生。一次数学考试突然遭遇滑铁卢，顾老师严厉地给我提了个醒，当然也是对我抱有更大的期待。从那以后，我每天都将目标一点一滴地付诸行动，成绩也有了大幅的提升。顾老师没有过多的表扬，只是与我的交流更多了，脸庞上增添了几丝笑意，微蹙的眉头也舒展开来。

"一下课就可以来找我做题，我的目标就是把你们全都教会。"数学课上，如果你从我们的教室旁边经过，可能会被教室里的情景吓到：讲台四周围坐着接近半个班的学生，顾老师满腔热血地传授着知识，同学们像一块块海绵，如饥似渴地在数学王国里不断吸收着。数学本是枯燥乏味的，令人难以理解的，但顾老师把一个个数学概念以贴近生活的方式讲解给我们听，数学课堂上也总是充满着欢乐。课下，同学们午休时，顾老师的讲台边上也围着五六个同学，有的是做题时有疑问的，有的是课上有些地方不理解的，有的是顾老师想检测一下他的讲课效率的。总之，顾老师来者不拒。一遍没有听懂，那就再讲一遍，还没听懂也没有关系，顾老师总是不厌其烦地为我们答疑解惑。一个概念弄清了，一条题目解对了，一类问题掌握了，一开始有些数学掉队的同学都在顾老师的一句句教诲中追赶了上来。

望着顾老师瘦小的身躯，品尝着顾老师奖励给我们的蛋挞，我在心中默默祝愿：顾老师，得好好吃饭，好好休息啊。我爱您，顾老师！

（指导教师：沈贤）

评析：虽然作者只选取了一武一文、一张一弛的两件事例，但画面感很强，把一位诲人不倦、不厌其烦、不图回报、不言放弃的老师的形象留在了读者的脑中。这些，也如同阳光、空气、水、养料……一样，成为滋养学生生命成长的不竭源泉。

陪　伴

初一（21）班　张睿祺

"同学们，大家等一等再散学，我先宣布一个事情，从今天开始，只要不下雨，晚自习后，我们班所有人都要在操场上跑完600米再回家！"晚自习刚结束的时候，班主任顾老师"恰好"出现在了教室门口。

"啊？不要啊！"教室里顿时哀嚎一片，我的心里也是拔凉拔凉的。

进入初中后，我才明白，小学时的我们有多幸福。初一功课陡增，而且在学校的时间长达13小时，一天的课上下来，已经感觉腰酸背痛了。可老师们每天好像一直都元气满满地投入战斗，特别是我们班主任顾老师。别看她瘦小，可精神十足，要求也很严格，典型的数学老师风格。对于我这个数学有点弱的马大哈来说，着实有点怕。今天她又突发奇想让我们跑600米，真的让我苦不堪言。

抱怨归抱怨，关键时刻，作为班长的我还是挺身而出，招呼大家下楼。同学们极不情愿地拖着书包走下了楼，扔下书包，一起在操场上开始跑圈。

恰好是放学时间，我们班同学立刻成了全校同学的焦点。"哈哈，他们班难道被罚跑了？""肯定是的，肯定是纪律不好！"……在别人的议论声中，我们都不好意思抬头，有的同学还趁天黑，老师不注意，偷偷地从操场中间穿过去。

小学我们最多跑过400米，第一次跑600米，说不怕那就太假了。跑完第一圈，我就累得直喘，心里想的都是温暖的家、美味的夜宵、舒适的床，还有我亲爱的爸妈……顾老师这时候跑过来，在我近旁说道："别停下来，跟着我跑，注意呼吸节奏。"我还没来得及"哦"一声，她已经冲到队伍最前面了。比起我们沉重的步伐、拖沓的神情，顾老师更像一个生机勃发的少年。

就这样，我们一周三次，在其他班同学们的嬉笑不解中，顾老师始终坚持陪我们跑步。两周以后，同学们的激情逐渐被调动起来，再也没有一个同学偷懒掉队，而且我惊异地发现，当我轻松跑完600米之后，感觉自己神清气爽，满血复活，一扫整天的疲累，晚上回家睡觉也更踏实了。

很快，初一的体育国测开始了。经过一段时间的训练后，我们班的整体体能都得到了提高，其中的800米，我们班通过率很高，我也以3分31秒的成绩达到了优秀。其他班的同学也许才醒悟过来，都投来了羡慕的目光。如果没有老师的陪伴，我们不可能有这样的蜕变。

与老师们相处久了，我慢慢发现，我们每天坐着上课，老师们一天好几节课，也坚持站着上完；语文老师身体不好，手术完顾不上休息，口袋里揣着请假条也不愿意递上去；数学老师每天总是第一个到教室等我们，中午吃饭拿的是最后一份饭，每天晚上陪我们跑完步后，她总是关上门窗最后一个离开教室；英语老师对我们严格要求，每份作业每次朗读、每次考试都细心教导……每位老师都有自己的家庭和孩子，但是他们把一天的大部分时间都留给了我们。陪伴很温暖，它意味着这个世界上有人愿意把最美好的东西给我们，那就是时间。

陪伴，是一种习惯，陪伴更是一种力量。初中三年，虽然是我们人生中很短的一小段，但却是我们青春中很重要的一段，有了爱的陪伴，我们可以更踏实地去面对困难和挑战。

（指导教师：沈贤）

评析：陪伴孩子的成长，可以让孩子获得更多的安全感，还可以培养老师、父母与孩子之间的感情，产生更多的同频共振。因此，有效陪伴是最长情的告白，是最好的礼物，是最好的教育。

其实，真正的学校生活中，哪有那么多的惊天动地的壮举？哪有那么多的豪情勃发热血冲天？所谓的享受幸福教育人生，不还是由日复一日、累月经年的相伴互生而构成的吗？以身垂范、耳濡目染、悉心教诲，平淡无奇的分分秒秒，才让我们的教育对象，变成我们的成长伙伴，感觉到"陪伴是一种力量"。

我，不再惧怕老师了

初一（22）班　陈思亦

人们常把老师比作是照亮前行之路的明灯，为我们指明方向。而我的班主任季老师对我的谆谆教诲，也成了我脑海中挥之不去的记忆。

初中刚入学时，我见到了神情严肃、看起来十分严格的季老师。第一天上学，他就让我们全体练坐，我们连大气都不敢喘一下。下课遇到他，总是"战战兢兢"地打声招呼，然后快速"逃"开，数学课上几乎没人敢举手，怕说错被老师批评。因此，我对于季老师也产生了"望而生畏"的感觉。

记得那是一次计算练习，季老师发下来一张全是计算的试卷。我瞬间头就大了，心想：季老师这是想"折磨"我们啊！然而，越是紧张，越容易出错，当批阅好的试卷发下来时，几个大大的红叉叉映入我的眼帘！我心里大叫"不妙"，果然，季老师眉头紧锁，推了推眼镜，迈着大步朝我走来："这次怎么错这么多不该错的？""呃……嗯……"我嗯啊了半天愣是没哼出个所以然来。季老师看见我这么一副紧张的样子，那严肃的面孔似乎意外地变得柔和了，竟微笑着对我说："下次一定不能再犯了！这样考试很吃亏的！放学后，咱们在办公室再仔细交流吧！"然后在我隐隐的惊讶中转过身去……

听到这温婉的语句，我感觉到了老师的柔和，也为我这次的不认真而后悔，并下定决心要端正态度，不辜负季老师的期望！我知道，季老师连夜批改练习，只是为了在大考前为我们查漏补缺啊。付出总有回报，通过我的努力，第二次的计算测验，我全对。当老师在全班大张旗鼓地公布全对同学的名单时，我清楚地看到季老师对我投来赞许的目光。霎时间，我信心大增，并对季老师的"好感度"疯狂飙升，开始盼望起数学课来。

现在的我，下课经常会和季老师热情地打招呼，向季老师请教难题，接纳季老师的批评，反思自己的不足。季老师对我的每一次表扬、批评或鼓励都会成为我最难忘的一段记忆，将永远激励我在学习的道路上坚定信心，勇敢面对困难，砥砺前行！

想到这些，我内心充满了对季老师的敬佩与感动……

（指导教师：沈贤）

评析：中国的传统教育历来是强调"师道尊严"的，如鲁迅、郁达夫等文豪笔下的塾师，总是板着面孔、端着架子，高高在上，一副凛然不可侵犯的面孔，还有那怕人的戒尺、空洞的说教……诚然，没有对知识的敬畏，没有对老师应有的尊敬，也是教育的大错。但一个老师让学生敬而远之、畏之如虎、望而生畏、噤如寒蝉，又怎么会产生"亲其师信其道"的教育效应呢？严而有格宽而有度，在学生犯错时能不怒而威，在学生迷茫时温柔以待、循循善诱，师生间的共情，就会是一种必然。

改 变

初一（22）班　尤琪嘉

从办公室回到教室的那一刻，我的生活就此改变。

从小学时的前呼后拥、众星捧月，到上初中后的默默无闻、鲜有问津，带给我的落差感绝不止一点。周围的同学都那么优秀，课上的问题一点就通，课后也没有花太多时间复习，可试卷上的成绩却是我永远也仰望不到的高度。反观我，错题一大堆，考试一团糟，不懂的问题不敢去问老师，说得上话的同学更是寥寥无几。我真的有那么差劲吗？我安慰自己，只是一时的不适应，再过几天就好了。可日子总是望不到头，我在自责与懊悔中渐渐迷失了自我。

已经是傍晚了，我收拾收拾课桌，准备去拿饭盒。刚想走，季老师忽然从前边向我走来。我暗道一声：不好！我被盯上了！转头就想跑。

"尤琪嘉，吃完饭到我办公室来一趟。"一种巨大的压迫感袭击了我，让我喘不过气来。

晚上食堂有我喜欢的鸡米花，但我吃得索然无味。在磨磨蹭蹭20多分钟后，我终于鼓起勇气，一步一步挪进办公室。办公室人不多，只有几位老师埋头吃饭。幸好没有同学在这边，我搓了搓手心的汗，深吸一口气，走到季老师的办公桌前。

"这两天学习上有没有遇到什么问题？如果有不懂的地方，为什么不来问老师啊？怕老师吃了你啊？"季老师爽朗地笑出声来。

我不知该怎样回应，只是一个劲儿地摇头。

季老师脸色变得有些凝重，沉默着。"嗯……老师知道你其实都懂，但是考试的时候是不是有点紧张，所以……"

我低下头，不敢看老师的眼睛，眼眶里闪烁着泪花。

"其实开学时我就注意到你了，虽然坐在最后一排，上课时我也很少喊你回答问题，但你总是一个人安安静静地坐在位置上，认认真真地听讲。据了解，你小学基础很好，入学考试成绩也不错，相信只要你调整好状态……"

老师好像说了好几分钟，有些我都没听清，但感到内心无比的充实、舒坦。原来我并不是没有被别人关注到啊，有老师在背后默默关心我，鼓励我……

那天晚上，我好像有点小小的失眠……

打那时起，我总感觉整个人的精气神不一样了，喜欢和同学们说话了，也更爱笑了。我开始关注那些我以前没有注意过的老师，他们上课时都很有趣，会给大家耐心讲解一些不大好理解的内容，而我之前关注的却只是分数。我有勇气去找老师问题目了，不难，大部分只需要老师提示一下我就能做出来，为什么我以前没有思考透彻呢？也更关注那些进步快、能很快适应初中生活的同学了……一切的一切，似乎无形之中都在改变。在第一次月考时，我甚至取得了全班第三的成绩。看到分数的那一刻，我特别留意到，季老师欣慰地笑了。可我自己都难以置信，我，真的，真的在改变！

现在的我，学业能够保持在全班第一方阵，和同学老师们交往时也不再羞怯。没人知道，这些翻天覆地的变化，竟源自一场再普通不过的谈话。

（指导教师：沈贤）

评析：把一个人捧起来很难，把一个人踩下去却很容易。踩下去与捧起来，哪一样更能让人对他人对社会产生认同感？哪一样更能让人激发仇视不满与感恩心情呢？因此，客观精准的评价是一个人前进的原动力；教师作为学生学业与德育审评的最权威的评价者，无疑在学生中占有很大的分量。这篇看似没有多少深度的文章，其实很具有代表性，道出了很多人的心声。在老师的引导之下，其情感跌宕的心路历程体验，就值得我们揣摩。

正确的教育不是消极的，应该是积极的。没有一个人不喜欢听好话，也没有一个人喜欢人家骂他。这种心理，人人都有，我们可以利用这种心理，来鼓励学生怎样做人，怎样求学。少禁止多鼓励，消极的训诫责罚不仅不会发生多大的效果，有时反而容易引起他的反感。

"烦人"的甜老师

吴甜，我们的英语老师，圆圆的脸庞，白皙光洁的皮肤、微胖的身材。报到那天，她一身黑底黄纹轻纱，手捧材料走进教室，披肩卷发被扩音麦拦腰一箍，稍稍染黄的发梢便向四周蓬松开去。这个形象，说不上讨厌，但也没多大好感。这是真话。

英语课上，吴老师总是一边说着"这个不用我讲了，不能再错了"，但一边又会重复好几遍重要的知识点。除了开新课就是评讲练习，遇到游戏环节也总会很遗憾地跳过。每当第二节上课铃响，耳边仍然是被"小蜜蜂"放大几倍的声音"这是固定搭配，记住啦"，以至于有时戴着扩音器的吴老师走到我身边，我不得不捂着耳朵才能听清讲话内容。

最烦恼的是，我们似乎很少听到她的直接表扬，特别是每每考完试，吴老师总会双手一叉，在通报完考试情况后加上一句——"这次我们班最高分是99分——我教的另一个班，可是有满分的呦！"这句话的真实性有待考证，但同学们多少是有些不服气的：为什么每每只差一题，就眼睁睁地败给"那个孩子"了呢？

吴老师的初始印象：唠叨、刻板、不近人情！

直到有一天……

那是第一次月考完的晚上，我和几个同学留校整理教室。夜很黑，黑得像是刷了层不均匀的漆。我第一个回到教室，一排排再无活力的空旷桌椅烘托出莫名的肃穆。窗外现出一个快步的人影，愈走愈近，是吴老师。

"考得怎么样？阅读理解看懂了吗？这次有点灵活，我们家丫头还错了好几个呢。"

"还好，我看懂了。"我轻声回答。吴老师微微地点了点头，赞许地笑了笑，我心中一亮。打扫的同学都到齐了，桌椅不久变成了原先两人一座的模样，教室也突然变得整洁敞亮了起来！吴老师找了个前面的位置招呼两名同学坐下，开始拿着试卷和练习册讨论题目，一个词一个词地讲，一句一句地读……

一个女孩牵着弟弟的手走进教室，长得很有吴老师的影子。弟弟在门槛处一迈，栽了一个跟头。吴老师侧过头，嗔怪："走路怎么不小心点！"过去给他拍了拍灰，又转身回到原位专注讲解，一个词一个词地讲，一句一句地读……她的学生可一个都不能落！声音略带沙哑，不再有白天的高昂，柔和的灯光照到她脸上，软软的样子。此刻，吴老师的形象变得饱满起来——耐心、温柔、循循善诱。

紧接着的期中考试，我们班成绩很不错，吴老师抑制不住内心的喜悦，笑容挂在脸上好久。再看吴老师，那自豪的神情就像一个炫耀自家孩子的妈妈。红红的两颊，上翘的眉毛，微撅的嘴巴——得意洋洋的模样也许就是如此吧。可一转眼，走到讲台面对大家时，突然又收敛了一下，清清嗓子说道："我教的另一个班，可是有150分的呢！"

红晕漾开，漾在她满面春风的脸上，正如她的名字，甜甜的。

（指导教师：李春华）

评析：由感觉"烦人"到觉得"甜甜的"，由"没有多大好感"到"自豪的神情就像一个夸耀自家孩子的妈妈"，这样的变化不仅仅是来自老师单方面的改变，更有学生认知和情感的变化。其实，由陌生到熟识的磨合，考验的是双方，改变的也会是双方。谁主动调整了，较快适应了，谁就抓住了双方发展的先机。那时，知识的接纳、情感的互动、交往的融洽，那份甜蜜真可谓难以言表。

“败给”陈皮

初一（23）班　张啸

深秋，一个人走在回家的大路上，空旷清冷的空中飞过一群大雁……

一阵风吹过，银杏树上的落叶摇曳坠落。我的心中不由产生一丝惆怅，是为这金黄落叶的惋惜，抑或是自古逢秋的寂寥……

手中攥着满是叉叉的默写本，眼中噙满着泪水。我不明白，为何老师对我如此严厉？

远处一只鸦雀“呱”的一声嘲讽，不知是哭还是笑。

“一定是老师对我有偏见，肯定的！”心中不禁有了一丝怨恨，更多的是委屈，眼泪也不争气地洒在落叶上，滴答。

哪曾想，心高气傲如我，竟败给小小的“陈皮”，而且甘拜下风、甘之如饴的那种——

第二天的语文课，怨气牵动我的心，无论怎样努力，心神不静，漫不经心。我根本无法进入课堂。

终于等来下课铃，闯进老师办公室，连声“报告”都没有。气氛有些太过安静，我欲开口，怨气和紧张揉捻在一起，良久，无人应答。

老师刚要出门，看见我，驻足。她先拉了一张椅子让我坐下，说让我先静静。

又倒了一杯陈皮茶，品了一下香气，接着对我说：“张啸同学，你先听我说。你知道我这陈皮有多少年了吗？”

我摇摇头，不知老师有何用意，只定神倾听。“20年！”我很惊叹，可面前是老师，我要收起我的顽皮和破绽。她望了望我，又说下去：“好的陈皮经过二十年的打磨，带走青涩和燥烈，精华养分得以沉淀浓缩。越好的陈皮，会放得越久，好让它完全去燥，留下醇香和精纯。”

我略有所悟……

她抿了一口茶，又道："而你，就是上好的陈皮，有勇气，有能力。所以，我会用最高的标准来要求你，只有这样，你才能释放自己所有的才能，学有所成。"

不知什么惊起了石滩上的鸿雁，伴叶落沙沙，腾空而起，直上云霄，我心中的压抑也随之一泄而尽。

这一刻，我有了顿悟的感觉。

天空中飘过淡雅的小雨，淅淅沥沥，抚平了我心中的烦躁。走出办公室，心中还回味着老师的谆谆教诲，我仿佛重获新生，取而代之的是坦然与自信。

那一刻，我理解了老师的良苦用心；那一刻，我对老师的信任感激不尽；那一刻，我明白了坚持就是胜利；那一刻，我明白了梅花香自苦寒来的深刻奥秘；也是那一刻，我明确志向、坚定不移。

老师办公室中，那经霜二十载的陈皮，也正回首自己的过往，气味清香悠长……

（指导教师：李春华）

评析：教师职业的醇厚甘甜，很大一部分源于创造性思维、创造性劳动而产生的师生和谐互进。教育有方，教无定法。面对百人百性的不同的教育对象，这些独立的生命个体，尤其是面对从少年到"亚成年"早期的初中生，我们的教育方式和手段根本没有现成的公式可套。因人而异、因势利导、因材施教，用一个绝妙的比喻，就使得一个自诩心高气傲的少年心中块垒冰释雪融，这就是为师者的高妙所在。相形之下，大声责罚痛骂，或放之任之置之不理，那都是罪过！孰优孰劣，自不待言。

我的玉兰老师

初一（23）班　陆宛莹

洁白的广玉兰在密密的雨丝下轻舒花瓣。花朵乳白，粉雕玉琢，花香四溢，在风中轻曳。在这玉兰花盛开的季节，我们遇见了她——我的美术老师聂玉兰，携一袖清香，走进我们的初中生活。

初一繁重的学业把我压得喘不过气来。刺眼的分数，堆积的题目，无一不告诉我初中生活的艰难。阴云密布的天，仿佛是一幅上了年头的素描；迅疾的风，呼啦啦地灌进教室。我们冥思苦想，最终写下了几串难懂的字符，就是这样的生活持续了几个星期。

上课的铃声悄然响起。我收起数学作业，想到不堪的分数，痛苦、委屈、不甘、懊恼汇成一片汪洋，淹没了我。

一阵花香，一串蝶舞。聂玉兰老师踏着香风而来。

"平凡的小黑点，有时也有大放异彩的时候……"银铃般的嗓音闯入我的耳朵。原本平静的心湖忽然波浪四起，又像是竖琴偶然拨出的音符扰乱了我的思绪。

到了我们自己动手创作的时间。聂老师播放的轻柔的钢琴曲将我带入奇妙的境界，音符悄悄从黑白琴键中溜出，弥散在教室的每个角落。我突然灵感乍现，立即拿起笔，想画出山川树木，鸟吟鱼游；想画出湖光山色，草长莺飞。可心有余而力不足，最后只留下一点痕迹——几朵绽放于纸上的花朵和一扇窗。

倏地，鼻子里飘进一丝清香。"画得不错呦！"我抬头，看见了老师眼神深处的笑意，像是染上了阳光，浸润了花香。那分明的鼓励包裹了整个世界的不堪。我望着老师清亮的眼眸，心中的所有烦恼立刻烟消云散。不知为何，老师的鼓励总是那么振奋人心。

阳光自窗格渗透而下，温柔地洒在我的画上。那浅浅的光晕，就像轻盈的花影。我仿佛在光晕中看到老师的笑靥，好像在劝说着我，鼓励着我。我无言，静静地看着这幅画。

再抬头看老师投入地讲课，我忽然懂了，小黑点属于我们每个人，面对困难看开就好了，努力就好了。何必勉强呢？

"当一个人主动跟你分享他的日常时，就是他的心在向你靠近。而我呢，也是在向你们分享日常。"她笑了，我心中亦是一阵温暖。

满树花朵摇漾着似有似无的温暖。那清素淡雅的花瓣，就像她，我们的玉兰老师。在用自己的洁白和芬芳，鼓励着我们，关怀着我们。

（指导教师：李春华）

评析：学生时代，我们可能都有此长彼短的学科，除非学霸中的顶尖；成长路上，我们也难免时醒时梦的境况，除非是仙界圣人。拨开迷雾见朗空，坚定信念闯未来，我们的变化、我们的起跳，也许就源自某个时间某个人的某一句话的慰藉、某一个眼神或动作的充电激活。此时，老师在学生心目中就是美之神、力之神、智慧之神般的存在。如此想来，教师的职业，真的是功德无量！

那一声"加油"

初一（24）班　张滢睿

在我至今14年的成长旅途中，有不少的人和事给予我鼓舞和鞭策，但唯有那么一个声音，永驻我心。

夏日炎炎，阳光炙烤，穿着演出服正在场外等待上台演讲比赛的我，早已汗流浃背，一半是天气，一半是紧张。

忽然间，觉得有一股清新的凉爽之气向我吹来，尽管稍显微弱一些，但已经使我感觉舒适惬意，内心的烦躁也有了些许缓解。扭头顺着风来的方向看去，只见陪伴在我左右的班主任徐老师，手上的小风扇正径直地给我送来阵阵凉爽之风。她的脸上仍是那熟悉的笑容，但清秀的脸庞上挂着的几滴晶莹的汗珠，也显示着她正忍耐着炎热。于是，我不由得深呼了一口气，再一次背起演讲稿。

经过漫长的等待，终于轮到我了，徐老师拉着我的手，一同进入剧场。

刚上台，无数道目光追向我，本来应该熟练背出稿子的我，顿时哑口失声。灯光打在我的脸上，留下的只有狼狈。拿着话筒，内心崩溃，手足无措。

台下评委犀利的眼神如同一把把利剑，把我当时的难堪刻在台上，让我无地自容。我急切地希望把那破碎的记忆重新拼凑……可，那只是徒劳。中间两个评委摇起了头。真是雪上加霜！

忽然听得一声低低的、但非常清晰的声音传来："加油！"循着声音望去，我与观众席上徐老师的目光相遇，她正充满着期待与信任地向我挥手。

记忆的碎片仿佛被拾起，快速地拼接。我屏蔽了一切杂念，长舒一口气。

这一次，我重拾自信，早就烂熟于心的内容源源不断地从口中喷薄而出，尴尬的僵局终于被打破，气氛逐渐活跃。看向台下，刚刚摇着头的评委表情也不再那么凝重。

一段内容结束，我再一次望向老师，对上目光，这次我看到的是满满的肯定。信心倍增，随着伴奏，我舒缓有致地道出第二段故事。

这次，我索性代入人物，把自己想象成主角，一切纷扰置于身外。音乐的起伏衬托着我时而悲痛，时而雀跃的语气。

最后一个字符吐出，便是雷鸣般的掌声……

但，对我而言，这掌声再长，再响亮，也不如那一声轻轻的"加油"。

至今，我都无法忘却当时的窘迫，也无法忘却演讲成功后的喜悦，但更无法忘却的，是那声轻轻地为我重振旗鼓的"加油"。

最后，我以茶代酒，以文代茶，敬我最喜爱的班主任——徐老师！

（指导教师：李春华）

评析： 第一次一个人在家、第一次学做饭、第一次买东西、第一次独自出远门、第一次演讲比赛……人生充满太多太多的"第一次"，而且这些先入为主的"第一次"都会对未来产生或正面或负面的深远影响，毕竟生活中没有真正的所谓"天才"。在思维卡顿时，适时送上一架梯子；语言卡壳时，一个眼神、一声轻唤，就有了台阶，有了心劲，有了路子……因此，关键时刻雪中送炭般的"点化"，可能使我们如有神助，峰回路转、茅塞顿开，产生巨大的效能。如何才能拥有点石成金的"金手指"，成就他人，快乐自己，这值得我们每个人思考。

师 说

初一（24）班　张相颖

"古之学者必有师"。教师，一个古老而又神圣的职业，她点亮了文明，照亮了历史，刷亮了人们的心扉。老师，给予我们的关心、鼓励、批评，如同黑暗里的一束光，指引着我们前进的方向。

圣人无常师

告别了小学，我步入了初中校园。喜悦、期待、担心一齐涌上了心头。又会遇到什么样的老师呢？还会像小学班主任那样对我和蔼可亲、无微不至、循循善诱吗？

怀着忐忑的心情，我们早早地来到了教室。没过一会儿，一位女教师走了进来。她，应该就是班主任了，我心想。我仔细地打量着她，一股莫名的熟悉感涌上了心头。她和我们小学班主任长得很像，瘦小的身材、齐腰的长发、和蔼的笑容。我感到无比的亲切，心中顿时对她充满了好感。

"同学们好！我姓徐，从今天开始，我就是你们的'head master'，我教英语，你们一定还很想念自己的小学老师吧？'圣人无常师'，同学们，要成长为品学兼优的人才，你们成长的每一个阶段，都会有一个引路人指引你们找到前进的方向。"话音刚落，教室里响起一片掌声。

是啊，"圣人无常师"，人生中的每个时期总会有这样的一个引领者，带着我们披荆斩棘，一路走上新的征程。

弟子不必不如师

刚开始的初中学习一帆风顺，我连续几次都取得了不错的成绩。老师将我喊到了办公室，笑着递给我一块糖："你是个很聪明的孩子，最近表现得都很好，就像上次英语课做听力，你敢于质疑有误的答案，有自己独特的见解，连老师都没想到。你一定听过这句话吧，'弟子不必不如师'，青出于蓝而胜于蓝，我相信你可以做得更好的！当然，也不能骄傲哦。"我点了点头，深深感激地看了她一眼，若有所思。

"弟子不必不如师"，在那一眼中，我看到了老师眼中闪烁的星光，看到了鼓励与期待。

师者，所以传道授业解惑也

期中过后，各门学科，尤其是数学，难度明显加大了。我时常独自坐在桌前，咬着笔杆，毫无头绪地与数学难题"深情对视"，我甚至怀疑之前是不是高估了自己。心中的梦想失去了颜色，我仿佛在茫茫沙漠中徘徊，不知路在何方。

徐老师又一次将我喊进了办公室，定定地注视着我。我心里忐忑，眼神躲闪，不敢正视。良久，老师开口了："最近有什么烦心事吗？数学好像错题不少呀！""我好像不在状态，搞不清思路……"我脸涨得通红，吞吞吐吐地回答。"你真的用心去想了吗？"老师把我的右手放在她的左手掌上，再覆上她的右手，"你要明确自己的目标，现在刻苦学习，是为了以后有更好的未来。在追逐梦想的道路上，或多或少会遇到一些挫折，挫折对于弱者来说是绊脚石，而对于强者来说却是垫脚石，跨过它，成功一定会在不远处与你招手！"

我的内心豁然开朗，"师者，所以传道授业解惑也。"命运让您成为我的老师，传道、授业、解惑。

（指导教师：李春华）

评析：作者选取了三个片段，巧妙地借用《师说》中最经典的三句，将三颗珠子串成一个精致的项链，真可谓匠心独运。活学活用，而又不留痕迹，将老师的启迪、诱导和教诲娓娓道来，令人赞叹作者布局谋篇技巧的同时，也不得不为文中徐老师高超的教育艺术点赞。有师如此，人才辈出只是时间的问题。

素描：老陈的四张"画像"

初一（24）班　祁骢然

　　学习的重担狠狠地压在我们肩上，让我们喘不过气。也许是巧合吧，我们班竟然换了一位在整个学校"赫赫有名"的体育老师。虽然久仰其大名，却从未领略其上课风采。他，让我们的生活变得不再乏味，而是富有生趣。

投入陶醉的老陈

　　瞧，他在讲台上津津乐道地讲着上课纪律和注意事项。他似乎已陶醉于自己的"演讲"中，面红耳赤，摇头晃脑，节奏密集，内容繁琐。"看！这是篮球场……"他拿起粉笔，转过身子在黑板上"大笔一挥"，勾勒出球场的平面图，接着振振有词："篮球场上有许多规矩，我们中学生也应该有……"唉！老陈真是"不务正业"，课已过半，演讲未止，令人"愤然"不已而又期待下文。

才华横溢的老陈

　　"人为什么要养成良好的生活方式呢？因为……"这是认识老陈以来他第一次为我们讲述"守护生命"这一主题。"好！"不知哪位同学观戏看相声般的一声喝彩，老陈笑靥如花地摸着下巴，微微点头，"目似瞑，意暇甚"，似乎正回味着自己方才话语的精妙之处。

　　那天，我校举行了消防演练。老陈以组织者的身份加以点评："这次演习意味着什么？……因防火不当多少人失去生命，多少家庭失去幸福，多少建筑灰飞烟灭？多少……希望同学们加强自我保护意识，珍惜生命与年华！"老陈为此连用排比铺陈，即兴作赋一段，值得敬佩，于是便赢得如雷的掌声。

179

冲锋陷阵的老陈

"喂，老陈又在打球了！"听闻消息，一声呐喊下，同学们呼朋引伴、奔走相告，尖叫着奔球场而去。

我因为个儿矮挤在同学中间拼命往前扒，好不容易从人墙中探出整个脑袋。只见双方步步紧逼，寸土不让，老陈的队友夺球后一个三角短传，跳起投球，球腾云驾雾般飞向篮框。说时迟那时快，只见对手一位老师飞速冲向篮球，打算抢篮板。老陈不甘示弱，以排山倒海之势推开那位可怜的老师，如饿狼扑兔般扑向球，吼着："我的我的我的！"老陈双脚蹬地，高高跃起，一把抢过篮球，接着娴熟运球，横冲直撞，冲向对方篮筐。他撞开无数"四肢纤细，底盘不稳"的防守球员后，大喝一声："拿了！"随后跃起暴扣！"赢喽！"同学们欢呼雀跃，冲着正在炫耀"丰功伟绩"的老陈，纷纷竖起了大拇指。

幽默风趣的老陈

"同学们好！"一次，老陈一反常态，满脸神秘地走进教室，"你们知道我的'雅号'吗？"如一枚炸弹投入教室，同学们七嘴八舌地议论起来。"强哥？""风流倜傥、英俊潇洒、玉树临风的陈帅哥？"老陈统统摇头挥手，云淡风轻："No！No！No！格局小了！"同学们兴致更高涨了，议论纷纷。

"大家猜不出来，我就自报家门吧！"良久，老陈自豪地说，"熊猫！""嘁！老陈你并不胖，为什么叫'熊猫'？"老陈指着露在外面黝黑的皮肤，接着撸起袖管。哇！衣服下的皮肤竟然是雪白的！

同学们恍然，忍俊不禁，真是一个国宝，不，真是一个"活宝"！

尾声

老陈虽然是老师，但他与我们之间没有代沟，像家人一样交流，像朋友一样嬉戏。与他相处的日子里，我们的内心得到了释放，坦然接受了毕业班的重担。

陈老师，您永远是我们心中最有风采的老师！

（指导教师：李春华）

评析：不是浓墨重彩的工笔，不是大块着色的水彩油画，作者用简笔勾勒的素描技法，摘取了四个不同的角度，通过简洁直白而又形象生动的语言，来展示老陈老师多面的风采。于是，一个学生喜闻乐见、趋之若鹜的老师的形象就活在了读者面前，更活在学生当中。可以想见，他的每一个出场、每一次亮相，都能"圈粉"多多。这样的老师，就是为学生而生的，就是为新常态的教育而生的。如沐春风十里，其乐融融无穷，这样的师生关系，当是教育者的追求。

失而复得的文件袋

初一（24）班　王品诺

高人说，毕业，就是好多人和好多人的走散，好多人和好多人的相逢，好多人被好多人替代。夏末，我曾乘着热烈的风，飞进"青春"的代名词——初中校园。

相逢之一的英语老师姓徐，名字带着些她那个年代的气息。乌眉似柳叶，遇到烦心事便微微蹙起，宛若国风水墨画中绵延的青山。眼眶深邃，双眼皮似乎要陷进去，眸子里少许血色，却也难掩一方清明。瞳孔中穿透出洞悉世事的敏锐，那是班主任的特质。鼻梁玲珑地挺着，调动起了面颊的凹陷感。薄唇轻启，流水般潺潺的英文汩汩而出。清瘦的背脊衬得个子更为小巧，却也全身氤氲着别样的气质。这，就是古人所云的"腹有诗书气自华"吧。

这样的一个女老师，很难不让人感到温柔、沉稳、内敛。

第一次月考后，很不幸我的文件袋丢失了，那些载满真题的"精华"不翼而飞。回到家，我开始追悔。

"全丢了？"妈妈不可置信。

"你这丢三落四的毛病究竟什么时候能改？"爸爸痛心疾首。

"那现在怎么办？"我小心翼翼地询问，双手不自觉地拧在一起。

"能怎么办？自己打电话找徐老师，劳烦她问一下其他老师有没有看见。"爸爸无奈地皱眉，将手机扔给了我。

"啊？真的要这样？"我面露难色，嘴角撇向一边去，也蹙起眉头，将求助的目光投向妈妈。她叹了口气："只能这样，别无他法。"

我骤然间觉得，手机，此刻，狰狞地恶笑着。

或许是出于骨子里对老师的敬畏吧，我坐在沙发上为难许久。脑海中浮现出徐老师在学校时威严的样子。"不行啊，我说不出来……"

"这有什么不行的？快点啊！"父母的话给予我一种无形的压力，像一座从天而降的高山坐落于贫瘠的土地上，随后分崩离析，成为了压垮我心灵的块块滚石。

终于，忍着心里的疼痛，我拨通了那个我眼中极为神圣的电话。忙音响起，一点一点，罪恶地啃噬着我的勇敢。我闭上眼睛，不希望历经万难鼓起的勇气被单一嘈杂的忙音易如反掌地击碎。"快接吧，快接吧！"我内心疯狂呐喊着，这时居然渴望起来。

"嘟——"短暂的接通声拯救我于水深火热之中，我松了一口气。

"喂，是徐老师吗？您好！我是您的学生王品诺，打扰您了！"

听着柔和的女声从我耳边传来。"没事没事，不打扰，你的那个文件袋我已经帮你问过了，暂时还不曾有答复，再等一等吧，好吗？"

我怔了一下，心中不免疑惑，老师怎么会知道我文件袋丢失？

后来才得知是爸妈早已替我问过了，为了锻炼我才让我和老师通的电话。现在想来，不仅理解了爸妈的良苦用心，也让我认识到了徐老师新的一面：温柔，像四月的风。

"嗯，好的，谢谢您，麻烦您了！"

"麻烦就说不上了，没事的。"她轻笑了一下，宛若清泉，抚平了一颗紧张、躁动的心，也平息了炽热的夏日带给我的所有的燥热与不安。

"也没有什么嘛，何必再害怕紧张呢？放松自己吧，以后注意就是了。"

"嗯！老师再见！"语气逐渐轻快，语调上升，如雀跃的鸟儿。奇妙的感觉蔓延全身，好像有一脉炙热的岩浆渗透地幔，游历山川湖海，迸发在绚烂的火烧云之下。

挂完电话许久，那种奇妙的感觉仍如藤蔓般盘踞在心底，生根发芽，暖暖的，包裹着我的心灵。

期中考试过后，文件袋仍然杳无音讯，我也渐渐淡忘。

直到那天，做完课间操，徐老师突然叫住我："你的文件袋找到了，记得去学生处拿。"我怔了怔神，文件袋？我重启记忆，发觉那文件袋正被我搁置在心中的角落。

心脏好像被撞了一下，血液充满着活力，温暖着全身。一定是感动了吧！

相隔数月仍为学生惦记着不值一提的失物，是何等的细心与责任！

师者，青丝积霜献年华，随风入夜细无声。

（指导教师：李春华）

评析：本文没有旁逸斜出的枝枝蔓蔓，而是紧紧围绕一个毫不起眼的、失而复得的文件袋行文，在此过程中，每个人的心理、语气、神态、个性都刻画得很是到位。特别是对温润尔雅、心细如发的徐老师，作者更是不吝笔墨、以小见大，展现了她秀外慧中的品性、学生的事情再小也是事的责任感。所以，学生失而复得的，何止是一个小小的文件袋呢？这种师生间情感碰撞的小庆幸，必将如汩汩清泉般，流淌在学生生命的长河里。

我们的老班

初一（24）班　吴宸祎

软软的阳光透过洁净的玻璃窗，斜射在满是粉笔字的黑板上，静静的教室里只听见同学们"沙沙"的书写声。

她坐在讲台上，低着头批改作业，时而紧皱眉头、时而露出赞赏的微笑，间隙着抬起头扫视一下教室，一丝丝疲倦不经意地流露在她的脸庞。她，就是我们的老班——班主任徐老师。

窗外树叶在枝头摇摇欲坠，思绪把我拉回到与徐老师初次相见的那一天。

那是一个闷热的阴天，也是我第一次走进初中的教室。满头大汗的我因为在迷宫似的教学楼绕了一圈又一圈，越发地着急和紧张，看了一眼手表，心"咯噔"一下：完了，第一天就迟到了！

好不容易找到了我们所在的教学楼，走到教室门口，我深吸一口气平息了一下慌乱的心情，看到一位清瘦的中年女老师正在教室里讲话。"报告！"正在讲话的老师被我打断了，用带有杀伤力的眼神扫了我一眼。我心一紧，眼神闪躲着。"进来，坐到座位上去。第一天上学就迟到，没有好的学习态度、好的学习习惯，怎么会有好的学习成绩？"严厉的批评深深地刺痛了我，我抿着嘴、低着头坐下，心里对这位初次相见的老师颇有一些不满。

转眼间，进入初中的第一个星期在忐忑中过去了，盼望数日的星期五来了！幻想着周末可以肆意休闲、玩乐，不禁喜上眉头。但是这一切的美好，如阳光下的肥皂泡被现实击得灰飞烟灭。教室里，徐老师正在黑板上奋笔疾书地布置作业，在一片哀嚎和窃窃私语中，徐老师突然停下了手中的粉笔，猛地转过头来，挑起眉毛，瞪大眼睛，严厉的目光如锋利的刀剑般扫视过我们，同学们立即识趣地闭了嘴，教室里充斥着粉笔的书写声。

"这是本周末的作业。"说完，徐老师捧着书，带着不容抗拒的姿态走了。看着密密麻麻的作业，我心中的不满又添了几分。

窗外落叶飘落着，我的思绪也飘到了一个寒冷的下午。"嗒、嗒、嗒"熟悉的高跟鞋声又在门外响起，教室里瞬间安静下来。今天课上徐老师的步伐似乎没有了往日的轻快与活力，多了些沉重与疲惫。

"咳咳，上课！"徐老师一开口，同学们就发现了不对劲，我也是第一次仔细地观察徐老师，隔着镜片我能清晰地看到她布满血丝的眼睛，以及深深的黑眼圈，眼角的皱纹似乎也多了几许。她用嘶哑的声音开始讲课，拿着粉笔的指尖也泛着点白。讲着，讲着，她不时用手捂着胸口咳几声。我的心如同被揉皱的纸团蜷缩在一起。想着每天早上进入教室第一眼看到的就是她，每天晚上都是在她叮嘱声中离开教室。彼时的不满和抱怨竟然在此刻化成一根针扎进我的心中。

树叶落下，我的思绪也回到现在，讲台前的徐老师抬起头来，"认真写作业，不要开小差！"声音一如既往的严厉，但似乎又透出那么一点点温柔。

（指导教师：李春华）

评析：本文虽然有浮于表面，将老师写得有点公式化、扁平化的倾向，没有展现一个有血有肉、有丰富内涵和情感世界的教师，但还是引导我们关注到了一个教育（或社会）现象，即在当下社会，"老好人"式的佛系教师也许好当，而真正做一个一切为了学生着想，从严抓起，规范管理的老师，可能还有不小的难度。怎样让学生感觉到既严而有格，又疼爱有加，分寸还是要较好地把握的。

我和老曹

初二（6）班　张开妍

谁也想不到，一个忘记上课时间却还不紧不慢削梨吃的老师，竟能给我带来那么大的变化。

那次老曹记错了课，嗓子刚好有点痒，就打算在办公室削个梨润润喉。刚咬第一口，班长和课代表就来"请"了。嚼着刚入口的梨，急忙抓起语文书，风风火火奔向教室。进门的一瞬间，满头大汗，嘴角似乎还有未舔干净的梨渣，惹得我们哄堂大笑。她却不恼，尴尬地自嘲道："老了，容易忘事！不过这库尔勒香梨真甜，下课也给你们尝尝。"果真，有几个"皮厚"的，一下课就屁颠屁颠地跟着老曹去办公室了。

老曹，就是这么一个不拘小节、风趣随性的人。个子中等，眼睛细小，鼻梁上架着一副高度近视眼镜。初一与她还不是太熟时，曾在作文里这样描述她："她看上去五十多岁了，很慈祥"，还被她自嘲似的"批评"了一番。说自己刚逾不惑就知天命了，看来还是智慧催人成熟啊！

学生最喜欢作业少的老师，自然老曹就成了我们口中的"慈悲之人"。她的作业不多，但规定每周至少要写5篇随笔，真实又艺术地记录我们的生活。题材不限、体裁不限、字数不限，但不能歪曲捏造，不能矫情造作。刚开始，很多同学叫苦连天，但写着写着好像也挺快乐的，哪天不写，似乎生活中就少了点什么。不得不说，她布置的随笔属实激发了我对语文的兴趣，也让我幽默起来。有段时间意志消沉，在随笔上写了几段幼稚的宣泄丧气的文字便交了上去。当这件"至宝"完璧归赵时，上面却多出了一条诙谐的评语："有空给你瓶脉动，脉动回来！"我本以为这只是她玩梗的玩笑话，没想到不久后她竟真的宣我觐见，并给了我一瓶脉动！这样一瓶普通的脉动，被满脸通红的我紧搂在怀里时，却如获至宝般珍贵了。

之后，我由胆怯自闭变得开朗自信起来，成绩也是如我所望地提高。但最近在舒适区待久了，自满过头，成绩也一落千丈。

月考前的最后一节语文课，她请我去黑板上默写字词，我心不在焉地慢步跨上讲台，肩膀耷拉，后背微驼，左手不屑地插在口袋里，右手挑起一根粉笔，深深叹了口气，随后迈向黑板。我已经好久没有复习语文了，一些不常用、结构复杂的字词早就忘得一干二净，我忐忑不安地写完后立即灰溜溜地逃下去了。老曹皱眉，眼皮低沉地压着本就不大的眼睛，转瞬却又和蔼地笑起来，把我又请了回去，给了个自我改正的机会。当我满心羞愧地走下来，她却又趁我不备地敲了我三下脑门，像是顽皮孩子的调侃，也像是严肃长辈的训诫，一下，一下，又一下，本是蜻蜓点水的力度，这时却似沉重的雨滴叩击并冲刷着心扉。

我顿时醒悟，即刻认真起来，当晚的考试一展身手，信心满满地夺得班级第一。

现在回想起与老曹相处的场景属实不多，几次简短的调侃与鼓励却为我对语文的渴望埋下了不息的嫩芽。让我试着敞开心扉去拥抱生活！

（指导教师：曹燕）

评析： 孩子的眼睛是透亮的，他们总能发现老师的可爱之处；孩子的心灵是美好的，他们总能发现老师的闪光点。通过细腻的描写，风趣幽默、贴心仁善、负责认真、亦师亦友的老曹的形象跃然纸上。文能怡情，在老曹的情感教育引领之下，学生不把写作文当成一种负担，而是学会用进取的心态、生动的笔触记录自我的心路历程，让人称赞。

身　影

初二（8）班　叶璋颖

只有纸笔，才能记载永恒的历史；只有岁月，才能读懂师生间的一举一动。

——题记

我总会在晨光熹微，或是落日熔金的傍晚，在橙光毕现或是点点碎金时，想起那个身影，醉满了温暖，漾满了心底。

与那个身影初见的日子，骄阳似火，他一袭素衣，端坐在讲台处，厚重的眼镜下一双锐利的眼睛，面孔的线条是那样的紧绷，似乎流不出一丝温柔。

临近期末的紧张，让我们也变得没有往日的轻松。他将一张张卷子洋洋洒洒地抛在我们面前，生怕错过一分一秒，我们也只好埋头苦干。我的笔一直停留在最后一题，我一遍遍地验算着，但始终没有得到我想要的答案。草稿纸上那密密麻麻的数字，似乎在无情地嘲笑着我。我烦躁地抬起头，看向讲台上的那个低头认真备课的身影，好像世界上没有任何事情可以干扰。那一刻我的心突然安静下来，我整了整心情低下头继续努力算着。这一刻，笔好像富有了一种神力，带着我跨过了那一个一个障碍，最终在卷子上尘埃落定。原来那个身影，可以让人拥有"神力"。

"收！"那个声音震动了全班同学，有人依旧奋笔疾书，有人从容交卷，有人从梦中醒来，而我也长舒一口气。风从窗边吹来，那温柔的风就像母亲的手轻抚过我的脸，让人舒服。他收起一张一张的试卷，"六点多了，回家路上不要打打闹闹，注意安全啊！"他边整理试卷边叮嘱每个学生。这样的话他时常挂在嘴边，从来不觉得厌烦。看着那认真叮嘱的身影，我突然有一种说不出来的安心。原来那个身影，一直固

189

执地用他的方式在保护着我们。

"叶子，叶子，今天我们小组值日呀！"天哪！心中顿时凉了大半截。我们急匆匆地打扫好，一路小跑奔向办公室汇报，本以为他早走了，可办公室依旧闪烁一丝光，轻轻敲门推开，看到他微显佝偻的身影坐在办公桌前，手中一支圆珠笔在一张张试卷上飞快地划过，"报告，陈老师，打扫完了，可以检查了。"我轻轻地说，似乎害怕打扰他。

"好，我来了。"他依旧低头批改作业，声音略微有些沙哑。我瞥见他手边的一杯茶水，墨绿色的茶叶静静地沉在杯底……"走吧！"突然被打断，我跟在他后面，突然看见他背上，汗渍在他蓝色的衬衫上愈发的刺眼，将素衣分割成一块又一块。看见他摘下眼镜，抹抹脸，却毫不在意的样子，不觉让我有点心疼。

"行了，快回家吧！"他说道。我们一组听了立马背上书包，飞一般地跑下楼。"慢点跑，别跌倒了明天不能来上学哈！"他在楼上喊着，不免惹起一阵嬉笑，大家相互应着作别，我忍不住回头看，平时不显眼的教学楼，快将他的身影掩藏。他一直站在那，看着学生们离开，直到他确定我们安全离去，他才转身一步步走向办公室。声控灯在他面前一个个亮起，又在他身后一个个熄灭。那憨实的身影，不免让我想起了朱自清笔下父亲的背影。我第一次意识到，他虽然与我们没有血缘关系，却如一位老父亲一般，一年来一直照顾着我们这群孩子。原来那身影，那么的爱着我们。

此时，树叶将余晖剪成碎影，斑驳地洒在操场上，临近傍晚的太阳，留恋地牵着天的衣角，炫目的光彩遗失在时间的长河里，淡淡的余晖轻柔地将世界笼罩。人生漫漫，引渡之人，早已牵着我的手走在成长的路上。

（指导教师：宣卫东）

评析：朱自清笔下老父亲的背影让人泪目，那背影饱含着对儿子深沉的爱；文中陈老师的背影让人动容，那背影饱含着对学生深厚的情谊。文章以"背影"为线索，抒发了作者对陈老师的赞美和感激之情。全文语言流畅，行文舒展自如，耐人寻味。

金色的脚印

初二（15）班　张文景

那年，我高高兴兴地回到老家找您，咱们不顾奶奶的唠叨，欣喜地走下了刚下过小雨的绿油油的田地。

我坐在您结实的肩膀上，您双手抓着我的小腿儿，缓缓地在田埂上前行。我发觉您走得太慢，便朝你嚷嚷着："爷爷，走快一点嘛！走快一点！"您果真撒开步，但这么走了一会儿却又慢了下来，您说："这路啊，得一步一步地走，才能稳咯。"那时的我，哪能理解这句话的深奥，只记得您的语气温柔而深沉，然后索性让您把我放下来，自顾自地冲向田地撒欢儿。

旧时的记忆历历在目，一前一后，一少一老，田野就是我们的快乐源泉，我们一起看蚂蚁搬家，一起听虫鸣鸟叫，一起寻找素不相识但又与我们生活息息相关的自然界精灵……，跑着跑着，突然一个凹凸不平的土坑将我绊倒，我赶紧爬起来，回过头去找您。您疾步上前，缓缓地蹲下，用布满老茧的手擦去我脸上的泥和泪，轻松地将我高高举起，扛在您的肩上，您语重心长地对我说："路得慢慢走，每一步踏实喽才不会摔。"我懵懂地望着您，怔怔地点头。

您迈开步伐，一步一步都是踏实的，我回头看看我们走过的路，惊讶地发现，您的每一个脚印都深深地印在田地上，而我的脚印却只留下浅浅的痕迹。夕阳西下，您的影子越来越长，金色的光洒在田地上，像镀了一层金箔，您的脚印也是金色的，这是您走过这条路的痕迹。

"路还长哩，得慢慢走，踩踏实喽。"您慢慢地走着，向着夕阳，留下一串金色的脚印。

我愚钝至此，经历了一次次挫折后，终于领会了您话中的深意，这句话伴我成长，伴我前进。前路漫长，长路艰辛，每一步都是一道关，

191

要慢慢走，走踏实了，才能在过去的路上留下金色的脚印！

（指导教师：陶轶）

　　评析：爷爷在田地里留下一串深深的脚印，夕阳西下，这一串金色的脚印告诉作者一个道理：人生的道路还长，要一步一步慢慢地走。本文用轻松活泼的笔调，刻画了一个睿智慈爱的爷爷，他不但对孩子倾注了爱心和耐心，还给予了做人的道理，是作者心中温暖与爱的化身。

赏·忆·感

初二（16）班　王立璠

眼前的白纸朦胧，光线昏暗下来，橘红色光晕跳上桌台，留下痕迹，我知道，晚自习快开始了。

还有些时间，我便起身走出了教室，倚身墙边。远方的清风吹来，轻轻地拂过面庞，原已疲倦的心灵慢慢地受到了治愈，舒服了些。

此时夕阳正好，站在田中的楼中远眺，不禁与夕阳之美撞个满怀。落日滚圆，辽阔碧空一点点地染上红。从未见过如此之红，它以自己火一般的热情，烧红了半边天。紧接着，云朵从远方的血红、酡红、橙红、金黄伸展开来，与天边深邃的紫相接，承载了一整个天空的梦境。丝带似的薄云惬意自若，应是天仙醉，便把白云揉，要不何人能使这云如此舒展、肆意却不失章法呢？

落日与晚风相拥，几只孤鸟直冲夕阳中飞去。

我深深地被撼动。目光依着光芒向下，傍晚的田中，多了一种温暖的美。校园中的紫藤、桂树，原本的翠绿、浅绿在余晖中，更显幽深。树旁，是初一的教室。教室的窗格中，白炽灯光迸发出来，却在日暮时略显昏黄。有的教室窗帘掩面，有的玻璃上贴了课上防分神的书膜。那不是我们初二的楼，明明是不同年级，却莫名地相似。

仔细向里看，大体上都相同。摆放不齐的课桌，桌上东一本西一本随意躺着的书，擦得白花花的黑板上，红的、黄的、绿的大色块和几排密密麻麻的小字，是文娱委员做的黑板报。黑板下，是每个班必备的最后一排男生……

一切都仿佛和曾经一模一样，眼前与记忆重合，但也有些许不同，不禁感慨时光飞逝。

紫藤架旁，曾是我的教室。那会儿，闲暇之时，我也会倚在窗边，目光顺着向上生长的枝蔓，望着现在的教室，念叨着，盼望着早点变成初二的"大人"。当春夏之交，期末来临，一想到下学期可以升一个年级，心底就会窃喜，竟是如此的迫不及待啊。满树繁华的紫藤，诱人的花瀑、梦幻的淡紫香气、娇嫩嫩的惹人的绿叶柔枝，交相辉映……花啊！你朝着的地方，也是我心之所向。此刻是秋，我的愿望达成了，你知道吗？

一阵风过，你微微点头，是说你知道吗？你的青春谢去，没事，年轮运转，还会再来的，可我，还能回去吗？

耳边，欢笑声传来。操场中几个同学正嬉戏着，追逐着。夕阳给了他们最后的一点光辉，热情奔跑。恍惚间，他们的背后展开了双翼，伴着我的思绪，消失在操场那头。

晚自习时，天边的霞光散尽，彻底地暗了下去。54个窗格里整齐地放出白光。窗格里的学生们，一致地在认真学习，我仿佛可以想象到，他们做题时的场景，或自信，或疑惑，曾经发生在我身上的事情，将会在他们身上再次上演吧，校园的喜怒哀乐终将会再次浮现。

我站在时空交汇的地方，怎能不去回忆，去感慨呢？

求学路上，或许磕磕绊绊，一路不顺，但请记好，这条路上，有你有我，大家朝着一个方向，向着光明走去，请奋斗，亦请珍惜。

回到眼前，眼前单调刺眼的白纸文字，从未这般亲切。疲倦的身体里，流淌着新的血液，滚烫滚烫，有力地冲荡我的心……

（指导教师：钱蓉）

评析：全文清新秀逸，灵动有情。作者对景物的描写，语言简练而优美，联想则为触景生情，情景自然融合。作者的笔下，田中校园是如此美好又充满朝气活力，不禁感慨：能在这样的校园中学习、成长、奋斗，是多么幸福的事情啊！

我的"地球奶奶"

初二（16）班　蔡沈锐

"把其他的作业收起来，地理课本准备好……"闭上眼，脑海中总会浮现出那再熟悉不过的形象：不高的个儿、浓亮的头发、黑框眼镜遮蔽不住她炯炯的目光；眼角边和额上的皱纹为她平添了几分亲切和蔼。这就是我们可敬的"地球奶奶"，也是同学们可以谈心的朋友，我们初一的地理老师沈亚芳。

沈老师的课堂非常活泼生动。她声音铿锵有力，谈吐清晰，讲述知识有条有理。跟随着她上完一节课，书上总是标满了圈圈画画。她尤其喜欢以直观的方式表现地理事物，让同学们一目了然：她将课桌比作平原，讲台比作高原；她将两只拳头并拢，当作地球给我们讲述经纬，引得大家哈哈大笑……地理本是枯燥乏味的，但经沈老师讲述，我们总能感知领悟其中的趣味，愿意去努力学，用心学。

初识沈老师，她有一种可敬而不敢亲的威严。一次偶然的机会，我与她有了近距离的交流。那天，说好要收的地理练习册被我落在了家里，眼看着周围同学都交上去了，我心中很忐忑，沈老师对此一向严格，我可不敢开口跟老师去解释。两天后的那堂地理课，沈老师把册子发了下来，"这次作业完成情况不错，但仍有几个同学未交……"我心里咯噔一下，所幸老师没有点名，这堂课一下课我就急匆匆跑上前去把册子交给了老师，并说明了情况。沈老师温柔地笑着说："我就说嘛，没交作业的人里面怎么会有你呢？这次算你过关，下次一定要记得检查带齐作业。"她边说边在册上批改，给我评了个A+，我谢过老师，回到位置上，愣了好一会儿：沈老师竟那么信任我！从此，我的作业再也没有忘交过，我对沈老师的认识也更进了一步，我与她的交流也多了起来。

偶尔挑灯夜战，第二天上课时会疲倦犯困。一次地理课上，我竟不知不觉地睡着了。同桌把我摇醒，恶作剧地骗我说："快起来，老师点你回答问题！"我立马清醒，噌的一下起立，但结果都可以想象了，我就这样站在那里出尽了洋相。这时，沈老师扶了扶眼镜，"坐下吧，蔡同学睡着了，我不怪他，我知道他能考好。"我红着脸低头坐下，惭愧极了，随后半节课，我认真地听讲，一丝不苟地做笔记，再无半点马虎。沈老师的这次包容，比任何批评惩罚都有效，这样的教育不仅警醒了我，还给了我学习的激励，让我终身都难忘。

现在沈老师不再教我们了，但是我难以忘记沈老师，难忘她平时的细心温柔、上课时的风趣生动，难忘她对各位同学的关怀与帮助，更难忘她对于我的信任与鼓励！沈老师，是您让我喜爱上了地理这门学科，使我养成了良好的学习习惯，让我有动力奋发学习。感谢您，敬爱的"地球奶奶"沈老师！

（指导教师：钱蓉）

评析：这篇文章像一条徐徐而流的小溪，清秀流畅，娓娓道来。教师对学生的一个鼓励的眼神、一句信任的话语、一个能引起共鸣的表情，都有可能使学生受到莫大的鼓舞，增添无穷的勇气，让学生铭记一生。文中的沈老师就是这样一位有大爱的、让人钦佩的老师，对学生晚交作业时的信任，对上课打瞌睡时的包容，都比疾风骤雨的批评更有人情味。

窗　外

初二（17）班　李彦源

如果心灵是扇窗，青春期就是镶嵌其上的玻璃。窗内是我的内心世界，窗外便是那美丽的广阔世界。

手中的笔不停地转着，黑板上粉笔沙沙作响，老师正在生动精彩地讲解，而我的目光却逐渐迷离，思绪又回到昨晚。

"你们根本就不了解我！"一声咆哮，一记摔门，空气肃然沉静。又一次争吵，地板上溅起朵朵泪花，门外传来了声声叹息和焦急的踱步声。我又做错了什么？为什么就不理解我？我苦闷，我不解，思绪无序地乱着。

突然，一阵清风从窗外吹来，我睁开迷蒙的双眼，却与老师目光相撞。她皱了皱眉头，继续上课。

下课铃声响了起来，老师向我招了招手，我心头一惊，忐忑不安地走了过去。"你最近似乎不在状态啊！"老师看着我，亲切地问道。我迟疑着，没敢说话。老师若有所思地望向远方，然后低声地说道："你去六楼的楼梯口等我。"我不知是何原因，但也只能往上走去。

"我又做错了什么吗？是上课走神？是作业潦草？还是……"背后传来了脚步声，我握紧了手心满是汗水的双手。老师走到我的近旁，轻轻拍拍我的肩，说道："你看看这扇窗外的世界。"我顺着老师的目光望向了面前明亮窗户的外面，白的云，蓝的天，红的花，绿的草，外面世界的美景透过一尘不染的玻璃，被映照得分外美丽，我不禁放松了许多，心里也舒坦多了。

"你再过来看看这扇窗外的世界。"顺着老师的方向我看到了另一扇窗户，灰尘和各种污渍布满了玻璃，即便看向那耀眼的朝阳，也无法看清轮廓。更别提窗外的美景。我皱紧了眉头。

第三章　他是我们的光芒

　　"每个人都有青春期，青春期就像这玻璃，如果每次的不愉快不尽快拂去，就会像这扇玻璃上的污渍，而站在里面将看不到外面的世界。你是个聪明的孩子，你应该知道应该选择哪扇窗户。"我沉思些许，突然恍然大悟，青春期的每一次争吵、争执、焦虑就像这些污渍，如果不加清扫，那么长此以往，将像这些污渍一般彻底覆盖我的心灵，我将看不见窗外的阳光，看不见窗外的美景。每次抱怨别人不了解自己的时候，自己又是否换位思考去理解他人？每次不开心的时候，自己是否能尽快调整心态，而不是去指责他人？每次焦躁不安的时候，自己又是否可以静下心来去思考问题所在？是啊，毫无疑问，我要选择那扇明亮的窗户！

　　这时，一束阳光透过那扇明亮的窗户，照了进来，将楼道照射得分外明亮，我望向老师和蔼可亲的脸，一扫心头的愁绪，露出了自己久违的笑容。

　　"谢谢老师，我懂了！"

（指导教师：钱蓉）

　　评析：谁的青春不迷茫？谁的年少不轻狂？面对叛逆的少年，老师的教育"润物细无声"，用情感去化解学生心中的寒冰。以"窗户"作喻，让他明白要及时消除负面情绪，才能张开双臂拥抱窗外明媚的阳光。老师就是一束和煦的光，照亮学生灰暗的内心世界，引领学生去追寻梦的方向。

心灵调剂师

初二（17）班　王诗懿

踏着那年九月的秋风，怀着理想，带着曾经优异的成绩，我来到通城求学。

太阳高挂在天空，泼洒着光芒。那天是报到的日子，怀着激动又忐忑的心情，我将去面对那些我从未见过的面庞。穿行在人群之中，有的同学高昂着头颅，炫耀着他们骄傲的成绩，我自满的心此时却成了一块易碎的玻璃。

进入初中后，繁重的课程让我感受到前所未有的压力，作业一天天增加，难度越来越大，枯燥的学习生活让我渐渐地丧失了信心，曾经的理想已经偏航。慢慢地，我开始上课走神，作业也是应付了事。

一次英语课，我沉浸在自己的世界中。忽然一道响亮的声音叫了我的名字，我不知所措地站起来，茫然地望着黑板。见我未答复，马老师冷冷瞥向我，说："你没在听课吧？下课到我办公室来一下。"我慌忙坐下，后半节课都在思索着如何面对。

下课后，我紧张地走进马老师的办公室，来到她面前，小声地说了句："马老师，对不起。"马老师闷头改着作业，指着一边的凳子说："没事，坐。"我静静地坐下，等待马老师的指责。意料之外，马老师并没有批评我。她放下笔，语重心长地对我说："我看过你的学籍卡，你是外地来求学的学生？"我点了点头。"作为班主任，我这几天一直在关注着你，你是一个优秀的孩子，入学测评做得也不错，但是你这几天的学习状态都不好，既然从那么远过来，就肯定是想来学习的，但是你就想止步于此吗？"我摇了摇头。"这样的话，你就得先摆正学习态度。你三门课的基础都很扎实，学起来应该很轻松，如果认真听讲，多加练习，成绩也会很拔尖。"我郑重地点了点头。

回教室的路上，我反复品味着她的话，心中荡起阵阵涟漪。对啊，学习本来就不难，不过我把它当成一种负担，如果卸下这个包袱，学习也许会很快乐。

后来马老师还找过我很多次，无论学习还是生活，她都会关心我。午餐时，她会提醒我们多吃点；放学后，也会提醒我们路上多注意安全，晚上早点休息。在马老师无微不至的关心之下，我的成绩逐步提高了。

马老师，您是我的心灵调剂师，每当我被现实击碎了心，您总会出现在我身边，为我疗伤，带我走出阴霾，让我走向阳光。

（指导教师：钱蓉）

评析：老师如何才能当好学生的"心灵调剂师"，为学生树起一块人生路上的指向标呢？马老师做了一个很好的示范。老师的爱永远是一剂慰藉心灵的良药，撒播在每一位学生的心间，像丝丝暖流，温暖感怀，历久弥新。

怀　疑

初二（19）班　张育

进入中学以来，我遇到了许多新老师。他们有的严肃认真，有的深谋远虑，还有的和蔼可亲……但，一位老师对我的怀疑，却让我最是难以忘怀。

体育课时，天空有些阴暗，像是掺多了水的墨汁一般，风在操场上肆虐。跑步时，同学们谈笑风生，推推挤挤，一个个好不快活。体育老师的脸也似蒙了一层乌云，黑沉沉的。见状，大家停止了打闹，乖乖站好队，用眼角偷瞄了一眼老师，大气也不敢出一声，这下一顿批评是不可避免的了。

果不其然，体育老师那阴冷的目光扫过我们，如 X 光一般都能把人看个透，他冷冷地说："刚才说话的人站到前面来！"所有人面面相觑，磨蹭了好一会儿，才有几个"老大爷"走上前。操场上的风慢慢变大了。

"你也说话了。"一声指控传来。我愣了愣，才意识到被指控的人是我。我急忙反驳："我没有！"我说的可是实话，我自认问心无愧。"好像说了吧。"同学又是一声。我急了，连连否认。

"你有没有说话？"眼看事情僵持，老师看向我，怀疑地问道。"不……我没有！"我看着老师，涨红了脸，慌张与被怀疑的愤怒一齐涌上心头，让我不安起来。"真的？"老师挑起眉毛，一双深邃的目光如老鹰一般直勾勾地盯着我。我感到背上一阵寒意，明明问心无愧，此时却结巴起来："没……没有。"老师默默地看着我，良久，他才说："做人，诚信为先。诚信是一个人的立身之本，人要敢于承认错误。有，就承认；没有，也要敢于否认。像你这样畏畏缩缩，只会引来更大的怀疑，再者，这又有何阳刚之气？"我低下头，内心漾起一阵波澜。

我深吸一口气，用力地摇了摇头，用坚定的语气大声说道："没有！"其他人此时也相继帮我作证。最开始质疑我的那位同学也一副若有所思的样子，小声道："也可能是我听错了。"老师点点头，露出了笑容。此刻，风悄悄地停了。

直到现在，体育老师的话依旧时常在我的耳边响起。正所谓"身正不怕影子斜"，面对误解，不争吵，不畏缩，这样，才能消除怀疑，证明自己！

（指导教师：唐晓义）

评析：要做到清者自清，坦然面对他人的怀疑，不争吵，不畏缩，这需要足够的勇气。文章中的体育老师就给作者上了一堂生动有效的勇气之课。教师对学生的情感教育应该是渗透在课堂教学的点点滴滴里，用耐心真心关爱学生，用积极饱满的情绪感染学生，用高尚的人格魅力影响学生。

一路风雨，感谢有您

——给严莉老师的一封信

初二（18）班　张嘉凝

敬爱的严老师：

　　您好！

　　时光匆匆，转眼间我们从稚气未脱的初一走到了开始懂事的初二。回首过去的一年，我只想说："严老师，感谢有您！"

　　您认真负责，见多识广。作为数学老师的您，一度让我怀疑您是不是其他课目都能教。数学课上您总能把复杂的公式定理讲得简单透彻，我们一听就会，原本对数学有些惧怕的我，现在越发觉得数学也是一门可爱的学科。班会课上您侃侃而谈，从国内热点到国际形势，从学习方法到心灵沟通，您煞费苦心地请来了您前几届带过的优秀学生，让他们来和我们分享从初中到大学的学习经验和心路历程，那次的分享让我对以后我想上的大学有了憧憬，有了追求的目标。寒暑假您也紧盯我们的学习生活，督促着每个同学都要按计划完成作业，多拓展，多读书，多锻炼，还布置生活作业——学烧菜，于是开始了我第一次手忙脚乱的烹饪经历……这一切一切都是我们宝贵的财富。

　　您气场超凡，雷厉风行。每当您靠近教室甚至只是路过，教室里总能从各种杂乱喧闹的状态立马恢复到安静有序的学习中。平时的您从未高声训斥过我们，总是语重心长地教导，和我们交心。您仿佛就是我们班的定海神针，只要有您在，我觉得没有什么困难是不能解决的。

　　您严爱有加，循循善诱。记得初一的一堂生物课，我无视课堂纪律，悄悄地聊起了天，没想到这一切都被窗外路过的您看在眼里。课后您立马找到我，非常生气地说："作为班长，你怎么做表率？是不是老师讲的内容你都会了？你这样做对得起老师的付出吗？"我从未见过如此生气的您，既害怕又惭愧，眼泪不停地往下掉。面对您的质问，我哑口无言。回家后我避重就轻地告诉了妈妈这件事，可没想到您还打电话来"告状"，却又叮嘱妈妈不要再责骂我了，当时的我恨不得找个地缝钻进去。那一夜，我辗转难眠，不知道如何去面对您。第二天您又找到我，和我推心置腹地沟通，我暗暗下定决心：一定要更努力，决不能辜负您对我的良苦用心。

严老师，感谢有您！那些别开生面的活动，那些带病上课的担当，那些训斥和开导，那些关心与安慰，我们都一一铭记着，感恩着……我相信，接下来的初中生活有您的支持与陪伴，我们一定能够披荆斩棘，迎来胜利的曙光，铺就人生的辉煌！

此致

敬礼!

您的学生：张嘉凝

2021年11月16日

（指导教师：黄希希）

评析：纸短情长，几行言语道不尽对老师的欣赏和感激。时光静好，细水流年，在初中三年中，有这样一位见多识广、雷厉风行、严爱有加的老师相伴，是多么让人欣羡。"爱"的教育是具有感染力的，当老师用真心去对待学生时，学生也会付出更多的努力。文章条理清晰，言之有序，语言质朴流畅，感情真挚动人。

说她的故事

初二（19）班　葛欣琳

她，是我们数学课的马老师。

马老师一头短发，显得特别干练精神，端庄的镜片后是睿智有神的双眼透露着坚毅，走起路来步伐轻快。她在学生面前不苟言笑，思路清晰，书写快速，带领我们一步步迈向数学的巅峰。

我对她又是敬重又是害怕。她讲题利落，精神抖擞，不会轻易表扬一个人，但只要看到我的不足之处，她一定会严厉指出，这使我在数学这方面从不敢怠慢。

记得初一的那段日子，由于刚接触几何，我相当迷茫，一窍不通，小测一连考了几次都不理想，名次倒退。马老师意识到了，将我带到办公室约谈。她一页页翻开我的作业，满是红叉叉。她眉头一皱，平息了一下："你几何学不明白吗？"我吓出一身冷汗，支支吾吾地说："有一些吧。"于是，她二话不说，将我错的题目一一讲评，语速慢了很多，有的地方甚至动笔做记号，眼里少了份责备，多了份耐心。我的心慢慢平静，仔细聆听，心里暗下决心，一定要学好几何。

接下来的小测中，我的成绩终于有了些起色。但马老师认为，仍不够好。于是，只要一有空，马老师便自告奋勇帮我们答疑，常常一讲就是一个多小时，虽然已是汗流浃背，但那握着粉笔的手却从未停止书写。上马老师的课一点也不能分神，她节奏紧凑，经常喊人回答问题，若不认真听，往往回答不上来，便只能尴尬悔恨，因此我听课效率格外高。

终于，我期末考试取得了不错的成绩，大家都很开心。那天艳阳高照，窗外的蝉鸣撩开了同学们的心房，一贯严肃的数学课堂也开始有了一些小骚动，我们都翘首以盼马老师的表扬，可马老师仍是一脸的镇定，波澜不惊地说："虽然这次考试不错，但我们班数学仍有进步空间，下学期还需努力。"同学们相视一笑，唉，还是原来的马老师。

马老师虽严肃，但她也常常带给我们欢笑；老师虽严厉，但她的出发点是为我们好。我不是诗人，不能用华丽辞藻来形容老师；我也不是画家，不能将老师的美好形象用彩笔描绘出来；我更不是音乐家，但是我却想高歌一曲来表达对老师的敬佩。

这就是我们的数学老师，她平时的严厉和严肃，有时也给我们带来意想不到的收获！

（指导教师：唐晓义）

评析： 数学老师的身上往往贴着"严厉""不苟言笑"的标签，但学生深知，学数学最重要的是清晰的思路和严密的逻辑。给孩子最好的教育不是说教，而是以身示范。马老师用严谨认真的教学态度、不自得自大的淡然，潜移默化地影响着她的学生们，"严"的背后亦是暖暖的"爱"。

她是我们的光芒

初二（19）班 钱奕杰

又到了班会的时间。广播校会结束后，班主任对班级一周的情况作了点评。她先是批评了W同学，因为有许多老师和同学都反映他上课交头接耳。我长舒一口气，因为我终于可以安静地听课了。

"钱奕杰，你站一下。"我心头一紧，被这突如其来的命令给吓住了。旁边的W同学正幸灾乐祸地朝我坏笑。我一脸茫然地站了起来，只见老师把眼睛瞪得滚圆，嘴角紧绷，平时脸上和蔼的微笑早已烟消云散。"你知道W同学上课交头接耳吗？"我点了点头，正准备回答，却被她抢着说："那你为什么不告诉我？你身为班委，也是W同学的师父，为什么不制止他？还要等老师和别的同学来告诉我，你还是个称职的班委吗？"她像连珠炮一样把话说完，不容我有辩解的机会。我压住脾气平静地说："我提醒过他。""提醒过？那他怎么还说话？""我怎么知道他要说话呢？我再也不管他了！"我终于忍不住了，顶撞老师的话脱口而出。教室里的空气一下子凝固了起来。同学们都看戏似的用眼珠轮流盯着我和老师，我的眼泪甚至从眼中沁出了，只看见眼前的灯光在闪烁。我擦干泪，却听见了笑声，原来是老师她"噗嗤"一笑，说："你下课到我办公室来一下。"

其实，那句话说完后，我就有些后悔，我不该这么顶撞老师，特别是她的笑让我十分尴尬，但泼出去的水，收不回来，我盘算着怎么向老师道歉。

我惴惴不安地轻轻敲了一下办公室的门，"进来吧！"这柔和得没有一丝棱角的声线让我不再紧张。"对不起，老师！"一阵微风吹过，拂过我的脸庞，也带来了她的笑靥，她拍了拍我的肩膀："没关系，其实我知道你一定提醒过他，我只想让你多管管他，他其实人还挺好，你帮帮他，也就是救了他。"我点了点头。她又说："其实你也很不错，就是性格太较真了，你以后也要改一改。"我轻舒一口气，窗外阳光闪烁着迷离的光点，跳跃着。

其实她无时无刻不在关心着我。刚当班委时，我总是告人状，得罪了很多同学，许多同学举报我，她总是选择相信我，坚定地支持我。如今我对班级管理稍有松懈，她就以这种方式来纠正我的错误。

她就是这样关心每个同学，把情感投注于班级管理中，如同冬日暖阳，光芒耀眼，温暖了我们的心。

（指导教师：唐晓义）

评析：文中的"我"向来乖巧认真，面对老师突如其来的指责，一时间情绪崩溃，顶撞了老师。而老师温和的话语、如暖阳般的笑靥，让"我"心生愧疚，明白了老师的良苦用心。教师心中有爱，才会使学生感受到学习之乐，感受到互帮之爱。在充满爱的校园中，我们才会有幸福感。

下课铃，别响

初二（20）班　展佳怡

请记得那些对你好的人，因为他们本可以不这样。

——题记

下课铃，你别响！

老师的批评是严厉的，在全班同学面前批评更是让人难堪的。我面红耳赤、无地自容，仿佛全班的目光就像箭一般射向我。

只见她缓缓走来："下英语课后来我办公室。"那犀利的目光令我避之不及，我顿时哑了嗓子，垂头应答。此后的英语课，我心无所归，眼睛盯着黑板，却眼神空洞，看不清字，记不进心。我前所未有地期待下课铃声别响！

"叮当，叮当……"四遍铃声，四次反复敲在我心上。拖着千斤重的脚步走出教室，一步一响，一步一颤……

来到办公室前，我迟迟不敢进去。忐忑、观望、徘徊。她一转头，我一闪，真希望此刻隐形。

正当我犹豫不决时，一阵下课的人流把我推了进去。她抬起头，对上我的眼，微笑着说："来啦。"突如其来的笑容令我呆若木鸡。站在那，双手紧紧攥着衣角，进也不是，退也不是。

"别紧张，我找你没什么，刚才在班里说的话别太在意。那是我对你的一种保护。你总是太沉默，好学生要多方面发展……"我稍稍弯下腰，双手扶膝。她握着我的手，轻轻摩挲，轻声细语道。

她抬着头，真挚的目光注视着我。

"你啊，就像一壶九十度的热水，已经够热了，却总少一把柴。我不是对你失望，是不甘啊！"此时的我心里一颤。"九十度的水"、

第三章　他是我们的光芒

"不甘"，从未有老师对我说过的这样对的话！她只教了我半年，竟如此懂我，为我不甘。她的话仿佛拨开重重迷雾，敲打着我的内心，敬佩、感动、感激！

"好了，我希望你好好想想我说的这些话。要上课了，你快回去吧。"她拍了拍我的肩膀，将我送到办公室门口。

"曹老师再见！"踏出办公室那一瞬间，我脚步轻快。仿佛驾舟于那一汪碧潭之上，拨开浮萍，俯视潭底，内心澄澈空明。上课铃声化作船头那一挂风铃，敲扣着她的一字一句，一步一想……

遇见她之前，我从未想过：一位陌生人有朝一日会像母亲一样，说出的话语令我醍醐灌顶、如沐春风。我已然记得她的好，一直一直……

（指导教师：范存秀）

评析：文题新颖别致，引人入胜。"下课铃，别响"其实是作者内心对老师敬而远之的心理折射，这种内心活动又和后文中老师的"懂我"相呼应。师生之间的情感，总是会因为一件微不足道的小事而发生变化，因为老师的"懂"，作者对老师的态度从敬畏转变成敬佩，这就是成功的情感教育。

那些温暖的瞬间

初二（20）班　曹奕曈

富有温度的话语、动人心弦的瞬间、细致周到的陪伴……步入田中，遇见温暖，遇见你——我亲爱的"老班"！

"静！"

初阳东升的清晨，教室里光影斑驳。我曲臂半枕，嘴角一张一合。盯着课本上的油墨痕迹，无神、空洞。脑海中浮现的正是昨日偷看的电视剧。

恍惚间，像是你的手轻搭我的肩。"心要静！"一句温柔又不失坚定的话语，在我的心湖荡起涟漪，揉进躁动不安的空气，警示着蠢蠢欲动的我。不觉跟着默念，仿佛听见旖旎的秋色敲击心房的声音。转身，你的柳眉微蹙，眼神中透出庄重与严肃。

重又坐端正，与白纸黑字努力斗争。风很轻，话很柔，那个清晨，我浮躁不安的标签，是你为我亲手撕下。

"稳！"

阳光灿烂的午后，燥热扑面而来，浓烈如酒，让人微醺。我桌上摊着的习题集，花花绿绿、密密麻麻。错题整理在我早成了一种负担，沉甸甸而又无可奈何。眼神不禁游离，笔从指间滑落，与地板碰撞出清脆的声响。

朦胧中，有人轻轻将笔拾起。

"稳住啊！"熟悉的声音让我一激灵。抬眼望你，你上身微倾，双眸蕴满能量，目光中写满沉稳与执着。

霎时间，午后的萎靡荡然无存。

211

我晃晃脑袋，逐字逐句整理。迎面撞上你欣慰的笑靥，心中一片空明澄澈。那个午后，你让我顿悟：脚踏实地，方能到达星辰大海。

"冲！"

暮色低垂的黄昏，倦鸟归巢，夕阳好似甜橙在西柚汁间浮动。

沉重的脚步声回响在耳边——每学期例行的中长跑测试正在进行。咸咸的汗水从额际滑落，至鼻尖、至嘴角、至脖颈，直至摔落在地上。放弃的念头魔鬼般缠满了我的全身。

"冲上去！"你的声音在耳畔响起。扭头望，只见你冲到跑道外侧，向我挥舞着双臂。口中喘着粗气，黑色发丝飘散，脚步却努力不停。这声音虽不大，却十分有力！回荡在跑道上，萦绕在夕阳下，震撼着我的心。

身体依旧疲惫，灵魂却被唤醒。我咬紧牙关，指甲在掌心印下一道道痕迹，向前、向前！那个黄昏，我铭记，你教会了我无问西东，只争敢勇。

宁静踏实、无畏致远，你的谆谆教诲中，真意已然悟出。

瞬间很短，只在眨眼之间；温暖绵远，远得能镌刻在我的生命里，伴我一路奋勇前行……

（指导教师：范存秀）

评析：文中细致描写了三个温暖的瞬间：晨读时心浮气躁，老班轻搭我双肩，让我做到"静"心；午后整理错题时毛毛躁躁，老班拾起我掉落的笔，让我"稳"；黄昏时长跑测试想要放弃，老班冲到跑道外侧，对我大喊"冲"。瞬间很短暂，但温暖的师生情谊却可以深藏心底，难以忘怀。

那抹微笑

初二（20）班　何雨涵

广播操结束，距离下一节课时间还早。

我犹豫着要不要去问许老师题目，老师的批评声却在耳畔响起。好不容易被同学劝到办公室门口，推开门帘，只见办公桌上摊着杂乱的试卷，埋首工作的正是我们的许老师：深蓝的羽绒服，稀疏的头发泛着灰黑的光泽。

我鼓起勇气，悄声走近："许老师。"许老师抬起头，冲我微微一笑，眼角的皱纹肆意泛滥着。我瞬间没有那么拘谨，背在身后的手取出题目，轻声地说："这道题我不太懂。"

许老师接过题目，只看了一会儿，红笔就在纸上来回飞舞："先因式分解，移过来……"时不时停顿一下，让我跟上。随着许老师的讲解，我不由自主地点着头。那一条条红线如温暖的篝火，融化了心中的冰霜，温暖了我的心灵。

一题终了，笔尖戛然而止，许老师仰起头，嘴角微微上扬，泛起一个优美的弧度。我分明看见，那幽深晶眸中的一星火光。

斜阳洒在橙红色的教学楼上，透过半开的纱窗，拂在面庞，如黄油般酥酥麻麻。您的那抹微笑，掸去了我心中的恐惧，激励我迎接阳光……

夕阳如饮醉了酒的老翁，泛起酡红的面庞，笑望着这师生和谐的景致。

初见许老师，总以为他十分严厉。哪知他饱经沧桑的外表下，还藏着一颗"童心"。总在我们疲劳之际讲些笑话，逗得我们捧腹大笑。

同学们也爱抱怨，觉着许老师爱占课。殊不知抢一节课的背后，是他自己45分钟的"罚站"，殊不知一项作业的背后，是夜以继日的批改；殊不知一课时的背后，是无数次的备课、试课……

许老师用他粗糙的大手，挥动着粉笔，书写着人生华章，陪伴着我们的成长。那抹微笑，印在我的脑海中、融入我的血脉中。带着那抹微笑，我学会了从容面对生活，坚持、坚定地向前、再向前，拔节生长……

（指导教师：范存秀）

评析：文章以许老师的"笑"贯穿全文，表现他饱经沧桑的外表下，却深藏着一颗柔软的心：为学生细致耐心地讲解题目，乐于给疲惫的学生讲一两个笑话，不计回报地多上一些课……许老师带着那抹笑意，丰盈了学生的内心，温暖了他们一个又一个春天。

初　春

初二（21）班　曹煜程

"海日生残夜，江春入旧年。"飘雪之后，春天还会远吗？

——题记

　　孙老师是我们的班主任，稀疏的头发整齐地向后梳着，强壮魁梧的身材看起来像个健身教练，显得格外精神。

　　记得初一刚开学，孙老师一进教室门，我们就被他的外貌"唬"住了，用"不怒自威"形容正合适，我心里盘算着：这么一个魁梧彪悍的老师做班主任，今后三年有罪受了。也许是第一次遇到男老师当班主任，我心里挺紧张，不敢正视他的目光，也不愿回答他课上提的问题。

　　就这样，孙老师外表威严、凡事认真、关注细节的特点，被我用放大镜无限放大，而他治学严谨、幽默风趣的优点则在不知不觉中被过滤了。我和孙老师就像相遇在冰冷的严冬，都走不进彼此的内心。

　　开学后的第一个月，我学习上拖拖拉拉，跟不上初中的快节奏。盼着和同学们一起进步，差距却越拉越大，成绩一落千丈。第一次月考我在班级的排名一下子就沉到了三十几名。我慌了，对学习、生活的热情，凉了一大截儿。

　　出分数后的第二天，孙老师请我去他办公室。听到这个消息，我不禁想到了他犀利的目光、严肃的面庞。在走去他办公室的路上，我都把心提到了嗓子眼。冰冷的风刮在脸上，都感觉不到冷，手足无措地走进了老师的办公室。孙老师招手示意我过去，虽然人比较严肃，但面色温和，仔细了解了我学习上的痛点，向我介绍了一些好的学习方法……孙老师嘘寒问暖的一席话，润物细无声般地温暖了我的心田，帮我重拾学习的信心。其实，孙老师一直都是用他独有的语言和关怀，感染着我们

第三章　他是我们的光芒

215

班的每一个同学，让我们在不知不觉中心生敬意，在不知不觉中拉近了我们情感的距离，我们也更加深刻地了解孙老师了。

此时，春天已悄无声息地来临了。

白驹过隙，我们一路潇洒地走过了寒冬，走到了阳春，从害怕到钦佩到崇拜，孙老师用自己的人格魅力驱走寒冬，用他的春的气息温暖着每个学生的心田！

（指导教师：孙兵）

评析：文中的"初春"既是指作者学习上收获到的新知识，也是指和班主任孙老师师生情谊破冰之后，迎来的新希望。作者一开始以貌取人，看到孙老师身形魁梧、神情威严，就对他敬而远之，但孙老师最终凭借自己的人格魅力，融化了学生心中的坚冰。爱，是教育最生动的语言，教育有爱才更"暖"。

心中最耀眼的光

初二（21）班　钱奕昂

每天在学校中最希望看到的，不是同学，不是朝夕相处的好兄弟，而是您，孙老师。您一直发着光，世界上最耀眼的光。

记得刚上初一，走进陌生的班级，您正襟危坐于讲台之上，眼神如鹰爪一般直勾勾地刺进我这个第一天就迟到的学生心里，让人望而生畏。我上下打量着眼前这个威严的男人，一股压迫感迎面而来。

从小学到现在，几乎所有的老师对学生都有着"居高临下"的态度，和学生们之间只有僵硬的师生关系。但我们都觉得，您不仅是我们的老师，更像是我们的朋友。您很谦逊，从来没有用盛气凌人的语气和我们说过一句话；您很严格，要是谁犯了错，您会把他"请"到办公室，不厌其烦地给他讲着道理；您很慈爱，我们都知道您有一把戒尺，但同学认识到自己的错误后，您只会用戒尺对他的手心轻轻地"击"一下。

相对于"寿镜吾"，您更像"卓别林"。几乎每一个午餐时刻，您都会如约而至，给我们本来枯燥的生活加点调味剂。每天都是同一时间、同一地点、同一人物，在讲台上来回踱步，您总有讲不完的话题，有时是国内外时事，有时是自己过往的经历，有时是校园见闻，从您嘴里娓娓道来却是生动有趣，同学们都喜欢午间的这段闲暇时光。我知道这是您的别有用心，你希望给我们半天紧张的学习释放压力。

但我们都没有想到，堂堂七尺男儿也有温情细腻的一面。记得第一个寒潮来临，您多次在班级群里嘱咐爸爸妈妈们，记得给我们及时添加衣物；每次体育课结束后，有个别男生会大汗淋漓，您在班级群里多次关照爸爸妈妈们，给我们多带一件可以更换的衣服，以免着凉；还记得夏末秋初，蚊虫疯狂叮咬，您同样在群里提醒爸爸妈妈们给我们随身带

217

上驱蚊喷雾，以备不时之需。

记得您在今年教师节发过一条感人的朋友圈：每个教育工作者要牢记两句话"假如我是孩子，假如是我的孩子！"换位思考，来选择适宜的教学方式。每次考完试，您都会第一时间把每个同学的考试情况和家长们分享，因为您也曾是一位初中生的家长，可以设身处地想家长所想，急家长之所急。

孙老师，您笑过，失望过，担心过，我们每个人也都被您批评过，但我觉得，您就像是北斗星，指引着我们前进的方向；您更像是阳光，照亮了我的初中生涯，温暖了我的校园生活。

（指导教师：孙兵）

评析： 一枝一叶总关情，有爱的教育会温暖一个世界。孙老师感情细腻，工作细致，于细微之处展现出"铁汉也柔情"。作者在文中细数孙老师令人感动的若干件小事，初读平淡，实则有情感温度，是满含温情的。

一路有你，春风十里

初二（21）班　圣开颜

"桃李芬芳满天下，传道授业解惑人。"在成长的道路上，遇到了困难与挫折，是谁温言劝慰，引领我们走出黑暗？在懈怠不前时，是谁厉声训诫，点醒懵懂少年？是老师！在步入初中生活后，我就遇到了一位特别的老师——班主任孙老师。

孙老师是一位拥有教育智慧的老师。记得有一次，学校开展"家长进课堂"活动，在活动前一天，孙老师把我喊到办公室："明天的共创课，你来主持！"我瞪大了双眼，不可置信地指了指自己："我？"孙老师直视我的眼睛，郑重地点了点头。我满心惶恐，以往的活动都是老师筹备，我没有这方面经验，要是出了什么岔子可怎么办？

第二天，我鼓起勇气走上讲台，尽管起初的声音有些颤抖，尽管活动进行得比较平淡，但已经是我的一个巨大进步了。在我宣布活动结束时，突然发现离下课还有十多分钟的时间。我的心咯噔一下，最后，在凝固的气氛下，我尴尬离场。这时，孙老师来到我的身边，我埋着头，羞愧得不敢直视他的眼睛，生怕看到的是无尽的失望，可预料中的"暴风雨"并未出现，孙老师只是低低地提醒："下次不能再出现这种情况了，以后组织活动事先要充分准备……"霎时间，我的内心如春风拂岸，一片温暖，我一下子明白了孙老师的良苦用心：想让我不断提高个人能力，胜任班长这一职位。感激、愧疚、感动……无数感情汇聚成波涛汹涌，涌入心海，久久不能平静。望着孙老师那双饱含殷切期望的眼睛，我终于明白了一切。润物细无声，老师就像春雨，将他对我们的满腔爱意与期待化成晶莹的雨滴，滋润着我们茁壮成长。

孙老师还是一个关爱学生的好老师，他对学生们的每一份关爱，都融入了一举一动中。那是深冬的一个清晨，在肆虐的寒风中，我戴着检查用的红袖章瑟瑟发抖。这时孙老师走过来了，我忙不迭地给老师打了个招呼，他笑着回应。"书包给我，我来带上去吧！"孙老师温和的声音响起，我还没来得及感谢，老师就已经背着我的书包远去了。望着老师的背影，我的嘴角高高扬起，内心满是暖意。

老师是和煦的春风，老师是冬日的暖阳，我会以最坚定的信念，奋力奔跑在成长的尖石路上，即使鲜血淋淋，也无所畏惧，因为一路有你！

（指导教师：孙兵）

评析：漫漫人生路，老师是成长道路上的领路人。因为"一路有你"，所以才有勇气奋力奔跑。作者详略得当地叙述了孙老师对他能力的培养和对他生活中的帮助，让他能鼓起勇气不断挑战困难，成为更好的自己。

给予春天

初一（12）班　何奕潼

当我走向你的时候，我原想收获一缕春风，你却给了我整个春天。

——题记

刚进初一，还有些许不适应。初中的快节奏催得我有些喘不过气，迷茫、彷徨、无助、压抑……这些负面情绪像潮水一样向我涌来。这时，你就像一束阳光照亮了我，为我灰暗的生活添上了温暖的亮色。

初次见你，你的气质和气场都是无敌的。一头黑色长发丝滑柔顺，闪着光泽；一袭黑色蕾丝长裙，充满女王范儿。你静静地站在教室门口，冷峻的眼神扫过，喧闹的教室立刻鸦雀无声，所有的同学都立马乖巧地回到座位。有时，你会显出一副"生人勿近"的样子，可熟悉以后，却又会发现你其实也很平易近人。

数学一直是我的薄弱科目，每每看到烦琐的题目，我总是会有畏难情绪，懒得思考。每当我的成绩不大理想时，你总是会把我叫到办公室，一条条分析错误原因，耐心地讲给我听，直到我做对为止。

期中考试过去了，可糟糕的成绩呈现在我的眼前，我呼吸一室，自责羞愧。心想：葛老师对我这么好，我却考砸了，她一定会很失望吧！我胆战心惊地走到葛老师面前。

"为什么没有考好？"你盯着我说。我低下头，口齿不清地回答道："没……没认真，后面的大题我没……没看。"我心底等待着暴风骤雨般的批评，却听见你淡淡地说了一声："那你现在做给我看。"我坐在你的身边，仔细地审题、演算，却还是没有做对。你没有生气，不急不躁地一条条讲解给我听，订正完后，你语重心长地对我说："你不会就要来问，我就算给你讲十遍也不会烦，就怕你不来问，问题就会在考试中暴露出来。"我看着你，你紧皱着眉头，眼底却满是温柔与坚定。那一次，午休都过了，你为了给我讲题，外卖放在一旁都没顾上吃一口，我心中满是歉意……

自那以后，我学习数学的态度端正了不少，葛老师的脸上也常常露出欣慰的笑容。葛老师，你是我最感激的人，在与你同行的时光中，你就像我生命中的引路人，一直拉着我，朝着正确的方向奔跑。

谢谢你，一直都在，给予我整个春天的希望。

（指导教师：蒋慧）

评析：刚入初中，总会有些许迷茫与不安。遇到了一位令人尊敬的老师，是学生的幸运。在葛老师和风细雨的教导下，作者一步步走出学习的困境，重拾起对数学的兴趣。在小作者的心中，老师是能给她带来希望的存在，亦是用生命去感激的人。这样相互交融的师生情谊，才是美好的真谛！

落 红

初二（5）班　唐一平

落红岂是无情物，化作春泥更护花。

——题记

一支粉笔，三尺讲台，卷曲的黑发映上了阳光的灿烂，深深的眼眸飞扬着璀璨的神采。深深烙印在我的心头的，是师生情谊，是春风沐雨，是在我沉郁之际最温柔最坚定的鼓励。

期中考试前不久，正是我压力最大的时候，月考的失利让我退回起点。课堂上，您的目光刚与我相交便迅速移开，我仿佛从你的眼神中看到深深的失望。我垂下头，心中的懊恼沮丧给摇摇欲坠的城池压上满天乌云。

晚自习时，我正在写作业，笔尖划过纸张，沙沙作响，却总是卡顿，令我原本沉郁的心情更加焦躁。这时，一个熟悉的声音唤着我的名字，让我去办公室一趟，是您。我心一沉，万千疑问与猜测涌上心头。是我犯错了吗？但感觉您的声音中未有不满；是您看出我这几天的沉闷失落，想与我谈心吗？心中有紧张忐忑，也有能被理解关心的期待。

去办公室的路上，初冬的寒气袭来，想必此时早已叶落花谢，不复生机了吧。我不禁感叹落红无情，就不能在如此苍白死寂之中绽放一抹亮色，令郁郁寡欢的人眼前一亮吗？

"这几天感觉怎么样？"待我与您面对面坐下后，您温和地问道。视线与您的目光相撞，我不禁有些慌乱，犹豫地吐出一句："还好。"您仿佛已经看透我的谎言，轻松一笑，接着说："上一次月集中作业，你发挥得并不差，只是个别科目的成绩不够出彩，是吗？"我点点头，心又坠入失望的谷底。"其实你是一个很优秀的孩子，只要正常发挥，成绩出彩肯定没有问题。"我有些惊讶，这是您第一次如此直接地表扬

第三章　他是我们的光芒

我，脸颊微微发烫，心中惊喜交加。抬起头，我注意到您眼角皱起的几缕细纹，双目因熬夜而微微泛红，这疲惫的背后，是您对每个学生无微不至的爱。内心情感翻涌，却不知如何表达。

"现在成绩的起伏并不能代表最后的中考，维持现在的状态，不断努力，最后也会逆风翻盘。所以，不要给自己太多压力，要充满信心地迎接挑战。"您的眼中满是温柔的笑意，您上扬的嘴角是无声的鼓励。这张美丽的脸，光彩四溢，是四季最夺目的花朵，令我精神一振，不禁也以微笑回应。

您的话语再度传入耳畔："相信自己，正常发挥就可以了。"我用力点点头，不再犹豫。内心某个角落的嫩芽在您的浇灌下，霎时间姹紫嫣红，满山春霞。"好了，回去吧。"您以轻快的语调结束了这次谈话。我站起身，刚才沉重的身体，此刻轻盈起来。一阵晚风拂过，洗涤后的心情如同洁白的羽毛，飘过如镜的湖面，飘过遥远的天际。原本厚重的乌云消散了，久违的阳光倾泻在每一寸土地上，驱散了初冬的寒冷。

考试结束了，当我知道成绩的那一刻，惊讶、欣喜与感激喷薄而出。老师，是您鼓励了我，重给我信心，重给我勇气，让我在寒风中奔跑，在黑暗中前行。

我这才明白：我误解了落红，她岂会无情！只是她的精魂与泥土融为一体，埋在最深处，只为明年春天，下一代花蕾也能破土而出，迸发无限美丽与生机；而您的关爱，是一朵绚烂的玫瑰，纵使最终凋零也要化为芬芳的春泥，孕育我们的青春韶华，在我们看不见的身后默默撑起一方晴空。

学习的道路上，我一人踟蹰而行，肩上担有千种期望万句嘱托，而您用温柔的话语让我卸下了疲惫与失落，教我胸中有丘壑，立马振山河。路长又如何？孤独又如何？坎坷的路早已铺满缤纷落红，孕育下一个花季，纵是荆棘满布，走下去也有前程似锦。

（指导教师：曹 燕）

评析：理解孩子，便发现孩子的心路；理解学习，才清楚科学学习的规律；理解教育，才洞悉教育的智慧。作为老师，只有真正理解人、理解教育，其教育表达才具有了"一语惊醒梦中人"的力量！

火，火苗

初二（6）班　顾安淇

"除了我，没有人比他们更希望你成绩好！"这是妈妈时常对我说的话。

"站住！"唉，还是被她注意到了，她还是逮住了我，这个集中作业成绩不理想，却不放在心上，整天大大咧咧的人。我深吸一口气，笑眯眯地转向她，迎接我的却是她那绷得紧紧的脸。她的目光宛如一道冰冷的月光，直射在我的脸上。我的心头不禁一颤，脸上的笑容也随即消失。"你这次集中作业，什么情况？"我极力想为自己辩解，便脱口而出"失误！""失误？你看看你，有哪几门功课是正常的！啊？"我被她那突然提高的音量吓到了，颤颤巍巍地搓着衣角，缓缓抬起头，用迷茫的眼神望着她。

她的眼神中有一丝怀疑，有一丝失望，有一丝无奈，但更多的是愤怒。穿过她那双眸子，我看到了她心中正在熊熊燃烧的一团火。她犀利的目光好似一把锋利的长矛直向我的心脏刺去。我无措，我不知道该说什么，做什么，该用怎样的眼神去看她，只能怔怔地望着她。片刻间，时间仿佛静止了，周围同学的谈论声、熙攘声也正一点一点变得模糊，直到听不见。此刻，只有我那不规律的心跳声和她心中怒火熊熊燃烧的声音。

"唉！"她率先打破了这可怕的寂静。她心中的火也慢慢燃尽，眼中的愤怒也慢慢变为无奈。"你这物理哟……才初二就搞成这样，你考试前有没有复习啊？还有你这生物，这成绩太离谱了！"她的每一个字都是不解，每一句话都是无奈。"算了，你走吧！"见我红了眼眶，低头不语，她用最平静的语气讲出了最无奈的话，随后转头离去，她那满眼快要溢出来的失望让我感到自责和愧疚。

隔天的政治课上，我半倚在课桌上，反复回味着她那犀利的眼神，不由得出了神，以至于政治老师喊了我两遍回答问题我都没听到。我懵里懵懂地站起来，无措地盯着政治老师。"站着吧！"还没等我开口，政治老师冰冷的声音率先传来。无奈，我只好站着。可好巧不巧，这一幕刚好被路过的她看见。看到这一幕，她心中隐忍许久的怒火再也压抑不住了，掏出手机就给我父母打电话"告状"。

就这样，那天晚上回到家等着我的，不再是热气腾腾的美味佳肴，而是妈妈紧紧绷着的脸。我已经察觉到了，一场属于我的暴风雨即将来临。我努力为自己辩解，努力将错误归咎到身体不适、睡眠不足等方面，甚至毫不知耻地说班主任连这么小的事也要告状，真是无中生有。这也彻底惹毛了妈妈，她向我怒吼道："老师不会害你！你给我记住了，这世上除了我没人比他们更希望你成绩好！"对呀，她是为了我的进步才这么跟我说的，不是吗？想到这，我的心里更不好受了。面对妈妈肆意的责骂，我只有默默地忍受。我不知道该用什么样的语气、什么样的语言来表达我复杂的心情。

经过两个星期的沉淀，我又迎来了期中考试。考到最后地理、生物两门时，我的答题行云流水。换成平时，我指定脑子一团糨糊。两天后，妈妈拿着手机悄悄地走近我的卧室。"成绩出来了，虽然排名还是不怎么理想，但比上次进步不少。你要好好谢谢朱老师。"对啊，我要好好感谢她，感谢她每一个提醒我的眼神，感谢她每一句警醒的话语，感谢她每一次考试前的叮嘱，感谢她每时每刻对我的严格要求，也感谢她在我最迷茫的时候给我指明前进的方向。

是她轻轻抚平了我身上的刺，是她用心中的爱染成了我青春的色彩，她是我生命烟花里最亮的火苗。

原来她不仅要把我照亮，更要让我自己发光。

（指导教师：曹　燕）

评析：爱，是热情的火苗，是向善的力量。当小作者不理解家长、老师的质询，爱似乎不被接受。当孩子因为听取了老师意见而有进步时，师爱终究被理解。所以，爱也是有过程的。不急不躁，静待花开。

电话里，一个人的辅导课

初二（25）班　李问渔

放学回到家，看着作文本上鲜红的分数，我知道即将袭来的是卢老师的"审问"。

想到这儿，眼前不禁浮现出卢老师在课堂上的模样，认真而又严厉。她的每一个动作、每一个神情，都在我脑海里放大，张牙舞爪般，将我脑中的思绪一点点地扯碎。于是我便什么也不想，就这么愣愣地坐着。

"叮铃铃，叮铃铃……"铃声打破了令人窒息的寂静，显得极为响亮，还似乎隐藏着一种恐怖的气息。我望向手机，电话果然是卢老师打来的。那一刻，我深吸一口气，拿起了手机，清了清嗓子，手指颤颤巍巍地向屏幕伸去。点击接通键的那一刻，整个世界仿佛都失去了声音，我闭上眼，等待末日的降临。

片刻的寂静后，卢老师在电话里轻轻地问："问渔在吗？""在……在的。卢老师好！"我有些紧张地说，平时的机灵劲儿早就不见踪影。"嗯，简单地说几句。"她便直接说起我作文中的存在问题。我拿起手边的笔，像上课记笔记一样，认真地将要点一一记下来。

"你的这篇作文，除了上述问题，还缺少真情实感。"卢老师的声音从电话里头传来，"真情实感是写出好文章的第一要素。真情实感源于热爱生活，源于深刻体验，情感充沛了，才能像古人所说的那样，登山则情满于山，观海则意溢于海。"卢老师娓娓道来，那声音遥远而又切近，极温柔的，似春风拂过，完全没有课上的严肃。

夜幕之下，朗朗明月，高悬枝头，月光洒进屋内，一切都是那么安详。

我看着作文本，心底生出一丝愧疚。现在天色已晚，卢老师还在花费自己宝贵的时间为我讲解作文，而我当时就只是想胡乱写一篇作文应付差事。此时此刻，我似乎看到电话另一头的卢老师，她为了我的作文现状充满忧虑的神情，但是那焦虑中又满含着期待。顿时，平时的点点欢笑又在脑中浮现，被数学所占据的大脑渐渐充满了色彩，不再麻木。

在电话里，卢老师偶尔会提几个问题，我再三斟酌后给出答案。老师不会立马接受，而是对我的回答进行认真细致的分析，与她自己的观点相结合，最终才给出恰当的答复。卢老师为了提升我的作文水平，真是操碎了心。

水笔与白纸摩擦，发出沙沙的响声。不久，纸上便记满了作文中应该注意的要点。随着最后一笔落下，通话结束了。我仔细回味着，我对如何写好作文似乎有了很多感悟，有了更多自信，对生活也似乎有了更多热情。

这是多么令人难忘的一堂课，卢老师在电话里为我上的一堂辅导课！一堂只有一个听众的课，一堂穿越空间的课，一堂充满爱和关怀的课！

环顾四周，原本沉闷而模糊的世界，顿时变得欢快，一切是那么澄澈清亮。

（指导教师：卢小丽）

评析：作者用朴质而饱含深情的文字，回忆了在自己作文失利时老师的电话辅导课。我们从中可以品味初接电话的忐忑、接电话中的温暖和接电话后的感悟……更能看到作者在老师的引领下写作水平的提高和精神的丰盈。文中关于写作的指导，对我们学生也是很有启发意义的。

我的老师

初一（14）班　王若溪

　　每天的数学课上，都有一个她，执一支粉笔、秉一颗初心，用一点一滴的心血去浇灌、去培养学生。

　　刘老师是一个极其干练的人。初见时，一头乌黑的齐耳短发是那么整洁，没有一丝逾矩，没有一缕多余。一副朴实到极致的细框眼镜儿端正地架在鼻梁上，镜片不是很薄，却方方正正；衣服上没有花哨的装饰，只是大面积的纯色，款式宽松，一看就是数学老师的典型装扮。

　　刘老师上课十分投入。手里捧着平板电脑，忙着在屏幕上写下一串串数字与符号，解说着："看这个a+1，它是一个整常数，所以……"。她的嗓音略低沉，算不上婉转，但音量很大，抑扬顿挫，每每讲到重点难点，眉头微蹙，抬头扫视全班每个人的反应，与我们作眼神的交流。

　　"好，这题明白没有？"这是她每次讲完必问的话。我们也总是点点头或举手提问，她也总是耐心地听我们说，认真地讲给我们听。我能感受到，那时她看向我们的眼神里充满了欣慰与赞赏。

　　有时，数学课被排在下午。这下好了，春困秋乏夏打盹儿，冬天我们更是懒洋洋的。刘老师却总是那么精神，雄赳赳、气昂昂地继续讲题，还特地提高了些音量。这还不够，还要不时加上一句："抬头，看着我这里！"。话音像钟磬一般响彻教室，霎时惊醒一片正在频繁"点头"的小脑袋，我们不由得乖乖坐好，认真听讲。

　　可是总还有一些瞌睡虫，找到机会钻进了同学们的脑袋里。于是，刘老师发现了这一切，走过去敲响桌子："来，你来回答！"。只见那同学一激灵，几乎本能地跳了起来，看看白板，再看看刘老师，惭愧地低下头。

　　课后，刘老师的办公桌前常常挤满了好奇的小脑袋，一个个拿着题目来找刘老师解答，我也常去。那时的刘老师总会放下手中的工作，拿起本子，认真仔细地讲清楚。一道难题，常常被她讲得通俗易懂，令人茅塞顿开，霾时清明。"谢谢刘老师！"每当我这么说的时候，她总是回以一个"难得"的微笑："不谢。"她不常笑，但笑起来却很美好。

这就是我的数学老师，虽不善言辞，却事事透露着对我们的关爱；虽不苟言笑，眉眼里却全是慈爱与关怀。我们将永远记得在我们的青春里，有一个她，执一支粉笔，秉一颗初心，育一片花朵。

（指导教师：施玉婉）

评析：作者笔下的刘老师美吗？很朴实。作者笔下的刘老师美吗？笑起来很美。作者爱着刘老师，因为作者读懂了老师的良苦用心。作者很细腻，捕捉到了刘老师看向我们的欣慰与赞赏的眼神，聆听到了刘老师上课时似钟磬一般响彻教室的教诲，领悟到了老师面批难题时的精髓……双向奔涌的师生之爱，最美最有力量。

淡淡的深情

初一（17）班　陈王实

情深深几许？深情人自知。

自习课的教室里，灯光通明，满室寂静。坐在位置上的我无意抬头，讲台上的您，正在电脑上码字，笔挺的身姿映入眼帘，您就是我的初中班主任。

那天，您走进教室，提醒大家："学校要组织运动会了，大家要踊跃报名啊！"当报到实心球时，您突然说："让小实去吧，听说你在小学里实心球比赛曾经获过奖！"抬眸，对上您坚定的目光，话语轻柔，却沉甸甸地落在心头，似乎给踏入中学不久，又有一些迷茫的我，找准了前进的方向。我默默地在心中给自己打气：加油！这可是一个为班级作贡献的好机会！

当天边的一抹浅云微晕于晨曦，我带上了实心球，来到学校操场上练习。浩瀚的操场，仿佛是汹涌的大海，似乎要把我吞没，一股冷气裹挟着我。然而，我内心坚定，抬脚，收腹，用腿部力量带动自己，汗水肆意也无妨。晚上，收到您的一条微信："加油！这次比赛，不要给自己太大压力。"您坚定的眼神如在眼前，关心的话语刹那间温暖了我的心。平平无奇的几句，却有一种深情，激发了前进的动力。

到了比赛当天，看到别人一下子就投出了十几米，我的心中仿佛被一个无形的大石压住，手开始不听使唤地颤抖。"到我了，一定要成功！"我的心里仿佛揣着几只兔子在狂跳，球从指尖滑落，与地相撞，发出"咚"的一声响，居然脱球了。我定下心，呼了口气。"加把劲，一定能行！"我用手紧紧抓住球，抬脚，收腹，可手上的球仿佛千斤重，手止不住渗出汗水，腿脚也不停地颤抖，五官大概已经像一件褶皱的衣服，十分狰狞，脸上火辣辣的。一米、二米、三米……世界上仿佛已经屏蔽了他人的喧嚣，只剩下我自己的心跳。

梦想终是被残酷的现实所打败，霎时我有了几分恍惚——我害怕同学的嘲笑，害怕家人的责问，更害怕老师那几句满是希冀的话……在我发呆时，您朝我走了过来。日暮薄烟中，您一向严肃的脸庞，竟如此温柔："没事，比赛重在参与，这没什么，以后人生路上碰到的事情多了去了，不要为了一点小事而灰心。"您冲我一笑，拍拍我的肩，眸子里竟是融融的暖。我没有想到忙碌的你，居然还特地来到比赛现场。那言语，那眼神，那动作，没有悲天悯人，没有忧伤的阴霾，只有满满的期待，坚定的呵护，好似一缕月光，拨动了我心间深处的琴弦，激荡起心潮的层层涟漪……

再次抬头望向讲台上的您，忽地觉得读懂了您那淡淡的深情。您始终关注着每一个学生，并且用最好的方式，默默守护着他们的成长，何其微小，又何其情深！

（指导教师：吴晔）

评析：这篇文章在娓娓道来中溢满温情，多用描写渲染出老师对"我"参加运动会始末的关注与关爱，字里行间充满了"我"对老师的依恋与感激。文章以小见大，老师守护的不只有"我"，她用最好的方式守护着所有的孩子。为彰显其志，文章结尾用非常精练的语言深化了主旨。

树叶对根的情意

初一（17）班　徐语晨

没有根，就没有叶。

九月，阳光慵懒地趴在叶子上，不想动弹，暖暖的，柔柔的。微风轻轻地穿梭在叶缝间，悄悄的，静静的。贪婪的叶子吮吸着来自根的养料，生机盎然。

一个气质非凡的身影映入眼帘，是语文老师，嘴角洋溢着些许笑容，满面春风地走进了教室。"同学们，上课！"饱满的精神状态瞬间让我精神一振，初中的第一节语文课就此拉开了序幕："第一课我们来讲一讲语文的意义。"接着抛出了一个奇怪的问题："同学们，你们喜欢语文吗？"对于语文这门课，我觉得特别的枯燥，所以也没有什么好感，我下意识地在心里否定了这个念头，毕竟在讲台上的可是一位语文老师。听到来自别人的发言都是喜欢或者是中立的态度，我觉得，我有些与众不同。可这时，老师却有些严肃，语气拔高了几分："居然还有中立的态度，说明这些同学对语文没有情感，只是一味地被外界给束缚，这样太可怕了！我们要用自己的思想来支配自己的情感。"这时，我的眼睛瞪得大大的，似乎已经沉浸于这样的课堂。接着，老师又发出了第二个问题："你们觉得语文是什么？"我也陷入了沉思中：语文到底是什么呢？应该是我们中华民族的传统文化。我有种欲望想说出口，但是我又不敢举手。矛盾夹击下，只能听他人的发言。有人道，语文是中国的文化瑰宝。还有人说，语文是人与人沟通的桥梁。当老师听到这个回答时，笑容爬上了她的嘴角。"同学们，没错，语文本来就是给人沟通和交流的，这就是语文本来的意义。"一下子把整堂课的内容推到了高潮。我惊呆了。惊叹于老师的才华和表达方式。我陶醉了，已忘却自己还在教室中，恍惚觉得自己在仙境游荡。我似乎突然开窍，任督二

第三章　他是我们的光芒

233

脉在此打通。

序曲过后，老师带领我们走进《春》。在课上听了许多同学的精彩发言，我自愧不如。当老师每次提问题的时候，我总是话提到了嗓子眼儿，但却又不敢举手发言，只能做做嘴型似乎把我自己贬低成了一个哑巴，当老师看见我的嘴巴在动的时候，猜测到我是不是想发言，却又不举手，叫我起来。我有些猝不及防，脸瞬间"噌"地一下通红，支支吾吾、含糊不清地低声说："我认为……嗯……'发亮'这个词用得好……呃……"老师似乎也看出了我的窘迫，招手示意我坐下。下课后，老师把我叫到她办公室里。耐心地对我说："看得出来，课上你很认真地在听，很想参与课堂。自信一点，发言能力是练出来的，语言表达能力也是练出来，你可以的！"迎上老师期待的目光，"谢谢老师！"。

阳光给树叶披上了一件金黄的衣裳，随着风儿轻轻摆动，沙沙作响，甚是动听。

又是一堂语文课，我的手，高高举起。站起来，虽然会紧张，但很享受。

感谢老师。

树叶是学生，根是老师。我们不断地从老师那儿汲取知识。就像树叶不断地从根那儿汲取养料，结出累累硕果。

没有根，哪儿有树叶？没有老师，哪有学生美好的未来？

树叶，生机勃勃地，成长着；树根，默默无闻地，奉献着。

（指导教师：吴晔）

评析： 作者本是一位不喜欢语文的学生，很幸运的是她最终爱上了语文课，享受到了语文课的美好。她回忆自己刚进入初中时语文课堂的往事，因语文老师的引领，她慢慢走近了语文，慢慢走进语文课堂，受益匪浅。这个变化，为她的学习生活打开了一扇绚丽的大门。结尾情感的表达水到渠成，表达对老师的敬佩与感激之情。

第四章　心中的那座桥

"池塘边的榕树上，知了在声声地叫着夏天。操场边的秋千上，只有蝴蝶还停在上面……"罗大佑的这首歌，让很多人回想起了儿时的校园。是的，对每个人而言，校园中总有那么一个物件或者一处风景，寄托着自己的眷念。当自己孤单失意或者意气风发的时候，这个物件或者这处风景，能够听我们倾诉或"吹嘘"。因为它们无言、空寂，所以它们可以不厌其烦地听我们絮叨，于是，它们成了我们的朋友，甚至导师。

校园物质环境，由于其更具有自然性，所以其更具有伦理性与教育性，而不仅仅是审美性。现在很多校园物质文化建设，首倡的是审美性。在我们看来，审美性固然重要，但是很多校园设计者并非教育专家。这些设计者的审美是艺术家的审美，对学生而言，这些审美过于抽象、过于"前卫"，与学生距离较远。学生们当然需要向艺术家学习审美，但是审美水平提升是有层次性的，初中生的审美和大学生的审美、艺术家的审美之间是有区别的。过高的成人审美对学生的成长未必有太多价值。对于初中的孩子而言，他们眼中的校园可资审美的物或者景，最好是能够与他们进行经常性对话的东西，比如本章中学生笔下的曲桥、回廊、桂花，等等。对于初中生而言，他们眼中的美景，首先是能够安抚他们心灵的实体，能让他们身在其中感觉到放松、惬意、释然的实体，而不是让他们望而却步的存在。

在《曾国藩家书》中，曾国藩要求自己家族的孩子们要从事农事。曾国藩这样做的目的，并非意在让孩子们成为农民，而是期望他们通过农事活动去接触自然，在自然中获得灵感，建立与自然的联结感、一体感。也就是说，农事能够让孩子的生命成长更符合"天道"运行的规

235

律，因而更具有伦理性。所谓伦理性，就是能够给到孩子们生命成长该给到的东西。但是现在的很多教育，将孩子们与他们本该看见、本该触摸的东西隔开了，看似是保护，但是却阻碍或者限制了孩子们的生命成长。南通田中的校园，把钢琴开放，把图书馆和科技空间开放，这些种种的努力，意在打破这种隔离。

审美性与伦理性，最终都是为教育服务的。作为一种环境课程的校园物质环境建设，需要积极发挥其育人的功能。置身于田中的校园，若关注细节，您会发现很多具有教育性的环境安排。我们引导学生去关怀校园中的物质环境，引导学生将物质环境视为有情的、有生命的存在，提倡学生们积极与校园中的物和景互动、对话。《礼记·大学》中提出人的修为之法有所谓"格物致知"。"格物"的过程，就是与物对话的过程。本章中的学生作文，展现的是南通田中的学子与校园内或物或景的对话。人通过对物与景的对话以及感悟，从而提升自我的生命品性，尤其是丰富自我的情感世界。

校园的制度环境，也是进行学生成长的重要内容。在这方面，南通田中也有一系列的教育性设计。比如自行车排放的要求，看似简单，却凝聚着丰富的教育旨趣。首先是秩序感，要按序排放；其次是关怀之心，要紧挨前一辆，给后面的同学留下更多空间；再次是集体团结感与荣誉感，于是发现前面的同学摆放有极小的问题，也要帮着做调整。再如诚信超市、爱心雨披等制度性安排，体现了对学生充分的信任。德国教育心理学家马丁·施威厄教授在其《学校生活中的信任》一书提出，信任是师生交往的基础，教师的不可信任将产生巨大的问题，导致真正教育的难于发生，没有师生间的信任，学校就无法承担教育的使命，学校作为教育任务之一就是信任建设。①基于这种认知，学校专设了十二项"诚信教育"的校本活动。在本章中，读者也可以看到学生们参与诚信学习的诸种体悟。

---

① 俞可. 施威厄及其教育信任的研究［J］. 上海教育，2004（2B）

桂华秋未央

初一（26）班　曹伊达

不知不觉已是深秋，我走进校园，放眼望去，一棵棵青葱的树立在凛冽寒风中，树叶子呼呼抖动着，可那根基却是十分稳固，它们屹立在那儿。操场上还能见到几位不惧严寒训练着长跑的同学，他们是如此的朝气蓬勃，富有生机。还有那曲折的小桥和流水，它们也默默地伫立着，共同守护着这片宁静而拥有活力的校园。

我徘徊在学校绿化带边的水泥路上。一旁花圃中有几棵桂花树，虽已入秋，却愈发枝繁叶茂。叶绿得仿佛能滴出油来。树的枝丫曲折交错，蓬勃向上。花开了，小小的，有米白色的，也有金黄色的，藏在叶中。用手拨开绿叶，便能看见那晶莹细腻的花瓣，还未靠近桂花树，便有一阵香气围绕在身边。凑近了细品，那浓香扑面而来，这香很稠，却不令人感到乏腻。置身于香中，令人心旷神怡，不禁觉得这纤细漂亮的花和这浓郁的香气竟是如此和谐。

正如孙犁所说："各种事物都有它的极致。"田中校园，桂花正与它相得益彰，也难怪它成为了校徽上的重要标识。"青山隐隐水迢迢，秋尽江南草未凋"，碧绿的枝叶见证着田中师生的生机与活力，银色的花纯洁高贵，金色的花灿烂绚丽，共同谱写了一曲洁白雅致又蕴含着丰收喜悦的校园赞歌。

其实，今年入秋的时候，我就已经迫不及待地盼望着桂花的盛开。但今年天气着实反常，秋已过半，天气却仍然温热。我心想，再等几天吧，再等几天或许就开花了。可没想到过了两天，气温竟直线下降，大伙儿纷纷套上了羽绒服，好像已经入了冬。看样子花是开不了了，我无奈。又过了两天，气温竟是越发的寒冷，路上行人恨不得再穿上一两件衣服，看来是没有开花的希望了，我失望不已。但出乎意料的是，今天漫步在校园中，桂花竟陡然开了，像是在回应我的期待。我欣然！

也许是冥冥当中的一种宿缘吧。童年时老家院中就有一棵桂花树，桂花长在院子的正中央，四季常青。小时候，我最喜欢在它的附近玩耍。春天的夜晚，我总是在树下听奶奶讲故事，一起看星星；夏天贪凉，奶奶便给我摇着蒲扇，而我念书给奶奶听；秋天花开了，我将桂花摘下，奶奶在树下做桂花糕，泡桂花茶；冬天我兴致勃勃地跑进院子，抖动低处的树叶，雪纷纷扬扬地飘下，我就堆起一个个小雪人，再捧进屋给奶奶看。啊，桂花陪伴了我的整个童年。现在，田中的桂花也必将伴随我中学的生涯，见证我的成长，分享我生活中的点点滴滴！

我又想起了那些平凡如桂树的老师们，他们教书育人不求回报，他们平凡普通却又卓越突出。他们正像这棵棵桂树，紧紧地扎根于大地之中，汲取着一切的养分，用尽四季的力量，绽放永恒蓬勃的绿，却只为守护那小小花朵的美丽绽放，为这象征着丰收的秋天校园增添生机与活力，也为这神州大地献上美丽的芬芳！

（指导教师：顾雪梅）

评析： 由于作者童年时曾与桂树为伴，对桂树自然有了一份独特的感情，带着这种感情，作者对校园中的桂树充满关怀，于是就有了花未按照时令而开的遗憾、花开之后的喜悦，更有了对如桂树一样的人的赞美。从字里行间可以看到，作者的心与桂花时刻相连，于是便有了这种种情愫、几多波澜。我们有理由相信，正是有了对自然生命成长的这些体悟，作者未来会成为一株按时令而开的桂树，为世界带来怡人的芬芳。

遇曲桥　漾情思

初一（26）班　陈陆灿

南通田中，有一座曲桥。

秋天蓬勃的清晨，我遇见了曲桥。

朝阳以它那厚积薄发的力量，唤醒了沉睡的校园。黄绿的叶子上还未完全褪去的霜露，随风焕发的荣光。如此景致，我却以慵懒迎接，无心观赏，只是努力睁开还未苏醒的眼，努力拖动还未舒展的腿。身旁展现出的那些精气神，却对我没有丝毫影响。一遇曲桥，差点在迷糊的神志中跌了个跟头，把我从梦境又拉回现实。清爽开阔的眼前是曲桥迸发出的无限活力：明镜般玲珑的湖水映射飞扬的神采，曲折的桥棱初露锋芒。曲桥就似那青春的少年，跃动在我眼前。我顿时醒悟："一日之计在于晨"，若头脑还似刚才那般混沌，便会蹉跎了时光，浪费了宝贵的一天。在早晨应把一天的计划安排好，按计划有序进行。这是曲桥对我的劝勉。

秋天艳丽的正午，我遇见了曲桥。

湖面微泛涟漪，鱼儿在其中游嬉，肥硕的龟儿惬意地趴卧着，在暖和安适的阳光下肆无忌惮地舒展着它的肢体。正是午休时刻，我心情舒畅，在外面漫步闲游。东看看，西逛逛，说不尽的舒适自在。快要上课了，但心底的邪祟却始终作怪：再耽搁一会儿吧，反正是缓解压力。上课铃响了，我心里慌了：完了，得赶紧奔回教室。又遇曲桥，鱼儿早已四散，龟儿潜入水里，单留我一个在外疾速地跑着。曲桥如同那沉稳的智者，严肃地立在我眼前。我立刻后悔：说是缓解压力，实是麻痹自己。如此贪图在外娱乐，心浮气躁，难以定性。若长此以往，就是做任何事都不能坚持下去；若是不能坚持下去，做任何事都难以完成；若是做任何事都难以完成，最终便会沦落为无用之人。学习上亦是如此。这是曲桥对我的告诫。

秋天清冷的夜晚，我遇见了曲桥。

"但愿人长久，千里共婵娟。"彼时正是月圆夜，月亮高挂在黯然的空中，耐不住孤独寂寥，只得与那湖面上的月影作伴。树叶勾勒出的斑驳，映照水中，衬得那青白的月影融合出了别样的轮廓。此时，夜风轻拂，惊得那湖心的白鸟，展翅归巢。我步伐缓慢，发丝随风飘动，摩挲着我的耳垂，拂去了我一天的烦闷与疲惫。我不思归家，只顾玩弄景致。再遇曲桥，此时桥上的人群散去，只剩下那月光与我孤单的影子。曲桥化作一位温柔的妇人，轻声对我说："快回家吧，孩子。你的母亲还在等你。"此刻，吹来的不是那微风，而是凛冽的寒风。我霎时清醒：原来母亲一直在等我！"谁言寸草心，报得三春晖。"即使我以后再怎么弥补母亲对我的等待，又怎可及一丝她对于我的爱。这是曲桥对我的教导。

每次遇见曲桥，它总会使我漾起无尽的情思。它于我，并不只是一座有情的桥，而是一次激励，一次自我反思，一次深刻的体悟……

（指导教师：顾雪梅）

评析：在南通田中校园的东南角，有着一座曲桥，因为"曲"更符合美学原则，所以它是孩子们非常愿意走走看看的地方。当然，这座"曲桥"的魅力还在于，它不仅能纾解压力，还能激发动力。总之，对作者而言，"曲桥"是他知心的朋友与导师。

曲桥这边独好

初一（26）班　凌方奕

在我们学校的东南角有一座曲桥，它是中澳楼与学校其他地方联系的唯一通道。曲桥如其名，曲曲折折的，桥面是铁制的，栏杆是水泥的。

桥下河水的水面很高，绿色的水波随风荡漾，卷起的黄褐色落叶一大片一大片的，河的中间架着的就是曲桥了。它不新，没有少女眼中的灵动；也不古老，没有老人脸上的斑驳；它的年代恰到好处，带着几分中年的稳重与智慧。

第一次踏上这座桥时，我的心中满是忐忑与不安，并没有闲情逸致观察它的外形，只觉得这桥是那么的狭窄，那么的漫长。我脚踏的桥面与河水那么近，仿佛只要再往旁边挪挪，就会一脚踏入水中。"啪！啪！啪……"铁制的桥面伴随着脚步发出清脆的响声。"这桥会塌吗？这河深吗？万一我掉入水中怎么办？"生来怕水的我不禁心中暗想，一股恐惧感如野马伴随着铺天的黄沙向我袭来，我的呼吸渐渐沉重……

后来，走的次数多了，那种紧张与恐惧渐渐消散，曲桥变成了上学和放学路途中一段普通的交通通道。在上学时经过它的急促脚步与放学时经过它的轻松脚步中，我与它逐渐熟悉了起来。

记得我一次考试成绩不太理想时，暗自伤心，下课后我走在曲桥上做了几个深呼吸，把心里的委屈向曲桥诉说，曲桥则是默默地倾听，我仿佛听到它对我说："一次没考好没有关系的，只要不断努力，一定能取得成功。"我调整好情绪，认真进行了总结和反思。通过努力，在以后的几次考试中，我终于取得了比较满意的成绩，当我决定好好放松一下自己，面带喜悦地走在曲桥上时，我仿佛听到它对我说："考得不错，但是不要沉湎于过去的成绩，不能懈怠，你需要继续往前看。"我

241

调整好状态继续努力……

转眼间，我们已经在田中度过了一个学期，现在经过曲桥时，仿佛是在会见一个老友，路过之余还会欣赏沿途的风景。望着两岸的绿叶重重叠叠、黄叶飘飘洒洒，呼吸着户外的新鲜空气，吹着微微的河风，我们的心情也总会轻快起来。两转三折，不知不觉便走完了。

这座桥见证了我们日出而来，日落而归，也见证了我们的成长。上体育课时，我们脚步欢愉，它是我们强身健体的桥梁；去食堂时，我们脚步轻盈，它是轻松愉快的桥梁；上音乐课时，它是我们通往艺术殿堂的桥梁；去考场时，我们脚步稳健，它是我们增强自信的桥梁。

随着时间的推移，曲桥已经成了我们初中生活中的一部分。每次走过，都会有不同的心情，不同的感受，正如同它的名字一样，曲曲折折乃是人生。

（指导教师：顾雪梅）

评析：作者叙写了自己在南通田中就读的不同时段，走过同一座"曲桥"的不同感受——初始时的忐忑、闲暇时的恬适、委屈时的抚慰……正因为有了各种机会与这座"曲桥"交往，作者喜爱上了它，并且视它为自己生活中的一部分。如"曲桥"一样的校园具有特色的景物，会在一定程度上让略显枯燥的初中学习生活变得丰富，于是成为学生们的喜爱，并承载着学生们赋予的情感寄托。

囚鱼·梦想

初一（26）班　任天和

叹着时光踽走，撒手挣离了小学的怀抱；又感岁月须臾，中学生活也已两月之长，品着独属中澳楼的泥香。走上曲桥，幽幽桂香拂着面，感受着来之不易的清闲。落叶飘然，微风中那系在粉色桥栅上的绿绳，有些违和，有些凌乱……

这是捕鱼筐的绳。

每每拉起绳，入眼的便是一个大木筐，里面有一群欢脱不知忧愁的小鱼。望着那群似乎没有烦恼的小鱼，感觉心灵也得到了释放。是啊，小鱼的梦想不就是自得其乐吗？它们有"无挂身思轻若柳"的闲情，也有"莫生渴贪食"的可爱，在它们身上，我看到了对安逸生活的追求。囚鱼的梦想极简单，简单得有些天真狭隘了呀！

一声鸟扑翅的脆响惊醒了我。望着那抹雪白衔着树枝慢慢浸向天际，回首，感受着绳末传来的跳脱，低下身，看着那几条玲珑的黑色身影，耳边翅音未断，但是那轻微的扑水声更响。桂香悠远，糅杂着泥土的气息……

我好像明白了什么：在波光闪耀的水面，活蹦乱跳游动的大多都是筐中之鱼一样的小小的鱼类或虾类，而鸟儿往往静静的、默默的，勤恳地在虬枝与巢，于蓝天与花海间翱翔。它们的叫声清脆而明快，活泼而悠扬。但更多的时候，混合着奔波的辛劳，和对另一个伟岸而靓丽的世界的渴望。

梦想不是空中楼阁，它是深厚踏实的土地，需要真真切切地用脚步丈量，才有机会走向远方。梦想就像飞鸟一样翱翔在生命的长空。而梦幻，总是漂浮在生活和水面上。

"谁言志否存千里，我言志当长人生。"放下手中的绳，望着筐载

243

着鱼没入墨绿的水，几串水泡浮起，不知是水压问题，还是鱼的叹息。

秋风瑟瑟，枯黄的树叶飘起又落下。偶尔的风拂过脸颊，凉凉地一激，心底突然空透，如这秋日曲桥的天空般明澈起来。曲桥，用它独有的姿色，将又一个深刻的道理绣刻在我的心里，就像田中的老师，润物无声，沁人心田。抬头看田中飘扬的旗帜，像无数田中人踌躇满志的心……

"沧海可填山可移，男儿志气当如斯。"谁的人生不是栉风沐雨，谁的人生不是斩棘前行！

三中·曲桥·囚鱼，最旖旎的校园，最恬静的风景，最昭彰的忠告。

（指导教师：顾雪梅）

评析：作者叙写了自己对囚鱼、飞鸟之类的生命体的观察与体悟，阐发了自己对理想、信念、人生等的思考。对于中学生而言，能够经常性地与自然生命接触，经常性地阅读大自然这本书，不仅仅可以形成对自然生命的珍爱与呵护，更重要的是能够从其中获得自我成长的智慧。

青春校园

初一（27）班　刘灵

　　校园春秋更迭几许，藏不住四时之景：书声踏雪、绿草鲜美、苍树翠蔓、落英缤纷……蕴在美景之下的，是含蓄灵动的生命之花，是热烈潇洒的青春的节拍，是我惊叹于校园风韵的思绪万千。

　　日初出清清凉凉，婉转莺啼添了几许热闹。最是一日好时光，洒满花香的小路上，轻快的脚步声伴着嬉戏笑语，空气冷冽，却也惹上了一分灵动的温暖。阳光大方地铺在写有"南通田家炳中学"的金色石牌上，又顺势揽住了我们的肩头，我们笑吟吟地接受了这份光芒，朝气蓬勃地迈进校园。前往教室的路径自然是万分亲切，但沿途丰富多彩的景致却让人百看不腻：漂亮的花坛与水塘总是优雅地站在那里，朗朗白日下自成一片风景；挺拔的梧桐树与婀娜的垂柳在风中舞动身躯，兼具坚毅与柔情。好友相逢，便会心一笑，友好地招一招手，亲热地拍一拍背，亲切地问候两句，聊一聊最近做了些什么。

　　学校的风光绮丽迷人，相映成趣。一走进学校，一个广阔的大操场映入眼帘，站在操场上仰望着，颇有几分天高云淡的豪迈。再向里走，校园里一排排郁郁葱葱的树木傲然挺立，好像是时刻警醒着我们抬起头，挺起胸。芳菲相竞，总是一派热闹场景。树的数量不计其数，却每棵都挺拔苍劲，活力十足。相比之下，草儿仿佛也不逊色，更是清脆嫩绿。中澳楼前的九曲桥造型独特，绿油油的湖水有如一块明镜，在阳光下熠熠生辉；又如一块翡翠，剔透无瑕。清风拂过，湖面漾起一圈圈涟漪，在静里动着，描绘着一番岁月静好。在历史久远的老教学楼与神采奕奕的新教学楼的相互映衬下，校园显得悠远又新潮，让人看了感到心旷神怡。

　　夕阳西下时的校园，有着不可抗拒的美丽。那是一种祥和安静，更是一种蓬勃生机。绯红的夕阳照在湖面上，湖面泛起了澄澈的颜色，将要共长天一色。绿色的水草点缀着、摆动着，偶有微风，就激起了阵阵涟漪。湖水虽晕染着天空的颜色，但水中鱼几许，依旧尽收眼底。正是沉醉时，却从两幢挺立的教学楼里传来阵阵的书声，那是贝多芬钢琴上和谐的乐章，那是一天最惬意的时候；偶尔随微风传来阵阵甜美的笑声，那是在整天埋头苦读时的一段插曲，那是欢乐愉悦的见证。

同学们披着晚霞，相继穿过洒下夕阳的校园小路，黄昏中却弥漫着勃勃生机；晚风传送着校园路上的笑声，大小角落便都生出由衷的欢喜。河岸边排列整齐的自行车，是检查人员的功劳，更是同学们坚持守则最好的见证，是我们学校最美的风景！

带着向往，带着欣喜，我们对着太阳扬起笑脸，手挽着手来到操场上、草坪间，有一种缘分让我们亲密地相处在一起。走进新校园，面对着新生活，我们歌唱，我们憧憬。初一教室里的我们用清纯的心感受初中生活的旋律；用火一样的热情，燃烧在如花的岁月里。

（指导教师：顾雪梅）

评析：本文作者所描写的校园，有石、湖、楼、路、树、花，有阳光、晚风、笑声。能够选择如此多的景物，并用丰富的辞藻加以描绘，足见作者对校园之喜爱。很多人在成年之后，仍然会时时忆起求学时的校园，尽管校园并非真的美景如画，但是因为每日置身其中，且其中的诸种物与景与自己发生过互动关系，因此便产生了情感联结。

校园，我蓝天下的家

初一（27）班　潘凌铃

在熟悉的某个地方，停留在视野中央的总是那一个迷人的角落。留下过岁月的身影，也留下了记忆的年华。承载记忆的年轮，那是校园青春的记忆，是一处回眸深处的天堂。

记忆的琴弦在那一刻被拨动。在我大脑深处依旧停留了田中校园一角的映射。这个校园的水是天真，木是见证。记忆不老的仍是校园荷塘的那一角。

依稀的记忆是染色剂，让我加深了校园荷塘的遐想。校园一角的荷塘是一张明镜，里面清晰地折射了我心中对它的热爱。早晨，轻纱笼罩的水，温柔、碧蓝，犹如一位美丽的姑娘蒙着面纱，不让别人看清真容。鱼在水中游来游去，那片片鱼鳞，在阳光下忽闪忽闪，活像穿了一身银亮的盔甲。

岸边随风摇曳的杨柳，成了荷塘与岸的呼应，荷塘在一个成熟的季节里向案招手，而我的希望是能拥有一个成熟的季节可以观赏。11月的冬雨，潇潇洒洒地飘落，给校园的荷塘披上了幕布，好让它们在校园的一角里继续演绎它们的风景，好让我们留在校园的青春，在荷塘的陪伴下继续挥洒。杨柳在轻风细雨中摇曳婆娑。冬雨落在水中，泛起了一圈圈的涟漪，打在了校园一角最为亮丽的画卷上。一座曲桥从中间穿插而过，为荷塘的观赏修筑了便道。曲桥的中间有个亭子，从远处看，它像一把撑开的雨伞，又像一只展翅飞翔的雄鹰。走近点看，它是用四根圆柱子撑着的，这古典精致的造型，衬托出它温文尔雅的美。清风徐徐，吹过那小亭，弥漫整个校园。

我看过热带雨林的树木，看过路上的遮阳树，却从来没有见过学校这样的树。学校的树真绿啊，绿得仿佛是一块无瑕的翡翠；学校的树真奇啊，像巨人，像醒狮，形态万千；学校的树真美啊，美得仿佛没有其他树可以比得过它们，因为他们的别名叫活力。

走过多少陌路，生活在校园一角的亮丽，拉动了我们对校园时光的记忆。我现在的风华、美丽和快乐，都记忆在校园一角的荷塘画面中。

在我眼中，校园的每一株草，每一朵花，都是有灵性的，它们经意或不经意间装点了校园，走进了我们的心灵，给我们以视觉上的舒适享受，更使我们从烦恼混沌的森林中走出来，给压抑的心灵一个平静的拥抱……

满载一船星辉，在星辉斑斓里放歌……

（指导教师：顾雪梅）

评析：荷塘、杨柳、曲桥，朝阳、冬雨、清风……因为每天身处其间，能够与之亲密互动，故而作者对这些校园的景物产生了深深的依恋，于是作者不惜笔墨，极力抒写自己对校园种种的喜爱之情。

校园诚信场

初一（27）班 肖嘉威

转眼间，进入田家炳中学已有三个月了。但刚步入校园陌生的环境那一幕，如今回想起来真让人难忘。

刚踏入学校的大门，"江苏省南通田家炳中学"几个大字便映入眼帘，字上还插着许多鲜艳的迎风飘扬的小彩旗，欢迎着同学们的到来。接着，就是平直的一条大路，路的两边茂盛的绿植显现出它们旺盛的生命力，如果想要体验一下幽静的小路，你也可以绕过那木板搭成的羊肠小路。直到路的尽头，"崇德楼""求是楼""宏宇楼"几栋大楼就会出现在你眼前。同时，你也可以看到排列整齐的自行车、热情友好的同学、和蔼可亲的老师，他们让校园增添了无限风采。

当然校园里的景物远远不止这些，但最让我颇有感触的便是诚信超市。它就在南门前面，每天都会有许多需要帮助的同学进去购买物品，之后学校所赚的利润也都捐献出去。记得有一次，我的铅笔盒没有带，正当我不知所措之时，幸亏有诚信超市帮助了我，我带着换胸卡套剩的钱来到超市。可刚进入超市，一个初二的哥哥两手空空地走出来，看上去十分沮丧。我好奇地问他："你为什么啥东西也没买就出来了？是因为没有心仪的物品吗？"他摇摇头，笑嘻嘻地说道："不是，我本来今天忘带笔了，想着来诚信超市买支笔，但身上的钱却不够，做人要有诚信，如果我不付钱就带着东西走，那就是一个不守信用的人。"我听了以后，也明白了诚信超市的真正意义，超市只是一个普通的交易市场，但诚信超市却是考验道德品行的地方。"人无信不立"，只有诚实守信，才可以立足于社会。看似平凡的诚信超市，却也是我们成长路上的一位老师。我顿时豁然开朗，情不自禁地为这位哥哥默默竖起大拇指。随后我挑选了一支墨水笔，虽然内部的商品并不是琳琅满目，但却可以満足同学们简单的需求。当我看到箱中快堆成小山的钱时，再一次震撼了，就是这么一个封闭的小场所，每一个人却都能做到"诚信"二字。诚信无形，却可以经天纬地；诚信无色，却可以耀人眼目；诚信无味，却可以在上下五千年、纵横海内外，散发出醇厚的芬芳。无形、无色、无味的诚信，如强大的磁场有着撼人心魄的力量。

此外，田中有序摆放的整齐的自行车；有借有还的诚信雨披；鸦雀无声的诚信考场……组成了无处不在的校园诚信场。就是这样一个积极向上的团体，才能培育出更优秀的人才。一句问好，一次交易，一个动作，都让我们深刻体悟到良好的道德素养。

相信在田中这个集体里，我们可以不断进取，勇于拼搏，展现自我，绽放未来！

（指导教师：顾雪梅）

评析：南通田中有一系列的诚信教育课程，这些课程立足于学生的学习生活小细节，充满彰显教育的意蕴。作者重点选取了诚信超市作为描写对象，展现其对个体良好品行的无形化育。

阳光下的汗水

初一（7）班　袁文君

太阳藏在一朵洁白的云里，露出一点点金色的光芒，洒在赤红的赛道上。运动会场上的我们，藏匿在心间的一份份快乐，就像阳光一样，将要在他们冲过终点时爆发。

"到时间了！"不知是谁喊了一嗓子，"马上4×100接力！"

检录处的运动员们各自守好了自己的赛道，头顶的太阳又出来了，似乎也在迎接着比赛。

本班队员在第一小组！大家都像"康拉德笔下的小鬼"那样拉长了颈子，盯着第一棒的女子选手。

"砰——！"发令枪响。

第一棒选手迅捷地向前冲刺，像子弹出膛一样猛地从起跑线上跃起，一下子就把别人赶过半个身位。她快速发力，双脚在赛道上蹬起又落下，令人眼花。最后的冲刺，她右手前伸，将接力棒精确无误地递给二号选手。阳光悄悄地洒在她通红的脸颊上，照出疲惫却欢欣的微笑。

第二棒，一百米直道，在一号选手的努力下，她目前名列第三。比赛形势千钧一发，二三两名只有不到半米的距离，观众一片唏嘘。她的实力丝毫不亚于一号选手。风吹过她的发梢，她的马尾辫有活力地摆动。百米过半，她仍在加速，像猎豹捕鹿一般的速度让她赶上了第二名选手。她名列第二了！她开始最后冲刺了！她用力地将接力棒递给了三号选手。三号选手敏捷地一把握住，交棒环节瞬息而过。

第三棒弯道。三号选手似脱缰野马般飞驰而去，一旁赛道的其他班选手也毫不示弱，连赶几步准备弯道赶超。场下的同学心惊胆战，太阳扯过一片云彩遮住了眼睛，大家都屏住呼吸。三号选手用力握着接力棒，双腿用力迈步，顺着弯道，略微斜侧身体，重心稳扎，飞速前进。

251

其他班选手不甘落后，抿紧了嘴唇，用尽全力想超越她，却仍被她远远地甩在身后，场下爆发出几声响亮的喝彩。三棒默契地交接给了四棒。

第四棒，最后一棒！太阳探出半个脑袋，迫切地希望看到结局，阳光洒在赛道上，火红的颜色更加鲜艳。四棒选手攥紧接力棒，冲向直道，双臂和两腿大幅摆动，全身都在用力，她在赶超前方的第一名！她们之间的距离越来越小，场下的几位观众紧张得发出大黄冠鹦鹉的尖叫，本班同学一个个都紧张地盯着四号选手。冲刺！冲刺！距离终点越来越近，她丝毫没有松懈。她向前飞驰，像离弦之箭，直指目标；像捕雀之鹰，凌空直下；像出穴之龙，身出影随。最终以迅雷不及掩耳之势冲过终点线，和第一名几乎同步。

欢呼声此起彼伏，四位"英雄"凯旋而归，回到场下，无人不欢欣雀跃。

太阳拨开云彩，赞许地向她们微笑，毫不吝啬地把阳光送到她们身边。洒在赛道上的阳光，看起来是那么耀眼。

（指导教师：王丹凤）

评析：文章取材于学校赤红的赛道上的故事，这件事是极为寻常的一件事，但源于作者细致的观察和细腻的笔触，读来仍会捏拳、颔首、微笑，觉得自己就在现场，有身临其境之感，从而产生思想和情感上的共鸣，这样的阅读体验是最美的。如果你常常为没有东西可写而困惑，只要你善于观察，好的素材就像涓涓细流环绕在我们身边，真实地、及时地去记录它吧。

起点——终点

初一（7）班　杨思齐

谁也没有注意到，秋风已经微凉，甚至颇有些萧瑟。这样的风在人群中穿梭着，吹动着一颗颗热乎乎的心。

大家的呼吸随着他向终点冲去而停止。不过这停止是短暂的，因为初一（7）班的队伍就像清水滴进了油锅一样沸腾了起来。大家相互告知着，我们班的100米得了第一！这是件多么令人激动的事情！

不一会儿，他就喜形于色地向队伍冲来，手上还比着一个"1"，脸上的表情像得了世界冠军。同学们都站起来使劲儿鼓掌，高兴都写在脸上了。秋风还在吹，带着它特有的萧瑟，但是谁能感觉得到呢？秋风也如春风般和煦了。

他是我们班最擅长体育的。光是从他口中不断飞出的那些"专业术语"，就足以让同学们对他心服口服。不过光是纸上谈兵可没什么，他倒是能拿出些真才实学来。每次跑步的时候，他都是全班的领头羊，摆着臂，迈着腿，好不威风！

但他对自己的成绩总是保持着谦逊的态度，他说："每次冲过终点线，实际上又是下一次开始的起点，因为最好的成绩永远是'下一次'。"这话入了我的心。

运动会前夕，几乎天天可以在操场上看到他勤加练习的身影。一下一下地迈着双腿，一下一下地摆动着双臂，眼神丝毫不移动地平视前方。他一次次冲过终点线，每次跑完，他总是对自己不满意，总能给自己找到几个毛病，要么是"起跑太慢了"，要么是"姿势不标准"。然后吸取上一次的教训，再回到起点，再一次起跑，再跑一回，再跑第二回、第三回……没有人知道他反反复复地跑过多少回。秋天的风一日日萧瑟，他的热情却一日日高涨。环形跑道上，本就没有"起点"与"终点"之分，他似乎也总是把每次的"终点"当成下一次的"起点"，永远不满足于当下，努力追求更好的自己。"宝剑锋从磨砺出，梅花香自苦寒来"这句诗我从小就会背，意思也说得出，而现在，它的真正含义就以一种可视的形式摆在了我面前。

我的思绪回到现实。红绿相间的操场上，同学们正在为夺得班级名次而欢呼着，深秋的凉风鼓动着每一个人雀跃的心。在同学们的一片赞美声中，他依旧谦虚地说："我其实也没有那么厉害。"没错，没有人是天生的冠军，他们能成为冠军，是因为他们在我们看不到的地方反反复复地练习了无数回，他们付出了我们看不到的努力。他们把获得的每一个成绩，当成下一次前行的出发点。

秋天的凉风在蓝得明净的天空底下自在地闲游着，吹拂着一颗颗热乎乎的心。我们即将抵达的终点在哪儿？我们的下一个起点在哪儿？我们不知道，这也是我们要探索的东西。

以终为始，以行为知。

（指导教师：王丹凤）

评析：王安石曾经说过，"古人之观于天地、山川、草木、虫鱼，往往有得，以其求思之深而无不在也。"意思是说对世间万物的观察，要有深层次的探究与思考。文中的他在运动会上100米得第一名，这是一件凡人小事，但因作者有一双善于发现的"慧眼"、一颗探究的"慧心"，生发出了不同寻常的意义，引发了关于"终点"和"起点"的深思，大胆探索，不求结果，可谓高远。

跑道上的挑战

初一（7）班　张然

狂奔的双腿、急促的喘息、猛烈的心跳……秋季运动会800米赛道上的画面，已深深地烙在我的脑海里。人生的第一次挑战，令我难以忘却。

运动会前半个月，老师动员大家报名。其它项目接二连三地被人夺走，唯有女子800米无人问津。平日擅长跑步的我跃跃欲试，刚想举手，有个声音突然在我耳边响起："800米，你可从来没有跑过啊！"顿时，内心的畏惧几近扑灭了我一腔热情之火，只留下火苗在微微颤动。老师迫切的目光扫过寂静的教室，无意间，老师的眼神触碰到了我，她似乎看透了我心中的火苗，注视着我，抿嘴微笑着向我点点头。"嗯，人生难得几回搏，挑战一下！"我向老师坚定地举起了手，成为了一名800米的运动员。

半个月的时间，似白驹过隙，很快，秋季运动会就拉开了帷幕。

运动会那天，秋高气爽，入场式表演精彩纷呈。800米的赛道是我崭新的征程，莫名的紧张一直包围着我。站到了起跑线上，我的世界就剩下自己的心跳声"怦咚""怦咚"。我深深吸了口气，双手紧握成拳，定了定心神，两脚叉开，双臂架起，听着起跑的口令。"砰！"，发令枪响，我不顾一切地冲出起跑线，沿着跑道狂奔下去。刚开始的400米，我一直处于领跑位置，心中不禁窃喜。但好景不长，第一圈结束，身后的脚步声越来越响，我下意识地想迈大步子保持领先地位，可双腿怎么也不听使唤，像灌了铅似的，越来越沉。一个，两个……我眼睁睁地看着其他运动员擦肩而过，却无能为力。"哎，800米真不好跑啊，早知如此，何必当初。"我开始后悔起来，双腿更加不听使唤。就在我已精疲力竭时，突然，铺天盖地的呐喊声在我身旁响起。我猛然一惊，原来同学们一直在为我鼓劲加油，一声声激动到模糊的呼喊让我鼻头一酸，他们一个个快要越过边线的身影让我心头一紧。我咬紧牙关，抛弃杂念，调整呼吸，奇迹竟然发生了，一股无形的力量在身后推着我，双腿开始有力地追赶。一个，两个……每一次超越又是一次激励，终于，终点线出现在我的眼前。我拼尽全力冲过白线，忍不住回头看看身后的跑道，咧嘴笑了。

勇于挑战的人，总能得到不一样的人生体验，心中的跑道也随着一次次挑战而变得宽广而长远。800米，不只是一段艰辛，更是挑战展示魅力的心路历程。我很清楚，在无止境的跑道上，有无数个800米还在等着我去挑战。

花开花谢，云卷云舒，气贯长虹。挑战，就是深夜中那点最亮的星。

（指导教师：王丹凤）

评析：或许我们常常抱怨庸常的生活，其实我们稍稍改变生活的理念，稍稍迈开生活的步伐，生活就会给我们打开一扇扇窗，呈现绚丽的风景。努力、拼搏、挑战都可以浸润到我们的生活中，我们的心灵会丰富起来，丰富的心灵会让我们的生活精彩起来。作者因为挑战与拼搏，让生活的沙漠变成绿洲，这些都是我们写作的源泉，有了这样的源泉，好作文还愁吗？

心中的一抹光

初一（25）班　刘璨

　　旭日悄悄地剥开了一层薄薄的云，一缕只属于清晨的温暖，轻柔地散在这个城市。

　　迎着早晨的第一缕阳光，田中学生纷纷踏入校园。看时间还早，我便在操场边闲逛起来。碧绿的松枝上镀上了一层金光，变得愈发精神；草丛里，繁星般细小的野花在光的沐浴下熠熠生辉；大门上的彩旗随风摇曳，格外醒目。我是学校护导员，享受着这只属于清晨的美好。

　　"怎么办，红领巾没带！""要不给你家里打电话？"一阵对话将我的目光锁定在了南门口。一个女孩正面色难堪地与她的朋友说着什么。

　　"你妈妈在家吗？可以叫她送。"

　　"不在。没有一个人在家！我肯定会被扣分的！"

　　朋友的表情凝住了。那女孩紧紧捏着衣角，脸急得通红，但仍在努力地使自己镇定下来，并来回踱着步。

　　我无奈地皱了皱眉，我帮不到她。"要不我去诚信超市买一条？"

　　忽然，她停住脚步，似乎想到了什么，将目光转向了诚信超市，却又有些犹豫，手在口袋里摸来摸去，顿住了。定然是她没带钱，本以为女孩只能灰溜溜地离去。可谁想她掏出了纸笔，快速地写下一行字，奔向超市，随即轻轻将纸放下，拿起一条红领巾便出来了。"今天放学我一定会把红领巾的钱还回来的！"余音久久回荡在耳旁。

　　我愣在原地，随即看了看表，便径直往教室走去。一缕阳光透进楼道，细小的灰尘浮动着。"那个女孩会不会像说的一样还钱呢？"这个问题一直萦绕在我心中，直到一天过去，云层慢慢将太阳遮住，夜的黑暗再次笼罩整个学校。

第四章　心中的那座桥

257

我带着一天的好奇走进诚信超市。那张女孩留下的纸条不见了，映入眼帘的只有两枚硬币，静静地躺在桌上，在月光下折射出点点银光。

伴着皎洁的月光与昏黄的灯光，我走出了校门，心中久久不能平静。那个女孩对超市的承诺和桌上的硬币，早已印在我的脑海里，不禁让人无限感慨：诚信超市开业以来，有多少田中人进进出出，每当统计营业额时，只多不少，那大概便是无数个田中人诚信的果实吧！

我心向阳，春暖花开。田中人，心中自有一抹光，宛如那圣洁的雪莲花，纯真而又不失高尚！

回家的路上，街边文具店传来了一阵音乐："诚信的光伴我年少的奔放，诚信的光伴我青春的成长……"那个女孩的身影早已抹不去了。

（指导教师：蒋慧）

评析：文章的篇幅不长，作者却能够以敏锐的触角，抓取生活中富有感染力的片段。"诚信超市"是江苏省南通田家炳中学校园的一道靓丽的风景，作者借助细腻的表达，呈现出小女孩诚信而温暖的身影，她只是田中学子的一个缩影。这篇文章是作者对田中学子的赞歌，更是对田中的赞歌，是心灵世界的真情流淌，读来令人沉思而深受触动。

奔跑吧，少年

初一（25）班　刘可馨

　　10米、20米、30米，我迈着轻快的步伐，奔跑在学校的塑胶跑道上，轻松惬意；100米、200米，一圈、两圈，呼吸渐渐沉重，豆大的汗珠从面颊滑落。我想放弃，但望着前面仍在坚持的同学，却又不甘，怎么办？

　　很久以来，父母、老师都说生命在于运动，跑步使人健康，然而我觉得跑步是枯燥、无趣，还很辛苦的事，总是不愿尝试。进入初中，发现有很多同学，无论严寒，还是酷暑，每天都坚持跑步。我觉得那些坚持跑步的同学是那么的健康与乐观，他们跑步的身姿是那么的矫健，他们构成了校园的一道亮丽的风景线。

　　我逐渐心生向往，希望加入他们的行列中。终于有一天，在一次晚自修结束后，我迈开了第一步。第一次要跑两圈，我暗暗地给自己定下了一个小目标。跑出第一步，我仿佛看到了完成小目标的喜悦，真是轻松愉快。半圈未到，呼吸渐重，不到一圈，愈加疲倦。我有点想放弃，想今天就这样吧，明天再说。我看着从身边跑过的同学，看着他们跑得如此的轻松，又想起了自小就背的"明日复明日、明日何其多……"，我咬咬牙，告诉自己不能甘于落后，要坚持，我调节情绪和状态，适当放慢速度，坚持跑完了第一圈。

　　再一次从起点出发，我内心激动，信心陡增，跑完两圈没问题！又过了一会儿，呼吸好像越来越困难，喉咙越来越干燥，双腿沉重得像灌了铅似的。我想走一段，但感觉这样好像有点前功尽弃，发现旁边的一个同学也有些疲倦，我加快了脚步，超越了他，我感到一丝自豪，体力也稍有恢复。我开始调节呼吸，两步一吸，稍微降速，适当贮存体力。

　　临近终点100米。我想着应该力争好成绩，开始加速，觉得自己像一

259

只小鹿，奔向终点。踏过终点线那一刻，我激动万分，我坚持下来了，成功了。此后，我经常与小伙伴们放学后在操场上跑个两三圈。现在的我跑步速度明显变快，跑个八九百米也轻松许多了。

中学，是一个崭新的阶段，学习压力变大，学科变多，作业如山似海，甚至连去食堂吃饭都要带着小跑，生怕浪费每一分每一秒。近三个月的初中学习让我感受到，学习生活真的像长跑一样，你若坚持就会成功，你若懈怠必然被超越。

不经历风雨，怎能见彩虹？不积跬步，怎能至千里？没有人能随随便便成功。逆水行舟，不进则退。只有坚持不懈的人，只有咬紧牙关的人，只有不怕摔打的人，才有可能，才有资格拥抱成功。吾辈正少年，为了冲过终点的一刹，让我们一起奔跑吧。

（指导教师：蒋慧）

评析：夜自修结束的操场，作者是跑步的初体验者，也是跑步的坚持者，过程艰难而作者坚忍，最终成为了奔跑的少年。作者没有就事论事，而是准确地勾连起坚持跑步和学习生活的联系，生发出"只有坚持不懈的人，只有咬紧牙关的人，只有不怕摔打的人，才有可能，才有资格拥抱成功"的主旨，足见作者是个喜欢思考的有心人。文章成功地运用细节描写，运用细腻的语言，朴实的叙事中包含真情，能让读者产生强烈的情感共鸣。

就在那一次，我战胜了自我

初一（25）班　董翊辰

几日连绵的雨天，叶子在风中打着旋儿，不堪重力似的，一头栽到地面上。行人们都瑟缩在雨披里，嚷着，真冷！今天雨竟然停了，阳光明媚，在短袖外加件外套，随意又舒适。这似乎是早已安排好的，初一运动会就在今天举行。

这是我第一次以运动员身份参加运动会！以前的我总不热衷于这类班级活动，总觉得有时间还不如和同学聊聊天、看看书呢。没办法，班主任觉得我跑得快，让我参加50米短跑，我只能赶鸭子上架了。上午初赛结束，我很轻松地进入决赛。太阳暖暖地将光芒撒向我的全身，蓝天一碧如洗，白云也懒洋洋地在空中漫游，岁月静好，时间似乎也停止了。

可是，意外发生了，我因错过了检录时间被取消了参赛资格。下午的风，冷嗖嗖地吹在身上，好像寒流袭遍全身。我仿佛被人重重地捶了一拳，一下子愣在原地。"砰"，那个令我绝望的声音急促响起，那些进入决赛的运动员们如脱缰的野马，奔向胜利的终点。眼泪在眼眶里打着转儿，我不仅懊恼着，更是心有不甘。我逆风向班级走去，一个人默默地走着，那无情的风吹落我晶莹的泪滴，一滴又一滴。回到班级看台，得知我的情况，有的同学递给我一杯热水，有的同学跑过来安慰我，还有的给我讲笑话……我心里舒服了一些，虽然还没从悲伤中走出。

这时班长走过来，像命令又像恳求，让我顶替另一名受伤的同学参加接力赛。我心有一喜，如打了鸡血般兴奋不已，我有机会弥补自己的失误，去享受竞赛场的美好了。风轻悄悄的，像吹面不寒杨柳风，温柔地撩起我的发。遮住太阳的白云悄悄地散去，阳光又重回大地，光芒四射，天也渐渐暖了。

虽然是获得了新的机会，但我似乎又面临着一个巨大的挑战：传棒。我没练过，万一掉了怎么办啊，我退却了。这时坚定的声音在我耳边响起，是班长！"你传棒时，左手将棒向下压着传到我右手，人不要停，我会紧紧握住。你要相信自己，不要因为眼前的困难而轻易放弃，不试试怎么知道呢？你有运动天赋，你行的！"听完后，我心中也像有了底，脱下外套，蹲下身，系紧鞋带，扎紧头发，跟班长坚定地向检录处走去。又一次站在赛场上，在迈上赛道的同时，我也迈上了人生的赛道。"加油，翊辰！加油，翊辰！"这时，一阵阵响亮的声音传入耳中，是班上的同学。这一刻，我感受到爱意就在身边紧紧地包裹着，我的力量又多了一些。

随着清脆的枪响，我毫不犹豫迈出大步，拼尽全力向前冲，心中谨记班长传授的技巧。"接好，我左手将棒向下压，稳稳地交到了班长的右手中"……我做到了，我做到了！心中满是兴奋与自豪，有一种难以言表的快乐。

在那一次运动会上，我战胜了自我，更证明了自己。人生的道路上，我们要抓住机会，努力拼搏，让自己更精彩，更何况我们背后还有温暖的大集体呢。

（指导教师：蒋慧）

评析：作者选取的素材很普通，是一次运动会的经历，但作者精于构思：勉强参加50米、顺利通过预赛、意外错过决赛、作者沮丧懊恼、同学温暖关心、喜获接力资格、同学鼓励参赛、成功完成比赛，文章曲径通幽，峰回路转，波澜起伏，最终呈现了"看似寻常最奇崛"的效果。

一缕芬芳

初一（25）班　施何乾

丝丝的柳絮，淡淡的花香，柔柔的晨光，我的心从甜美的睡梦中定下对现实的向往与追求，对未来的憧憬与希望。平静的天空陪我一起沉默，蔷薇花在栅栏上格外耀眼，似乎在为梦想谱写赞歌。

我变成校园里一棵不起眼的灌木，每日看着同学们为梦而奔跑的身影。

这一天，又是洒满汗水的一天。放眼望去，操场宽阔得一眼望不到边，让人心生畏惧。然而同学们却很坚定。我静静地看着那个不做声的同学，她穿着宽松的T恤。

枪声已经响起，她一个箭步冲出去，节奏感满满，一步一步地迈着，轻松而又淡然，发丝轻轻地甩动起来，似乎伴着歌声起舞。渐渐地，那晶莹的汗水从额际划过脸颊，汇聚成滴滴饱满的水珠，落向地面。那原本匀称的呼吸变得急促、粗犷起来。眼睛如同被清水浸过一般，显得那般湿润，却透露着一种坚定的信念。

脸颊似乎已经因为乏累而涨得通红，腿像是被灌了铅一样沉重。但是她并没有停下脚步，用尽所有的力气跑完了全程。

"既然目标是地平线，留给世界的只能是背影"。我为这样的同学喝彩。你的背影，注定是一抹神奇的色彩；你的坚持，注定是一个励志的故事。

跑完后的她，撑在地上，眼睛里浸出了泪水，发丝又拂过她那因激动而紧绷的脸庞，看着那几百米的跑道，内心充满了自豪！

夕阳给天空染上了一抹金黄色，几只鸟儿叽叽喳喳地在谈论着，轻如薄纱般的炊烟在空中弥漫，蔷薇花变得更迷人了。

我又变回了自己，我感悟到了校园的生命是如此的多姿多彩。一个

263

人未来也许不会有多么伟大，但是只要有这种拼搏的精神，就能成为一个成功的人。

每一个不曾起舞的日子，都是对生命的辜负。用心去拼搏，去追求，总会有不一样的收获与快乐。让我们体验"待到山花烂漫时，她在丛中笑"的畅快吧！

（指导教师：蒋慧）

评析： 这篇文章的成功得益于作者巧妙的写作视角，把自己变为校园里不起眼的灌木欣赏同学们为梦而奔跑的身影。描写她奔跑的身影细腻而真实，带给读者诗的享受和思的深沉。作文是求异思维的体现，与众不同是作者构思的出发点，一"巧"遮百丑，那何为巧？王蒙先生曾说，巧就是"亏他想得出来"。

白杆之上

初一（25）班　吴森楠

沉寂的傍晚，氤氲着黄晕的光，落日的余晖透过稀疏的树叶，泻入水中，平静的河面倒映出晚归寒鸦的身影，耳边不时传来"啊啊"的长鸣，颇有一种"山气日夕佳，飞鸟相与还"的悠闲意趣。

中澳楼的北边是一座曲桥，横跨着那片充满生机的河塘，一根雪白的杆子矗立其中。此时正值深秋，气温波动大，每到黄昏，水中温度骤减，河面似乎凝固了，散发出一股股冷气。当我们走过时，总会看见一群金鱼浮于水面，贪婪地吸取最后几抹夕阳，这次也不例外……

看，又是它们在温和的阳光下休养生息，我早就习以为常了，正欲离去，眼角的余光却被一个不同寻常的身影吸引住了，一个黑色的东西正沿着那根杆子缓缓攀爬……

定睛细看，是一只乌龟，深褐色的壳儿，原本清晰均匀的线条，被污浊的淤泥掩盖，短小精悍的四肢牢牢地抱住杆身。它想干什么？锻炼身体还是展示技能？我百思不得其解。乌龟的动作很慢，只见它先将一侧前爪向上挪动一小步，再缓缓抬起另一侧后爪向上稳住沉重的身躯，然后再换另一边的前后爪，这才算完成完整的一步，就这样走两步停一下，虽说离水面有了点距离，但离杆顶仍有很长一段。

少顷，它似乎已没了力气，将头缩进龟壳，四肢也不再发力，终于"噗通"一声坠入水中。岸边一片嘲笑："这么长的杆还想爬上去，真是自不量力！"

正当大家准备散开时，忽听有人大喊："它又上来了！"

这次乌龟出现在了杆子的另一边，那儿有几根短小的分叉错落着。它变聪明了！我开始佩服这个小东西！它没费太多力气就登上了第一个分叉，就这样爬了将近一半时，它后爪一滑，又一次掉下去了。

"哎！我还以为能有啥奇迹呢！""是啊，还不如那些无欲无求的小鱼们。"同学们纷纷议论着离开了。

此时，空中原有的几分红润逐渐被墨化了，调皮的风卷着落叶四处流窜着，一场说来就来的雨倾泻而下。

时光如白驹过隙，一眨眼，第四课下课了。我们又来到桥边，然而……

乌龟，刚才那只连续两次跌入水中的乌龟，竟然奇迹般地站在了杆顶之上！"天呐，它成功了！"同学们惊呼着。是什么力量使它战胜自己？突然，我发现经过四十多分钟的暴雨，水面上升了，几乎将杆子吞噬，而不放弃的乌龟正是借着这一丝机遇成功登顶！我不禁肃然起敬。

乌龟如此，人更亦如此。若想成功登上人生的顶峰，必须抱有坚定、执着、不怕失败的态度、不服输的勇气和坚韧不拔的精神！凡事都有技巧，但不等于捷径；凡事都要抓住机遇，但不等于坐等其成抓住机遇，奋力拼搏，才能不负年华！

终于，浓云散尽，夕阳斑驳的影子落在乌龟身上，它伸长了脖颈，酣畅地享受着这难得的温暖！水中的鱼儿们围着杆子，羡慕地望着……

（指导教师：蒋慧）

评析：作者选取了校园生活的场景，一个寻常之景中的意外：乌龟爬上了杆顶。写乌龟，抓住了乌龟的外貌、动作，详细描写了乌龟爬杆的过程，写了乌龟努力向上的姿态。同时，也写了乌龟爬杆时的围观者我们，我们"好奇""嘲笑""离开""惊讶"，情感的跌宕起伏，侧面展现了乌龟爬杆的不易。行文紧扣主题，不蔓不枝，生动的形象、细腻的语言、流畅的脉络，一气呵成，给人一种圆润之感。

绿 愈

初一（28）班　李雨琪

那蓬蓬的绿，从此愈了我心。

——题记

　　初入校时，那间教室虽然宽敞，但整个儿都是灰蒙蒙的。桌椅上，不消说，都蒙着一层薄灰，显然是一个暑假落下的。一缕微薄的阳光下，那些细小的尘粒翻飞着，只觉灰尘呛人！

　　教室离校门甚远，少说也得走上五分钟，恍若与世隔绝，为我所不喜。还好有那曲桥秋水相依，上学途中自可领略"水何澹澹"之势。

　　就在那灰蒙蒙的教室中日复一日地学习，确乎有一声叶落微响，似微风拂弦，心中莫名地悸动，直触一片柔软与温暖。课间时，一声欢呼掠过耳畔，我于是茫然地抬起头，竭力寻找声音的来源，却将目光落在一蓬蓬绿上。讲台周围什么时候摆了绿萝？无从得知。那蓬勃的绿在灰蒙蒙的教室里，就像是星星璀璨在夜空。教室里顿生一种前所未有的明媚与清新，这总使人无端地将它与午后暖阳相联系。一缕阳光，悄悄地透过窗子，温驯地伏在绿萝上。那绿萝摇曳的影，没有投射在明净的瓷砖上，却投进了我的心里。摇曳着，摇曳着……

　　一盆盆绿萝，绿得葱翠，绿得澄清，绿得醉人。我的思绪跟着绿萝那种清新而又迷人的气息走。我曾想起无数个清晨，班主任提着花洒，浇灌它们，一副欣欣之态。那鲜嫩的叶子，简直就像起伏着一层绿茵茵的波浪。水珠子顺着叶尖滴下来，比少女的眼泪还娇媚。那水迹在叶子上写下的，是她润泽它们的笔迹，熠熠生辉。四近泛动着那延绵的绿意……

　　预备铃响过，上课铃又至。一堂堂课，那绿萝同我们一样是学生，是课堂的倾听者。它们和我们一样会解一元一次方程，知道光合作用的原理，会背经典诗文……我们思考时，它便也会静下那颗蓬勃的心，面对难题，它似乎比我们更加平静、从容。

那在黑板下落脚的一盆，似乎总沾染着粉尘。

三尺讲台，一支粉笔在黑板上述写着老师的春秋。随着每一次粉笔的书写，或是黑板擦擦过，那细腻而洁白的粉笔灰，似雪，簌簌落在那蓬绿上。从此，那绿萝上闪烁着智慧的雪的光泽，就是这一盆，似乎比旁的都要鲜绿。或许，绿萝的培养不仅需水，还得索求些粉笔灰罢！我想，经过粉笔灰的育养，它该会多么幸运且智慧。

我站在讲台边，与那绿萝对望着，我顺着它的茎络寻找生命的真谛，也倾听着它叶片沙沙的智慧语录……

（指导教师：花永妍）

评析：文中，作者把景、情、人三者完美地融合起来。不喜灰蒙蒙的教室的我，遇到了同样身居灰蒙蒙教室的绿萝，详细描写了蓬勃的绿萝明媚与灰蒙蒙的教室，沾满粉笔灰的绿萝更显鲜绿，这样的绿萝引发了作者的思考，"顺着它的茎络寻找生命的真谛，也倾听着它叶片沙沙的智慧语录……"作者借绿萝，说明了生活真理：遇到生活的荆棘，要有一颗勇敢的心去迎接，山花烂漫等着你。

阳光下的红流

初一（28）班　王灿

整日的校园是美丽非凡的，晨起的第一缕阳光便给予土地满眼的色彩。田中的背影在朱曦的映照下，显得静谧而温馨。

胸前摆动着红领巾，怀揣着赤诚的心，慢步走入校园。走到门口，与保安叔叔道声好已成为每个田中人的美好习惯；走在路上，微笑着与老师们问候也逐日浸润每一个田中人的脉搏。缓步走向教学楼，穿过操场，辽阔而空旷的跑道上，悬钓着一轮澄亮亮的圆日，反射得草木绿叶耀眼夺目，整个校园仿佛都给镀上了一层金色的箔边，变得格外珍贵。东方的太阳，似乎永是那样火热，牵引着我奋斗的决心。

应着广播，全校师生齐聚操场，仰视国旗。刚入初一的少先队员们昂首于蓬勃的朝阳下，敬着少先队礼。此刻，万众一心，用信念撑起无数爱国的情，双眸充盈着动容与真诚，像是对未来的我们发出忠心的召唤：努力拼搏，超越自我，为中华之昌盛而奋斗！五星红旗于红日碧空下不断翻动，激荡着我们内心的巨浪。

当清脆的铃声袭满校园，同学们纷纷走出教室，呼吸新鲜空气，调整放松大脑的运转。我倚在门廊一侧，悠闲地注视起眼前的人群，从楼梯上涌动于楼下，好不壮观！同学们都戴着鲜艳的红领巾，大家聚在一起，红领巾也有了重逢，火热的阳刚之心便有了碰撞，汇聚成了红色的潮涌，凝结为斗志和雄心，闪耀于冗长岁月，消除烦杂之心，炼为永恒。

阳光之下，我们在操场上敞开了跑，解乏而感到欢乐。阳光清澈地撒落，其中的粉尘都可以看得清清楚楚。跑道两旁栽着桂树，我知道，这是校树，代表洁白，纯净与高尚，桂花虽未全放，但依稀的香足以荡涤世俗间的纷扰，洗净我的心灵。

当我们踏上这片土地时，已经成为了田中人；当我们爱脚下的沃土时，便已经拥抱并成就着一种精神！这便是田中力量，无需多言，投入新生活伊始就崭露锋芒！

阳光下的红流，致以我们对祖国的热爱，对学校的热爱，以及对前途的期许，指引我们奋勇向前，坚守夙愿，在成长的道路上享受荣光！

（指导教师：花永妍）

评析：感人心者，莫先乎情。感情真挚是衡量文章的一条重要标准。这篇文章描绘了"走进校园""升旗仪式""课间休息""操场奔跑"等画面，因为每一幅画面都涌动着田中学子对田中的热爱和自豪，文章才焕发出了动人的光彩。作者用"真"打动读者，使之产生情感上的共鸣；其次用细节传神，展现田中学子的朝气蓬勃，再次渲染氛围。这样的文章饱含真情实感，亮人眼目。

临窗的日子

初一（28）班　周邱奕

来到田家炳中学的第一天，我被分到了临窗的位子。

几缕金色、细碎的阳光透过窗帘，洒在原木色的桌上，是那么慵懒、可爱。我并没有心思去听老师诉说中学生活的苦与乐，只是望着窗外的风景。猛然听见少时读书之地的铃声，想起第一次银杏树下的相遇，最后一次是栀子花淡淡芳香中道别。听着老师的话，看向一个个陌生的面孔，我对中学的生活感到迷茫。

下课了，望向窗外，中澳楼旁一排排高大的树木映入眼帘，枝繁叶茂。它们一个个昂着头，挺着胸，迎着初秋的暖阳，一片蓬勃之景。它们并不害怕冬天的来临，不惧怕会遭受雨雪的吹打。这是榆树，还是樟树，抑或是梧桐，我不知道，也看不出来。它们在四季里静静生长，在校园一角，就那么静默。

秋雨落下一分，秋意便加深一分。这次的秋雨不同寻常，"噼噼啪啪"地落。大雨紧扣着窗棂，我不禁为这无名大树担心起来，情不自禁地转向窗外，却什么也看不见。"你们还好吗？"我开始着急，开始望向钟，默默祈祷着下课铃声快点响起。窗外的"沙沙"声依旧未减。

雨停了，我趴在窗前，望着窗外，叶子被雨水清洗得呈深绿色，如一幅油画。太阳出来了，叶片上的水珠亮晶晶，如圆润、透明、晶莹的珍珠。我的心情大好，对未来有了新的希望。

月考后，我的位子不再临着窗，被分到教室最热闹的中央。的确不舍得临窗的日子，像少时的糖画，小心地捏在手心，也记得那天"雨落惊了纱帘"。但我早已放下，心中装着一片净土。

如今，那排大树依然挺立。

（指导教师：花永妍）

第四章　心中的那座桥

271

评析：文章表面是写一棵大树，实质文章的落脚点是写我的转变。初中生活第一天的我无感新的生活，借着描写大树在风雨中傲然挺立并美如一幅油画，我深切地感受到了大树面对风雨的顽强，从而激发了我对未来的"新希望"。作者虽然没有着意刻画和渲染，却真实地再现了自己的情感变化，引发强烈的情感共鸣，具有穿透力和感染力。

惜　时

初一（29）班　沈嘉茗

每逢课间，教室里都喧闹成一片，说话声、走动声、大笑声此起彼伏，充斥着整个教室。同学们三三两两，闹着笑着，一直到上课铃声响起，才依依不舍地各归各位，安静下来。

但是某一天的课间，我发现了一些"不和谐"的画面，有一些同学，他们无视这吵闹的环境，默默地看着书或者认真地写着作业。渐渐地，我发现这样的画面不是偶然的，他们每天都会如此。为什么？是成绩很好的同学？还是刚进入新集体不合群？我不禁产生了怀疑。

于是我开始认真观察他们，发现他们中不乏成绩优秀的，但也有成绩一般的，并且他们在课外活动时都很活跃，和同学打成一片。直到有一天，在喧闹的课间，一个默默看书的同学的话解开了我的疑惑，他说："每天的时间太有限了，不好好地利用课间时间看看书，怎么提升自己！"我恍然大悟，这些"不和谐"画面制造者的共同点就是珍惜时间。

自从升入初中以来，我们的学业任务变重了，学科变多了，但是可供我们用的时间却没有变。再用小学时的速度来面对初中的生活，是完全不可能的。我们是时候要学会珍惜时间，和时间赛跑了。

昨天的时间过去了，它就永远变成了昨天，你再也不能回到昨天了，虽然明天还会有新的太阳，但永远不会有今天的太阳了。

诗人邓拓曾说过："古来一切有成就的人，都很严肃地对待自己的生命，当他活着一天，总要尽量多劳动，多工作，多学习，不肯虚度年华，不让时间白白地浪费掉。"

我们周围的很多同学还没有真正学会珍惜时间，只是将惜时的口号喊在嘴里，却不知道利用碎片时间达到效率最大化。课间时间虽然短暂，但是只要充分利用，至少可以看一篇文章、思考一道数学难题、背十个英语单词，或是消化一下上一节课刚学的知识。我们要赛过时间，努力在最短时间内完成最多的事情，我们要珍惜时间，别把时间浪费在无聊的小事上。

珍惜时间是通往成功未来的条件之一。时间在流逝，谁把握住时间，谁就能拥有美好的明天。

（指导教师：葛炜玮）

评析：每个人都有专属于自己的珍贵的"发现"，走进这些"发现"，引发思考，可以拨开人生的新征程。就像本文作者"发现"了课间的"不和谐"，和"不和谐"画面的人物对话，懂得了珍惜时间。珍惜时间是中学生活永恒的话题，作者叙事娴熟，情感体验真挚深沉，源于他有"慧眼"和"慧心"，否则很难做到。

曲　桥

初一（29）班　陈可

时光飞逝，心智懵懂的我们踏进初中校园已经半个学期了。初中校园与小学校园大相径庭，校园里少了从前的游乐设施，多了各种花草树木、励志小景。

学校大门上插着的各色旗帜，在风中自在飞扬，犹如意气风发的少年；校园主干道两侧各色灌木花树，花季一到，它们就各自奋力绽放，犹如努力拼搏的回中学子。校园中的一切都是光鲜亮丽的，洋溢着青春的朝气。但唯有一处，景最美却总让大家望而却步，那就是校园内最具挑战和危险的地方——曲桥。

曲桥位于校园东中部，它深藏在中澳楼的后面，掩映在丛绿间。桥面上铺着小方砖，常年雨水冲刷，人来人往，砖面异常光滑。桥栏杆表面已经斑驳破旧，男生走在桥上稍微用力，栏杆就开始不停地晃动，桥上的人立刻加快脚步，心生恐惧。无论老师还是同学，过桥都得小心翼翼，再调皮的男生也绝不会在桥上追逐打闹。此后，它就被贴上了"危险""恐怖"等标签。我就曾在桥上目睹过一起"坠桥事件"。一位女同学的包，由于主人没拎牢直接坠入小河。可见，走在桥上不仅要保护好自己，还要护住手中物品。

就是这样一座遍布危机的曲桥，却是校园中我的最爱，总对它有一份独特的感情。正如她的名字"曲桥"，弯弯曲曲地伏在水面上，每日迎来送往。桥上的台阶高低不平，曾经还让我摔过一跤，但吃一堑长一智，下次我便会小心了。这一摔也让我明白，成功的路上从来不是一帆风顺，铺满鲜花，它也许充满荆棘，遍地陷阱，可桥上风景独美，桥的尽头就是平坦大道。每当心情糟糕时，我总喜欢在桥上走一走，慢悠悠地，一趟又一趟，仿佛这样就能踏平心中的失落，而后深吸一口气重新，投入学习中去。

曲桥就是我的心路。

（指导教师：葛炜玮）

评析：这篇文章的选材来自于校园中的一景——曲桥。作者选材角度比较新颖，详细描写了曲桥的危险，如曲桥上同学的包坠入小河和我在曲桥上摔跤。但作者的高明之处在于结尾的一个意料之外又在情理之中的反转："成功的路上从来不是一帆风顺，铺满鲜花，它也许充满荆棘，遍地陷阱，可桥上风景独美，桥的尽头就是平坦大道。"这样的反转让读者豁然开朗，这就是生活。

校园里，那一抹亮色

初一（29）班　王苏萌

生命是有气息的。

就连校园里的一朵小花都有盈手的清香，人们还没有走近，就会被熏染，让人不由自主地感叹这段美好。

在我们的校园中，有一株月季。刚进入田家炳中学校园时，它和路旁的灌木并无二致，叶子稀疏，茎干矮小。迈入新校园的我们每天被崭新的初中生活所吸引，对路边的花草也没有人在意，反倒是我们学校的一位保洁阿姨天天给它浇水、施肥，我们都很纳闷，但阿姨只是笑了笑，轻轻地说道："等它开花你们就知道了。"过了一个月，天气渐渐转凉，校园的桂花竞相开放，香气扩散到整个校园，同学们被香气吸引，天天下课都要去看看，闻闻。但这时的月季只是打了几个朵，一点开花的意思都没有。我们都很担心，天气渐渐转凉，还能开出美丽的花吗？但是保洁阿姨还是和以前一样浇水、施肥，依然气定神闲。我们也只好耐下性子静静等待。

突然降温的一个早晨，我冻得瑟瑟发抖，奋力奔向班级的时候，余光发现一抹亮色在我的旁边晃过，我回头一看，月季花竟然开了！

它的颜色是一种淡淡的橙色，温柔而不张扬，似朝阳初升，似炉火初燃，给人以生机，给人以希望。它的花朵开得很大，许许多多的花瓣紧密地抱在一起，好似冬天里围聚在一起欢聚的人群，热情而欢快。它虽平凡，却能带给人们一种难以言表的喜悦。这难以言表的喜悦究竟是因何而起的呢？我想，不仅仅是因为它开花的样子，更是因为它坚定的信念感和顽强的精神。不畏严寒，努力绽放。

不仅仅一朵花是这样，校园的同学们也是如此。每天早早迎着寒风来到校园，利用一切的时间学习，就连晚上吃晚饭的空隙都要多背一会

第四章　心中的那座桥

儿书。是什么让我们如此勤奋呢？我想，是因为我们都坚信，机会是留给有准备的人的。我们要在最好的时光做最好的事情。努力读书，奋力拼搏，遇见更好的自己。

现在，田中校园的月季还在怒放。随着时光的流逝，它的美丽终有一天会褪色，但它努力绽放的那一抹亮色，将在我脑海中永远鲜艳。

（指导教师：葛炜玮）

评析：这篇文章取材于校园中的平常植物，从月季形态的平常、迟迟不开花的缓慢，写到了降温的早晨月季突然开花给我们带来的惊喜。降温没有打倒月季，反而让月季在痛苦和磨难中活出了自我，活出了色彩。平常却不平凡的月季，让校园有了别样的魅力，让小作者有了别样的体悟，遇到了更美的自己。

我的曲桥

初一（29）班 张铭周

南通田家炳中学校园内，给我印象深刻的就是那座看似普普通通的曲桥。

曲桥不大，看上去有点儿年代了，栏杆上的红漆早已斑驳，留下的只是种种锈迹。桥上有一座避雨亭，但只是一片空荡荡的空地，我常常站在那儿目视前方，看那秋叶随风而起，随风而落，在水中荡起阵阵涟漪。

那座曲桥似乎能赶走我的烦恼。考试考砸了，默写不合格，但凡遇见不开心的事儿，我都常常独自一人跑到曲桥上，聆听悦耳的风声与树叶的沙沙声，它们是天然的演奏家，"呼呼沙沙啦……"音乐中有柔和，有沉稳，有快乐，有悲伤。我静静地听着，把内心中的苦闷与烦恼抛在脑后。闭上眼，想想以前经历的坎坷与挫折，最后都被岁月所埋没，这一点点的烦恼又算什么呢？"千磨万击还坚劲，任尔东西南北风"，我们就像刚冒头的幼苗，如果不经历风吹雨打，又怎能长成一棵参天大树呢？想到这儿，我内心豁然开朗。啊，质朴的曲桥，你让我的内心再无烦恼。

那座曲桥不仅是我快乐的源泉，更是我亲近大自然的地方。

清晨走在校园的人行道上，远远地就瞧见那座曲桥。它像一位老人静静地坐在那儿，两旁是湛绿葱翠的树木。秋风莅临，树叶儿迎风飞舞，忽上忽下，忽左忽右，渐渐地落入水中，化作一扁叶舟。走在桥上，你能看见几条小鱼在水里嬉戏，从桥那边儿窜到桥这边儿，你追我我追你，玩得不亦乐乎，你的心情也会自然地舒适快乐，这时的曲桥是充满活力的。

渐渐的傍晚到了，曲桥又会呈现出它独特的姿态。夕阳的余晖穿过树林洒在水面上，把水面染成一片金黄，墙角的小草这时候格外的亮眼，它们默默无闻地在那里生活，在小小的空间中吸收营养，只有在这时才能享受到一丝光辉。转头我在墙角边发现了一朵紫色的小花，它是那样的娇小、无助，与那些娇艳的名花比起来，它显得多么微不足道。可是它仍旧焕发着旺盛的生命力，那是一种多么可贵的精神啊！这时的曲桥是美丽的。

曲桥无处不吸引着我。真愿成为诗人，把一切对曲桥的赞美都浸在自己的心血里，像杜鹃似的啼出曲桥的俭朴静肃。可是我不是诗人，我将永远道不出我的爱，只能默默地守护着它，陪伴着它……

我的曲桥，我的爱。

（指导教师：葛炜玮）

评析：文章以大写大是虚假的大，以小写大才是真的大。小作者截取校园小小一角，那座不美却质朴的曲桥，年迈却充满活力的曲桥消除了小作者的黯然，让快乐装点了校园生活。从小处的曲桥，写到大处的生活感悟，道不出心中的爱，却让爱在校园、在心间流淌；没有大声的赞美，却是默默地守护陪伴，这样的校园必将成为他内心的净土，还小作者以宁静快乐。

无处不在的诚信美

初一（29）班　周译欧

　　金秋九月，蝉鸣阵阵，我们踏进了江苏省南通田家炳中学的大门。新的校园，新的环境，新的伙伴，一切陌生又美好。

　　于我来说，田中极大。有求是楼、博学楼、宏宇楼、中澳楼等高大宽敞的教学楼，有开阔的操场，有各种精神抖擞的树木，也有许多在阳光下眨着眼笑的花儿。而这些，只是田中的外在，田中的精神气质便氤氲其中——诚者大成，善行天下。

　　学校里有个小超市——诚信超市，这是一个无人看管的超市。无人看管并非借助于高科技，而是依赖于田中的诚信精神，校园里无论谁到这个超市买东西，都自觉按照标价付款，没有人会因为无人监管而把东西偷偷顺走。除了诚信超市，田中还有一个爱心雨披室，下雨天没有带雨具的同学也不用担心，可以到爱心雨披室自取一件雨披，条件是第二天洗净晾干后物归原处，多年来，雨披未少一件。信任在学校与一届又一届的学生间无言地传递着，润物细无声，不经意间，诚实、诚信的品格已慢慢地镌刻到我们的骨子里。

　　给我这个刚入中学门的新生感触最深的是诚信考场，这是我原来在小学从来没接触过的考场。

　　期中考那天中午，我怀着满满的好奇心奔向诚信考场。五十多个学生坐在诚信考场中，考试还未开始，所有人都静悄悄地看着自己的资料，窗外的吵闹声仿佛被什么魔法阻止了，干扰不了我们。预备铃打响后，所有人便自觉地将资料放回教室外的包里，不带一丝犹豫。监考老师准点发下考卷，笑眯眯地离开了。居然无人监考！

　　我紧张的心变得平和、宁静，心中暖暖的，充满了力量，这是信任的力量！我低下头聚精会神地答起题来，教室里只听得一片"沙沙"的写字声，就像春蚕在勤奋地啃食着桑叶。终于做完试卷，我抬头看看，讲台上还是没有监考老师的身影，身边的同学有的仍在奋笔疾书，有的眉头紧蹙，陷入了思考，有的已经做完，正全神贯注地检查。这时候，如果有谁偷偷地作弊，应该不会有人发现吧？但是没有人这样做！没有人愿意辜负这份信任，没有人愿意做那个不诚信的人。

这些就是田中校园里日常发生的一些事，正是这些细微处的美丽，时时在感动我，让我心中充满了力量，让我觉得这个世界很美、很蓝，就像一颗薄荷糖，散发出清新真诚的味道。

（指导教师：葛炜玮）

评析： 朴实的文笔、朴实的事件、朴实的构思，写出了校园中的普通日常。诚信超市、爱心雨衣、无人监考，让诚信在同学间流淌，润物无声，大美不言，这是信任的力量。点滴小事带来的感动氤氲在校园中，也浸润了小作者的心田。

迷人的校河

初一（30）班　姜潇文

有阳光洒在河面上，斜斜的。我远远地望了一眼，于是忍不住又跑上了曲桥。

阳光照耀下的校河微笑着，好像十分满意落日点下的腮红，流淌的河水吟出愉快的乐章。望着校河，我的心情一下子变得舒畅起来，仿佛有一种魔法牵引着我，让我情不自禁地想要歌唱。

这是田家炳中学的校河，她与母校一起经历了孕育桃李、教书育人的历史。缓缓流淌的河水，就像校园文化无声地浸润着我们的心田。而我喜欢在河上的曲桥看日出日落，看河水静静地流淌，就像现在我这样站着，内心总有一种特别的感情。

刚步入初中校园的大门，我怀着不安的心情往前走去，一想到会遇到陌生的新同学，即将融入一个新的集体，不由得紧张起来。正当我思绪万千时，路旁绿荫掩映下的小回廊一下子吸引住了我。于是我激动地跑过去，那座桥，那条河第一次映现在我的视野。站在曲桥上，迎着微风，看着河水静静流淌，呼吸着清新的空气，原本紧张不安的心情一扫而空。极目远眺，这广阔的校园让我感受到了新奇，萌生出对未来的憧憬。几只蝴蝶在阳光下翩跹起舞，还有几只停息在旁边的花朵上，我好奇地将手伸过去，它们扇动着翅膀，绕着我飞舞，似乎是喜欢我的发绳。阳光照耀下的河面，一闪一闪的，好像在悄悄告诉我河里面藏着绚丽的瑰宝，等着我去发现。我置身于美好而又梦幻的仙境之中，无法自拔。

自那之后，我就经常望着河面出神，希望能够发现这下面真正的宝藏。阳光照耀下的波光粼粼的校河，散发着迷人的光彩，吸引着我去发现、去探索。有时候下雨了，我也会远远地在教学楼看着烟雨蒙蒙的

283

河面，总想着有一天揭开她神秘的面纱，让她的宝藏彻底展现在我的面前。

我还记得校长在开学典礼上的致辞：崇德、博学。校长特别提到这条校河，他说，这条河很美，我们可以好好看看。如今我正站在这条河旁，仔细地端详着她，回忆着上学时精神饱满地从旁边走过；户外活动与同学追逐嬉戏穿梭而过；雨中小伙伴与我共撑的伞，阳光下共同喂食那水中的小鱼。一幕幕快乐温馨的画面在我脑海里浮现，一股股暖流在我心中流淌。同学们的互帮互助，老师们的谆谆教导，还有不断增长的知识技能，让我对初中学习生涯有了更深刻的领悟。

顺着这条河，看向远方，天空中的云霞被染上一种别样的色彩，那正是太阳要落下的地方。而我，将从这条和母校一起哺育我成长的河上出发，不断成长，勇敢追寻，将田家炳中学的水育文化发扬光大。明天太阳升起时，我将放声歌唱！

（指导教师：董振宇）

评析：校园的一角有弯弯曲曲的河流，那里静谧、美好、迷人，但正是在河流旁边，小作者发现了"阳光"，寻到了"快乐"。那是一种浸润，一种熏陶，一种孕育。河流缓缓流过校园，也流进了小作者的心里，哺育了一代代学子。于是，那一个个关于成长的故事在河流旁边不断产生，升腾……

心中的那座桥

初一（30）班　陈麒羽

拈一颗素心于流年，褪去平时烦嚣，任凭画面中流淌着一缕阳光，倒映出一座桥，涤荡在我的灵魂深处。

曾记得浅秋的一天，初次步入田家炳中学，教学楼掩映在飞红滴翠的葱茏之中，古朴、庄重，就像一位儒雅的老人，带着睿智的目光。这个学校的每一幢楼、每一株花草都驻扎在我们这些少年心中，大家或羞涩，或踌躇满志，纷纷投下一片又一片的憧憬与希望，我亦使然。

穿过一座座方正大气的楼宇，走过一间间窗明几净的教室，偶然间，就发现了那么一座石桥。那是一座小型曲桥，桥缝里，还有零星的青苔，不知何年何月何日所造，更不知是谁所造。每天，孩子们成百上千次从它身上走过，脚下的校河被世人喻为"上善若水"，而它却如沉默的老人般，静默在微湿中，面容沧桑，犹如这所百年老校一般低调，朴实无华。初次见面，桥在这里，微不足道，正如我心。

白驹过隙，秋雨瞬间浸润了整个十月，数学失利的我茫然无措，失意中走出了教室，雨"滴答滴答"地飘落在我的肩头、伞边。不知怎的，竟看到了那座桥。雨中，这座默默无闻的曲桥就这么端坐在校园一隅，任风雨飘摇，仿佛一位坚守的老人，孤傲地屹立于校园中，安静而富有韧劲，就如同百年田中，守望着"崇德博学"的信仰，有着分明的棱角，沉默、自由而随意，胸中却深深蕴藏着惊人的力量和胸有成竹的风度。

望着，想着，情不自禁，却成就了自我。是啊，人生不就是如此吗？不做人生的过客，风过留声，雁过留影，虽不似钻石那么光彩夺目，但为何不能沐浴田中百年的光泽，为何不能聆听这所百年老校的教诲，悦纳这所百年老校的幸福，让自己练就一颗能够炼铁成金的心呢？

初到陌生环境的忐忑不安，蛰伏已久的学习困惑逐渐被这座桥消融了。以桥为心，不负韶华！我感受到一股暖流。于是乎，短暂数月的校园生活逐渐变得柔软，也逐渐在心中弥漫着清清的余香。

　　一阵秋风吹来，落叶吹落到桥上，具有独特意味的曲桥与小池塘中的清流相互辉映，意趣深远……

（指导教师：董振宇）

　　评析：一粒石子投入了平静的湖面，涟漪荡开了，一圈圈，从教学楼到校园一隅，自然而真实。小作者的神思在行走，不疾不徐，尽管有茫然、有失意，但也有温暖和力量。把情感的转变隐藏于校园的一隅中，把惊雷藏于平静处，去沐浴、去聆听、去悦纳。校园中的人与桥相互辉映，在平常的校园中酿出了不寻常的滋味，让人久久回味。

窗 外

初一（30）班　翁千婷

步入初中生活，心中难免忐忑。初次走进中澳楼的教室，便觉得它比一般的教室明亮宽敞。阳光通过敞亮的落地窗洒进来，柔柔的，暖暖的。似乎是有特别的缘分，此后，我便坐在了靠窗的位置上。

刚开学的那几天，我对班上同学还比较陌生。下课时，我总喜欢在位置上，托着下巴，望着窗外。小河上的天色蔚蓝，仿佛能看见大海的影子；白云悠悠，宛如少年渴望自由的心；阳光明媚，透过树叶的间隙，如颗颗繁星洒在地上；偶有一只鸟儿飞过，在空中划出一条优美的弧线。在我扭头看窗外风景时，那份对于新生活的不适应就立刻飘散到九霄云外，只剩下对新学期的憧憬。

开学几周，压力渐增，我常感疲惫。有一次上课，我有些心不在焉，恍惚间，我的目光触到了窗外延伸进来的阳光，顺着阳光望过去，小河边的一棵香樟树伫立在曲桥一端，高大粗壮，枝繁叶茂，尽显沧桑。我忽然惊醒，心中的一角被触动。一棵树，要经历怎样的风雨，要遭受怎样的苦难，才会长出如此有力茂密的枝条？每一根看似随意的枝丫，也许都蕴含着一个个春夏秋冬的精华；每一片普普通通的树叶，在阳光下熠熠发光，才长出满树繁华。我心中那颗不畏困难、渴望知识的种子在悄悄破土，萌芽。没有坦途通向未来，我应该不断摸索着蹒跚前行。

有时，我也会忙里偷闲，放松一下。透过落地窗欣赏操场那边的落日晚霞，在晚饭过后，静静地铺洒。夕阳悄然落下，余晖渐渐暗淡，半空的紫粉色与橙红色的流云相互缠绕，编织成少年五彩斑斓的梦想。每每看见这绚烂的晚霞，我心中就会充满对学习的热情。虽然夕阳近黄昏，但我逐梦的脚步却日夜不停。我必须按所想的去生活，否则就只能

287

按生活去想。

"不是所有的努力都有结果，但总有一些努力，能从冰封的土地里培育出万朵玫瑰。"日复一日的积累也许是枯燥的，年复一年的坚持也许是孤独的，但这些都是通往成功的铺路砖。

窗外不同的景色，激励我不断地前行，治愈我疲惫的心灵。

窗外，细碎的香樟与硕大的广玉兰枝叶交错摇曳，微风轻拂。窗内，笔声不止，少年们正用自己的满腔热情逐梦未来。

（指导教师：董振宇）

评析：发现窗外的世界需要慧眼，更需要慧心。文章看似随意，但每一个字都从心底流出，融入自我的情感与认知，感情自然真挚，带有初一孩子特有的灵动。透过教室的窗看到小河、白云、阳光、鸟儿，联想到自由、大海、繁星，美好无处不在。刚开学的不适应也在窗外香樟树的抚慰下长出满树繁花，见人之未见，想人之未想，不断坚持，不断逐梦，"窗外"便成了思绪飞扬的起点，从而开辟了一片新的天地。

第五章　给爸妈的一封信

在世界上所有的民族中，中华民族可能是最注重情感文化的民族了。辜鸿铭先生说："中国人的全部生活是一种情感的生活——这种情感既不是源自身体器官感觉意义上的，也不是来源于你们会说的那种神经系统奔流的情欲意义上的，而是一种产生于我们人性的深处——心灵或灵魂的激情或人类之爱那种意义上的情感。"①情感同时也是中国人道德建构的根基。郭店楚简《性自命出》中就有："性自命出，命自天降。道始于情。情生于性。"李泽厚先生也认为，西方的"道"始于"理"，中国的"道"始于"情"。②

在所有情感发端与运行的场域中，家庭无疑是最重要的。正是看到了这一点，儒家致力于通过引导家庭情感建构来衍生出社会建构。儒家认为，在家庭中懂得"孝悌"，懂得爱家人，才能够推展到爱家乡、爱国家。因此，家庭不仅是育成个体情感的主要场所，也是检验个体情感是否得以发展丰富的主要场所。一个特别简单的评价指标便是是否懂得"孝悌"，所以儒家提出"孝悌也者，其为仁之本与。"正是基于这种认知，我们让学生以家庭为写作对象，叙写自己在家庭中的情感故事，通过这些故事，我们可以看到学生们的种种情感品质，在家庭中是如何生发、起伏与提升的。

选择展示学生的家庭生活，也有学理方面的思考。在情感教育方面，家庭比学校更先在、更精致、更持久。所谓先在是指，学生在入学之前，其情绪模式和情感基调已经基本形成，而这些情绪模式与情感基

---

① 辜鸿铭. 中国人的精神［M］. 海口：海南出版社，2007：35.
② 李泽厚. 论语今读［M］. 上海：上海三联书店，2004：554.

调主要受其父母的情绪模式、情感基调、教养方式、价值取向、家庭氛围等影响。更为精致是指，家庭可以有一对一的情感互动，而学校教师经常要面对更多的人，因此很难有如此的精致互动。就情感的发展而言，最佳的方式是一对一的而非群体性的。更持久自不待言，从个体诞生到个体生命终结，其情绪情感始终与其家庭密切相连。

在现象学研究者萨特看来，情感是个体对世界理解的一种方式，情感将主体和客体联系了起来，并相信情感涉及了个体对外部世界的改造，那么家庭情感的教育价值就在于用情感去帮助孩子们来改造他们的自我世界。邓曾恩也认为任何情感体验都具有一种双向功能：它涉及自我也考虑到他人，他将情感视为社会行为、他人的意义、情感的现实，这样，个体就和周围的人塑造了一个情感体验域或者情感体验时空场，身处其中的每个人都能感受到它。家长们的情感体验及其信息所辐射和作用的时空场，同时也是孩子接受、体验、反馈自身情感体验的时空场，正是在这种亲子共同构建的情感场中，家长的情感发挥出了教育的价值。这种情感场就是教育人类学家博尔诺夫所认为的"教育气氛"，他说："教育的成功与否取决于生活环境中一定内部气氛和教育者与受教育者一定的情感态度。我只是一般地称之为教育气氛，并把它理解为情感、情绪状态及对教育抱有好感或厌恶等关系的总和。"[①]这种由亲子情绪、情感所构成的"教育气氛"具有弥散性的特点，它对学生的发展构成了持久的影响。

在学生们的文章中，他们更多的不是表达自身情感的光耀，而是展现家庭成员——他们热爱的爸爸、妈妈、爷爷、奶奶、外公、外婆等对自我的情感关怀、情感示范、情感激励，或者说是更多地展现如博尔诺夫所说的"教育气氛"。有了这些家庭成员充裕的情感给予之因，学生才有可能获得自我情感的成长之果。并不是说获得了爱之类的情感关怀的人，自身就一定能够产生爱之类的情感。但若无获得，便无付出。关

---

① O·F·博尔诺夫. 教育人类学［M］. 李其龙等译，上海：华东师范大学出版社，1999：41.

于这一点，马克思明确指出来了："我们现在假定人就是人，而人对世界的关系是一种人的关系，那么你就只能用爱来交换爱，只能用信任来交换信任，等等。"①

当然，教育最终是要通过爱与信任去培养懂得爱他人、信任他人的人，或者说通过情感去培养有情感的人。在本章中，您会看到，《微光》《你是我生活中的阳光》《"大腹"伴我成长》等等的作品，包蕴着孩子们丰富的情感世界，在这世界中，有的已经是情感之花了，有的则可能是刚萌发的情感之芽，甚至有的还只是情感之种。在我们看来，这些都好。我们相信，在教师、家长及社会的共同努力下，学生心灵中情感的种子，一定会发芽、开花，并结出美好的果实。

---

① ［美］弗洛姆. 爱的艺术［M］. 赵正国译，北京：国际文化出版社，2004：30.

因为那一次"欺骗"

初二（23）班　孙晨淇

穿过厚重的黑暗，我在父亲的急声呼唤中醒来。睁眼，蒙眬的视线中是父亲匆匆离去的背影。不久，餐厅里传来清脆的碗筷碰撞声。

穿衣，洗漱，来到餐厅，一碗满满当当的炒饭端端正正地摆放在桌上，但我的腹中却感觉满满的，没有丝毫进食的欲望。偶一抬头，发现父亲正目光炯炯地看着我，眉头微皱，嘴角挂着一丝不快。我忙低下头，害怕自己的内心被父亲如刀的眼神刺透，暴露出慌张与无奈。机械地扒了几口饭后，只觉得肚内有如翻江倒海一般，汹涌的浪涛几乎都把饭堵在了嗓子眼儿。父亲轻叹一口气，也许是看出了我的无能为力，愤怒的烈火升腾头脑，大声吼道："每天早上的饭你都不好好吃，没有健康，光学习好又有什么用！明天我不给你做早饭了，看你怎么办！"我心中的委屈与无奈，只能对着窗外空虚的景色倾泻，泪水也只能无声地在眼眶里打转。回头，父亲已拂袖而去。

踏着晨曦步入校园，过了不多时，一种难受的空虚之感从胃部涌上心头，我心里咯噔一下，抬头望向时钟，从未发现时间竟然流逝得如此之慢……随着时间不情不愿地被赶向前，胃开始一阵阵的抽搐。闭上眼，满脑子都是今早的那份炒饭，那是何等的美味啊！绿的葱花，黄的鸡蛋，还有宛如群星散落的喷香的牛肉粒……可是我突然想到父亲的话，心头不由一紧。

放学时，我远远地就望见了那个熟悉的身影，正在向我热情地挥手。走近些，他的眼眸中流动的是一如既往的喜悦与亲切，嘴角微微上扬，好像挂着一盏阳光。路上，他习惯地问了一句："明早你要吃什么？"以前的我只是漫不经心地答个"随便"，而如今，这句话却一下叩中了我的心房。我的脑海里浮现出父亲4点多钟就起床买菜，开始为一家人美好的一天努力的场景，也联想到他精心掐准时间叫我起床的负责，更不用说算好提前量，让我坐到桌前时正好能吃到热腾腾的早饭的细心……

翌日，父亲的急声呼唤一如既往，早饭的热气腾腾一如既往，而我将这爱意的馈赠全部收下，因为我明白，爱的欺骗何妨不是真爱的体现。

（指导教师：陈惠）

评析： 与母爱的慈祥、细腻与无条件不同，父爱常常表现为冷峻、粗犷与原则性，于是便有了作者对父亲"监督"自己吃早餐的抵触情绪。但是，下午父亲习惯的那句"明早你要吃什么"让他感到特别温暖。作者还由此联想到了父亲对自己关怀与照顾的点点滴滴，当回忆起这些画面时，他感受到了父爱的深沉与厚重。于是，在后续的日子里，作者将体现父爱爱意的早餐全部收下。这说明，作者懂得了体贴父亲，懂得了回馈父爱。

有阳光透过指尖

初二（26）班　施奕铖

凌晨，冰冷的上铺，带有陈年斑痕的天花板，我坐在那儿，旁边是泪水打湿的枕头……

我小时候很内向。那时的我特别想和别的同学交流，却总是在手伸出去的一刹那停下，看着别人慢慢离我远去。我茫然，也委屈。

直到那天父亲带我去打球。不会打球的父女俩，总是在操场上弄出笑话，忘记他人是怎么看我。一不留神，操场上就只剩下我和父亲，父亲却一直很开心。

风，吹过。躺在草坪上看天，看天上的云，看天上飘的落叶和花瓣，看天上飞过的麻雀，亦看阳光透过指尖。

"我带你去看个喜剧！明天开始好好上课做好自己，什么都不许瞎想喽。"父亲决定。

电影开演前，我坐在座位上，不说话。看着别的小朋友蹦跳着，心里满是羡慕。一个小朋友走向我，邀请我一起吃爆米花。父亲转头，与我笑。

"不要动，我也给你买去！"

手上多了一桶不爱吃的爆米花。

"去吧，和他们一起玩，老爹我不会怪你的！"父亲拍拍胸脯，咧开嘴笑。那也是我第一次自然地与别人说了好久、好久的话。

我似乎变得开朗了起来，不管和什么人都能聊得来。"做好自己就行，不管别人说什么关于你的话，那永远不会是你的。"父亲一直这样说。

初中，时间真的过得很快。社会实践很快就到了。和班里的几个女生想报名个性化节目。一切都顺利，结果在报名的前一天，那个毫无睡意的晚上，本来报名的五个人，只剩下双人组合。我想找人吵一架。很显然，这不可能。我坐在沙发上，一言不发。

"怎么了？"父亲端着一杯热牛奶向我走来。

我将一切都说了出来，越说越委屈，眼泪就差一秒就会砸在我的手上。

"她们不跳是她们的损失，两个人跳，肯定跳得比五个人还好。"父亲这话出乎我的意料。在我眼中，父亲一直很看重文化知识传授，同意但绝不赞成母亲在艺术这方面对我的培养。

我一直是这么以为的。

还是去了。站在台上，我很感激，感谢同伴和我一起跳舞，感谢我有勇气站在这里，最重要的是感谢父亲的支持。我相信，他此时一定在屏幕前看着我们。

那天晚上我做了一个很奇怪的梦，梦见了父亲，他老了，变得很老很老，拄着拐杖步履蹒跚；我站在一旁，手足无措，就在这时，父亲转过身，与我说："丫头，不怕，自信地向前走，我相信，我的女儿最棒！"

那晚泪水打湿了我的枕头。第二天我站在他们面前，有阳光悄悄透过指尖。是的，我很自信！

（指导教师：卢小丽）

评析： "细雨湿衣看不见，闲话落地听无声。"父爱如山，但也可以是细腻、温馨的。小作者从生活中的小事入手，精选父亲在"我"失望失落时鼓励我的细节，体悟那份浓浓的爱，语言朴实，基础扎实，意蕴悠长，在对真情的体悟中，一步步彰显因父爱而美丽的生活。

一束光，照亮我的世界

初二（26）班　张欣怡

夜深了，漆黑的夜幕中只寥落着几颗孤星，在这寒冷的冬夜里，我坐在书桌前，一人，一笔，一灯，彳亍在题海里。书桌的一旁，父亲正倚在沙发上看报。临近期末，学业繁重，每天都要奋战到凌晨才能入睡，再加上考试的压力，我几乎喘不过气来。父亲似乎看出了我的焦躁，于是主动提出陪我一起学习。

伏在案边，余光悄悄地瞥了一眼父亲，只见他手中拿着报纸，认真阅读着，眉头微微舒展开来，眼镜镜片上反射出淡淡的微光射入我的眼眸。温暖的日光灯将光芒洒满房间。沙发椅在地板上投下一圈柔和的阴影，在我心底漾起一道道涟漪。望着父亲宽厚的肩膀，我的心里燃起了一缕焰火，愈发温暖，有一股力量在心底潜滋暗长。

继续挥笔，书房里的写字声与父亲略显沉重的呼吸声交织汇聚，耳畔偶尔传来沙沙的翻报纸的响声。我沉浸在题海里，与面前刁钻的数学题做着最终的较量。笔尖响了又歇，歇了又响，不时有冗长的画字声分明地落入耳中，奈何思路就像杂乱无章的毛线团，怎么也不能通顺。加上经过长时间的书写，我的手早已酸胀，不觉生出几分焦躁。按捺住急躁，我甩了甩手腕，重拾笔杆继续解题。蓦然发现父亲正站我在身旁，他伸出一双布满老茧的大手递来一杯水。我接过，指尖传来热水的温度，心被一点点温暖，"喝点水润润嗓子再继续吧！"父亲嘴角扬起一抹淡淡的微笑，话语里氤氲着关切。我抬头与他对视，一瞬间，我看见父亲眼睛里仿佛有星辰大海熠熠生辉，那一束光，照进我的世界。我与父亲相视一笑，大口大口地饮下这杯热水，此刻尽管是严冬，我的世界却春暖花开，只因父亲一直陪在我身旁。

从小到大，我与父亲交流不多，父亲不善表达，但我知道他深爱着我，用他坚毅的目光，伴着我一路跌跌撞撞。他甘愿为我做羹汤，在我失利时拍拍我的肩膀，鼓励我重来……

一支生花笔，陪我伏案到夜深；两侧如玉籍，点燃锦绣流年一脉香。这次我不再彷徨，不再迷茫，窗外连最细小的星都探出头来，像洒了一地的碎钻。月光轻柔地抚摸着我，宛若父亲慈祥的目光，回首，父亲的眸子里，一束微光顷刻间将我的世界照亮，我定会铭记住这束微光，让它将我的世界照亮。

（指导教师：卢小丽）

评析：陪伴是最长情的告白，父亲的陪伴在当下显得尤其珍贵。此刻，时光可以定格，将浓浓亲情融化于生活的细微之处，照亮我的整个世界。小作者心思细腻，语言朴素自然又不失灵动，描写具有生活画面感，这样的父爱不拔高、不夸张，都是小作者内心真实的感受，所以叙述自然流畅，水到渠成。

给妈妈的一封信

初二（27）班　毛宸菁

亲爱的老妈：

　　收到信，您此时一定很惊讶，也有点激动吧？是不是因为我从未给您写过信？今天我要郑重地向您表达"小棉袄"对您的爱和感激。

　　迈入初中，新的环境让我不敢迈出教室，陌生的老师让我不敢靠近，我静静地捧着书坐在自己的座位上，等待同学来找我聊天……孤独占据了我的内心。你发现了，鼓励我，让我有勇气主动迈出那一步，迈出走近新老师、走进新同学、走向新生活的那关键一步。现在我在班上人气爆棚，我用我的热情去接近同学，用我的热心去关心同学，用我的热忱去温暖同学。我真诚地向老师敞开心扉，竞选班干，努力做好老师的小助手。妈妈，我要感谢您，我现在不仅是您的"小棉袄"，也是老师的"小棉袄"，同学的好伙伴！

　　成长路上总会有磕磕绊绊。考试失利，您告诉我不要灰心，要持之以恒；好友误解时，您教会我如何遇事冷静，好好解释；取得成绩时，您告诫我不要骄傲，要再接再厉。您的这些建议，让我少了些"跌宕起伏"，多了些"平滑直线"。妈妈，"小棉袄"在此感谢您在风雨中的呵护。

　　妈妈，您常说，学习不仅在书本里，更在生活中。所以您要求我自己整理房间，做洗碗、拖地等力所能及的家务活。这种劳逸结合的方式，锻炼了我的生活自理能力，缓解了学习的压力，营造了舒适整洁的环境，让我更能专心投入到学习中，全面发展。此时，捧着"三好学生"的奖状，我能忘记军功章上您的一半吗？妈妈，我要感谢您！

　　成长的路上学习压力和能量消耗都很大，为了调动我的味蕾，保证我的营养，您特地学做饭掌大勺；为了激励我学习，营造良好的氛围，您放下手机拿起了久违的英语书；为了增强我的身体素质，您和老爸坚持陪我跑步、做仰卧起坐……成长的路上处处有您的陪伴，妈妈，我要感谢您！

　　亲爱的老妈，在您的谆谆教导下，现在我感觉自己长大了许多，今后我一定好好学习，努力做更好的自己，做一个对社会有用的人。

　　妈妈，我爱您！

　　愿您今年三十八，明年十八，有"小棉袄"窝在心里，您会更精神！

爱您的小棉袄

2022年3月5日

（指导教师：朱剑蓉）

　　评析：以书信的形式架起了沟通的桥梁，文字优美，情感真挚，拉近了和母亲的距离，诉说了内心的感谢感恩。内心独白见证了细腻的母爱，也见证了女儿的成长，感谢感激和爱贯穿始终，让我们看到了母女之间的情意在流淌。

微　光

初二（15）班　吴文婷

　　一朵朵盛开的鲜花，一盘盘精心烹制的菜肴，一段段让人回味的岁月，一个用心创造美好的人。

　　没事时我总爱去厨房，看奶奶微笑着做晚饭。在我眼里，她好像不是在做饭，而是在跳一曲练习了无数次的舞蹈。一切都是那么的从容和淡定，甚至带着一种自内而外散发的优雅，对于奶奶这么一个热爱做饭的人来说，这种美的享受可以驱散油烟，驱散烦恼。她在灶前挥动锅铲，手臂上扬间携来一缕若有若无的风，带来了夕阳亲吻大地的声响，黄昏奥妙的暗紫色渐渐从天际漫来，注入西天辉煌的落霞中。奶奶拿起刚从阳台花架上摘下的一朵花，放在做好的一盘凉菜上，花的美让菜瞬间焕然一新，多了一份馨香与独特，我一直很不理解奶奶，因为她总是喜欢将普通的家常菜变成另一种样子，而在我眼中，这只是增添麻烦，除了好看一点外没有任何用处。每当我问起奶奶时，她都只是微微一笑，并不回答。直到这天，我再次问她时，那段令人难忘的岁月才从奶奶的口中流入了我的心底。

　　那个贫瘠的年代，粮食似乎成了最紧缺的物资，爷爷奶奶每天在田地劳作到黄昏，甚至满天星辰时，但所收获的却只有那么一点，餐桌便成了大家叹气的地方。而奶奶，作为一个农民，她没有高学历，有的只是勤劳与属于农民的智慧，在菜旁边放上几朵从路边摘来的野花，将简单的蔬菜摆成了各种造型。不知为何，奶奶的小举动像能让人忘记烦恼，看向美好，于是餐桌上也有了欢笑。原来生活可以简陋，但不可以粗糙；可以平凡，但不可以失去闪光的那一面。

　　而现在，奶奶还和原来一样，她用心对待生活，美好就如微光一般无处不在，虽微小，却也能照亮一方，虽微弱，却足以给人温暖。点点微光汇聚，便成了一盏明灯。只不过，我们都没有发现微光的眼睛和创造微光的手，而奶奶她懂得发现生活的美与闪光点，将自己的黄昏与我的青春装点得五彩缤纷。也许，生活的意义就在于将那些平凡的日子过得活色生香、有滋有味。

于是，我也在朝夕相处中跟着奶奶渐渐改变。以前的我总是感觉学习生活枯燥乏味，而现在，我总能发现藏在书本和生活中的微光，那微光温暖着、点亮着我的学习之路，也将成为我前进的动力。

站在窗前，细细凝望，伴着身旁的点点馨香，我看见微光闪烁。

（指导教师：陶轶）

评析：情到浓时便是诗。诗意在文中的语言上，细腻动人；诗心在奶奶的用心上，盛开的鲜花，精心准备的菜肴；诗魂在奶奶的生活中，生活可以简陋，不可以粗糙，将平凡的日子过得活色生香。这点点诗意就像微光闪烁，照亮了前行的路。

我的北斗星

初二（22）班　明悦

挑剔中成长的孩子学会苛刻，公平中成长的孩子学会信任，关爱中成长的孩子学会自爱。

——题记

理好行囊，踏上新的旅程。回首望向起点，方觉已有大异。抬首，明亮的"北斗星"依旧高悬于天。莞然一笑，继续前行。

不会迷失方向的，因为我的星辰就在我身边。

青春往往伴随着浓墨重彩。我们棱角分明，我们易燃易爆。然而，总有那么一双双的手执着地握住锐处，如春风拂过，温润了心田。

步入初中，学业压力陡然增大。挑灯夜读，眼前的一切让人生厌，黑白交替，无法摆脱。几乎没经历过这些的我，心中总升腾着无名怒火，但又隐忍着、积累着，像一座蠢蠢欲动的活火山。又是类似的夜晚，当我觉得终于无法忍耐，欲"拍笔而立"的时候，一只熟悉的手神奇地、悄无声息地搭在我的肩膀上。与此同时，我的书桌上多了一盏明艳若金子的菊花茶。菊花肆意舒展，有规律地上下律动。几粒小小的枸杞探头探脑，正努力地胀大自己。"没关系，我陪你。"温柔的语调，声音也不高，但简简单单的六个字声声叩击心扉。"不多说了，你现在听不进去的。"轻轻地，她虚掩门出了房间。透过门缝依稀能看到，外面灯火通明。明明时间如此珍贵，我却趴在椅子靠背上愣怔着。但渐渐地，渐渐地，像是有什么东西明朗起来。我转身回座，轻啜一口，转而奋笔疾书。有人在身后无私陪你，都没抱怨，自己更该以平和去面对风风雨雨，不是吗？这是我的妈妈，星星中最柔和但坚定的那一颗。每当我再次急躁时，眼前总会浮起那一盏茶，那一片灿烂的颜色，那一串余音绕梁的话语。于是我豁然开朗，坦然地笑着，去面对接下来的挑战，用时间磨出鲜花盛开。

如涓涓细流，平和向前；如巍峨高山，坚强勇敢。无言中，另一双宽大的手掌将我性格中娇气的那一部分提出来，转化为坚强。挺着啤酒肚，腰间钥匙叮咚作响；有一个身影，顶着或炎热或寒冷的晚风，同我一起锻炼身体。我的父亲，是星星中最明亮、最炽热的那一颗。行动代替言语，他的那双手拉着我向前奔去。"不想"早已不是借口。

我的爷爷奶奶，是星星中最有阅历与祥和的那几颗，我的那些亲戚们，是星星中意蕴大千世界的那几颗。学着认识世界，学着坚强，学着静待花开，学着以更成熟的眼光去看周围的人。由不加掩饰的自然矿物变成温润透亮的玉器，有一群人，指引着我的方向。

"让孩子感到家庭是世界上最幸福的地方，这是以往有涵养的大人明智的做法。"华盛顿如此说道。或许，我是幸福的，踏上旅途能看到许多个不同的我，那些过去的缩影或哭或笑，或吵或闹，然而朝着某个方向彼此凝聚，终于成就了现在这个更好的我。

那个方向，是北斗星所指的方向。那夜空中的星，是我的北斗星。

（指导教师：黄希希）

评析：星辰在空中，指引着我的方向，而小作者的天空何止一颗星。有细致温和的母亲，有巍峨坚韧的父亲，还有睿智成熟的亲友，让小作者感受到家是世界上最幸福的地方。情感丰厚饱满，感激油然而生，读来心有共鸣，让真情与哲思齐飞，让美好与幸福共行。

你是我的阳光

初二（22）班　缪羽恬

　　"我找不到前进的方向。"

　　甩下这么一句话，我筋疲力竭地跌在椅子上，笔从指尖滑落，与地板相撞，发出清脆的声响。

　　步入初二，学业日益繁重，我浮沉在练习与试卷的怒潮狂风中。老师和家长常说，初二是分水岭，千万不能懈怠。我不曾见识过这样的阵仗，只隐隐觉得生活的色彩变得黯淡，就像单调沉闷的夜。

　　抬眼望向正奋笔疾书的母亲，只见她目光冷峻，面无喜怒，只专心手头的工作。我顿感无趣，伸手从书架上抽出一本喜爱的《花未央，人未老》，聊以舒缓心中的郁结。

　　蓦地，一张洁白的纸递到我眼前，遮住了书页。我一惊，继而定睛细看，不禁愣住了。莹润的白纸在灯的照耀下泛出微光，其上一行娟秀楷字，内容熟悉又陌生：

　　"青春原是一场花开，欢乐或疼痛都是岁月的赠与。"

　　我猛地抬头，望向母亲，她也正在凝视着我，她的眼中仿佛蕴满了能量。母亲的上半身微微倾过来，目光中的沉稳与坚定轻轻拨动了我的心弦。她伸出手握住我僵硬着的左腕，一时间像是阳光携着干燥与温暖射入心田。

　　"你说，你找不到前进的方向？"母亲的声音十分平静，"那么现在，你看见了吗？"

　　方向……

　　那一瞬间，我想起理想的高中一排排庄严的教学楼，排列得整齐有序，朝阳升起，晨晖洒在每一个学子的身上。这是我的方向，但还不止。

阖眼，眼前浮现出心仪的大学，那座令人心驰神往的殿堂；又想起那些只在午夜梦回之际才与我相会的研究院、自习室。原来，我的方向依然存在，只是夜路漫漫，像一条没有终点的直线……

睁眼，便望见母亲和煦的笑颜。如同接受了阳光的洗礼，冰冷的身躯渐渐回暖。没心没肺的傻笑，口无遮拦的打趣，屡败屡战的闯劲才是我的本相，怎么能消磨在无谓的慨叹与失落的抱怨中？

俯身，捡起地上的笔，抬眼，心中一片明朗。

那张有母亲娟秀笔迹的纸条，被我轻轻夹在了笔记本里。

每当我被各种数学符号折磨得头昏眼花的时候，每当我沉浸于柔软床铺贪图安逸的时候，每当我将汗珠重重砸向深红跑道疲惫难行的时候，那张纸条和母亲的面容总会浮现在我的眼前。

在温暖的阳光里，我会对自己说："我的目标是星辰大海！"灿烂的阳光霎时涌入心田。

母亲就是我生活的阳光，引导我走出黑暗，奔向远方。

（指导教师：黄希希）

点评评析：开篇一句"我找不到前进的方向"先声夺人，写出了繁重学业中的我的茫然无奈。后文中小作者以细腻的笔触，写出了母亲的鼓励提醒。这样的母爱不是絮絮叨叨的说教，更能让"我"深思反省并重新获得了力量，继续前行。母亲就像生活中的阳光一样指引"我"奔向远方，呼应开头，简洁有力。

最暖心的味道

初二（22）班　严凡

细雨湿流光，芳草年年与爱长。

"一切有情，依食而住。"幼时的我不理解这句话，只是捧着妈妈买的玉兰酥，美滋滋地吃着。金灿灿的玉兰酥，咬一口，满嘴的香。我笑了，妈妈也笑了。

流年无语，岁月无声。下雨天的空气湿湿凉凉，裹挟着裸露的脚踝，又黏又腻。我坐在窗前，看屋檐的雨轻轻滴落。莫名地烦躁，妈妈还没有回来，她又去哪里了？长大后，妈妈总是出差不在家，记忆里玉兰酥的味道便淡了，像缥缈的雾，隔在我和妈妈之间。我哭过，闹过，却只能眼睁睁望着那抹酥香流逝。

味道，真的留不住么？

黯然。

"咚，咚！"，清脆的敲门声猛地将我拉起。开门，是妈妈！"你回来了？"我故作无意地问了句，手不自觉地摩挲着衣角，却眼尖地瞅到她略有褶皱的衣服。"嗯。"她淡淡地答道，递过来一个精心包裹的袋子，指尖因用力有些泛白。一股熟悉的味道钻进鼻子，一愣：玉兰酥？我惊喜地接过。纸袋子被裹了里三层外三层，很明显是为了保温。一路颠簸的玉兰酥，握在手心，热热的。

"趁热吃，小心烫。"

我的动作再次一顿。这句话，她经常说。可是什么时候忘记了？记忆里的味道又浓郁起来。我小心地咬了一口，慢慢咀嚼，温热的玉兰酥顺着口腔滑入心房，酥脆甜蜜的味道明亮了眼眸。我的心像破茧的蝶，一点点剪开一个春天。"好吃吗？"妈妈充满期待地看着我，像个孩子。"好吃。"我笑了，语气轻快。又酥又脆又香醇，真的很好吃。记忆一点点苏醒。是的，她很忙，但她很爱我。小时候的玉兰酥，也是紧紧地裹着，温暖的不仅是玉兰酥的香，还有爱的温度。

我捏起一块掰成两半："妈，你也吃。"阳光照在她脸上，轻盈得像一朵花。她眨着弯弯的笑眼，脸庞亮着光，仿若春天的风，吹散雾，吹来温暖的味道。

其实，爱从未走远。恒久不散的情感藏在我的心底，蜷缩成一个最温暖的秘密：最暖心的味道是爱的味道。

一切有味，依情而香。每一种不同的味道里，都有一段温暖的情感和一个很爱你的人。莫辜负，莫遗忘，记得回报。

把最暖心的味道和最爱的人放在心头，一路成长一路歌。

（指导教师：黄希希）

评析：在小作者心中，母亲爱的味道想必就是那玉兰酥的味道吧？酥脆甜蜜的味道和母亲看似淡然却深厚的情意联系在一起，让我们久久回味。从"一切有情，依食而往"到"一切有味，依情而香"，由玉兰酥到母亲的关心，爱的味道逐渐浓烈，在成长的路途上弥散着醉人的香味。

感恩一路相伴

初二（24）班　高伟宸

深秋了，空气中氤氲着甜香，甜风中裹着凉气。路灯眨着泛黄的灯光，透亮的地面印着三个人影，两高一矮。妈妈说："看，我们的影子正好是个'凹'字。"说完，我们仨都笑了，影子也挨得更紧了……

我今年十三岁了，爸妈陪伴了我十三载。我是多么幸运能在这个世界遇见他们，也是多么珍惜我有一个幸福的家。

在我心里，爸爸是高大而无所不能的，不管家里遇到什么事，只要老爸出马总能摆平。尽管我知道，他工作那么忙，但对我的陪伴丝毫未减。我从小就体弱，爸爸为了增强我的体质，为我制订了周密的运动计划。有一天，他在家里准备了各种健身器材：哑铃、健腹轮、单杠……"看我先做个示范！"爸爸得意地说。于是他拿起健腹轮，撑在地上，向前推去。只听他"呃"的一声，努力把轮子往回拉，表现出很吃力的样子。我在一旁哈哈大笑："不就推个轮子吗？"我迫不及待地抢过健腹轮，整个人向前趴去，却发现怎么也收不回来，"轰隆"一声，我重重地摔在地上。我的脸羞得通红！此后，"爸爸陪我运动"成了作业后雷打不动的项目，这个陪伴坚持了五年。我很得意，如今，自己已经练出了六块腹肌。爸爸教我的"坚持"，也让我明白，持之以恒总会有收获。

妈妈是中学老师，在她的学生眼里，她是严厉的。但在我心中，她却是一位细致温柔的母亲。每天晚上，劳碌了一天的我们，都会享受短短的睡前亲子时光。小时候，我依稀记得，妈妈会给我讲睡前故事。我十分享受那种躺在她怀里，被轻轻抚摸的感觉。等到我长大了，我们聊得更多了。我会告诉她一些在学校发生的事，或是倾诉我最近的烦恼。她是一个耐心的倾听者，无论我说得事情多小，她都不厌其烦。她的脑袋里总有许多小妙招，我的烦恼总会及时化解，然后美美地睡一觉。于是，这种陪伴坚持了十三年，成了我家的一种习惯。不管妈妈回家多晚，哪怕在她感冒时，她也会戴着口罩来陪我。妈妈的陪伴，让我学会了爱，让我越发阳光、开朗。

董卿在《朗读者》里感言：“陪伴很温暖，它意味着这世界上有人愿意把最美好的东西给你，那就是时间。当然陪伴也是一个很平常的词，日复一日，年复一年，到最后陪伴就成为了一种习惯。”感谢父母的陪伴，它让我倍感温暖，更让我在成长的道路上充满力量。无论人生有多少荆棘，我都不惧怕，因为身后有你们一路相伴！

（指导教师：黄枫）

评析：文章没有华丽炫彩的文字，没有惊心动魄的故事，没有构思巧妙的编织；有的只是朴素的笔触写出了生活中的日常，娓娓道来，将父母在生活中的陪伴细腻地展现在我们面前。温暖的陪伴成了一种习惯，成就了一段一段的幸福时光。

撑在心中的伞

初二（25）班　陆陈晨

"你看，先充三万七现金，平台送你一万五积分，一年后可以用积分兑现红利……"

累了一天，晚饭在快餐店解决。此时，邻桌一男一女引起我们的注意：女的四十上下，对着手机不停比画，一张巧嘴滔滔不绝；男的七十来岁，紧锁眉头努力地听，浑浊的双目渐渐有了光彩……

嗨，骗子的手段，谁信！

我嗤之以鼻，继续埋头吃饭。爸爸却停下筷子，饶有兴致地"窃听"起来。我一吃完，爸爸便轻轻示意我们先走，他还想继续听听骗子的花招。呵，真是太阳从西边出来，平日严肃刻板的爸爸居然爱听"八卦"了。

我起身离开，不禁又瞥了一眼邻桌。昏黄的灯光下，老人努力地抬了抬厚重的老花镜，埋首看向女人的手机，屏幕的亮光映着他沟壑难平的脸，落下了深深浅浅的影。转而，他摸索出自己的手机，伸出一根粗糙的食指滑动起屏幕……我心里一惊，老人不会真的一念之差充了钱吧！这岂不遂了骗子的心愿！

我和妈妈刚走到家，爸爸的电话便到了。他说自己也出了快餐店，言语中流露着欢喜，像个孩子。看来，有大"瓜"分享。

没一会儿，爸爸回来了。我们迎上去，等着吃"瓜"。

"爸，骗局怎么发展的呀？你就没挺身而出？"

"我把事情解决了！"

"你不会直接揭穿骗子了吧？"我惊讶，脑补着爸爸耳红脖子粗地跟骗子大动干戈的样子。

"没有。我只是走到老人家身边，拍拍他的肩膀，跟他说，老人家，钱在你袋子里，要守好自己的养老钱啊！"

"这不是烂熟于耳的反诈宣传语嘛，老爷爷能听进去吗？"

"老人家跟我说，他明白了。"爸爸笑了笑，接着说，"骗子行骗大多各个击破，如果有第三个人在场提个醒，就不同了。"

"那骗子呢？"

"她一脸尴尬呗！"

"原来你爸爸也是个热心肠啊！"妈妈插话道。的确，平时爸爸总是来去匆匆，除了上班就是加班，跟他约个饭都经常泡汤，更谈不上能好好聊个天。不过，这几天爸爸犯起了"职业病"，总把反诈挂在嘴上，还会痛心地讲一些诈骗案例。

"看到被骗的人多了，遇到这种事，做不到无动于衷。"爸爸风轻云淡地说完，转身又去赶材料了。就在那一瞬间，我分明看到了爸爸目光里的坚定。

"真希望你的爷爷奶奶遇到这类事，身边也能有个热心肠的人，一语点醒他们。"妈妈叹了口气，对我说，"我们也要学会将心比心。"

我知道妈妈说的是奶奶的事情。前段时间，奶奶每天东奔西走上各种养生课，被人忽悠买了一堆保健品、理疗仪……"生活需要热心肠"，我默默地记住了这句话。

第二天上学，一进教室就看见几个同学到处借红领巾。转了一圈，唯独一个同学没有借到。他是我们班的"闷葫芦"，总是羞于和大家交流，很少有人愿意搭理他，我也不例外。此时，他正站在桌边无措地搓着手，目光中满是无助。我摸了摸书包里崭新的备用红领巾，犹豫不决：主动借给他，会不会很怪异？会不会很尴尬？……眼看检查的同学快要走到门口了，我猛然抽出红领巾，一把递到他面前。他一愣，欣喜地接过红领巾，局促地连声感谢。我如释重负地回到座位上，原来做个"热心肠"并没有想象中那么难。

此时此刻，我似乎更能理解爸爸了。人们常说，因为淋过雨，才更愿意为别人撑一把伞。虽然我没有淋过雨，但是在我心中，已经留下了一把伞，晴天雨天，一路灿烂……

（指导教师：卢小丽）

评析：失去了真实就失去了文章的生命力。这篇文章以我手写我心，从生活中选材，写出了父亲的热心肠、母亲的将心比心、我的伸手援助，最后的感悟水到渠成，相信给别人撑开的这把伞，定会让伞下的人不管晴天雨天，一路灿烂，心头春意盎然。

"大腹"伴我成长

初二（26）班　刘嘉涵

逝去的岁月中，您伴我成长。

我的父亲总是一副大腹便便的样子，但他走起路来好似脚下生风，大步流星；肩膀也随着步伐的节奏摇摆，活脱脱一个"赤脚大仙"，威风极了。他可不是假"大腹"而是真"大腹"，肚子使他的上半身成了一个字母"d"的形态，极具"线条"美。

儿时的记忆已模糊不清了，唯一深刻的，是每次趴在父亲的大肚腩上睡觉的舒适。伴着父亲的呼吸，带动着他的肚子一起一伏，这是最好的摇篮，有永不停息的、令人安心的浮动。那时小小的我只有在这小片天地上，才能很快安心入睡。父亲的体温，是那么温暖，他把寒冷抵御，我把甜梦"品尝"。嘴角微微上扬中，又不自觉地抱紧父亲的肚子。

不知不觉，父亲的肚子容不下我了，我悄悄地成长。我白日里苦学，黑夜中挑灯，可台灯下的，依旧不止我一人，还有父亲。我右手攥笔，左手揪着草稿纸，双眼泛红盯着题目。父亲坐在我身旁，不厌其烦地重复讲解着思路，见他手舞足蹈地比画着，虽已离开学校多年，但他仍然对知识抱有饱满的热情，讲解时他眼中的光，清晰可见。写题写累了，我把头埋进他的肚子上，小睡一会。这是我在茫茫题海中，唯一的一座"岛屿"。

他不仅是一位父亲，也是一名公司领导，他为了公司拥有更好的业绩，为了能够比其他公司更早发现事故车，他每日奔波在各个高速路口，早出晚归。父亲常有应酬，每个晚归的夜晚，他拖着疲惫的步伐，从小区门口走来，我和母亲搀着他，我呆呆地望着父亲路灯下的影子，那大肚子醒目极了，这肚子的由来，我似乎明白了，是为了这个家，是工作，是生活，是有时候的迫不得已。

作为一名父亲，他的肚腩给我带来童年的快乐与安心。作为一名领导，他的肚腩告诉我责任与担当。也许，他只是一个最普通的普通人，但是，在茫茫人海，他是我的方向标，他是我的信号灯，他是我的避风港！

我在长大，您在变老。您陪我长大，我陪您变老。

（指导教师：卢小丽）

评析：这是一篇令人耳目一新的文章。大多数人是写父亲的陪伴，而小作者另辟蹊径，选择了父亲的"大肚腩"来切入文章。父亲上半身的"d"的形态，幼时趴在大肚腩上睡觉，长大后父亲的肚子依然是"我在茫茫题海中，唯一的一座'岛屿'"，观察仔细，语言俏皮，为我们串联起了一幅幅生动的，且洋溢中深情的画面。

那个身影，不再孤单

初二（5）班　孙睿宁

幼时的我，对奶奶那在我只能抬头仰望的身影充满依恋。自我出生，奶奶便从乡下搬到城里来照顾我们一家，少有回去。那个不怎么坚实的身影，撑起了整个的家。每次放学，奶奶总是在门口笑意盈盈地迎接我，为我变戏法一般捧上各种美食。那个身影总在厨房、客厅、阳台里忙碌着，似乎永远不知疲倦。时光悄悄溜走，竟没有人发现，岁月这把刻刀，正一刀一刀地将那个身影刻画得越来越消瘦单薄了。

爸爸说，奶奶是一个要强的人，从前很苦很苦的日子，她都熬了过来，没掉过一滴泪。奶奶小时候家里穷，没上过几天学，她最喜欢我和妹妹读报纸给她听。但是有一次，奶奶突然打趣着说，等她老了，我们都长大了，各自有各自的事，可能没人读报纸给她听了。我和妹妹连忙撒娇否认，一家人开怀大笑。虽然那时不明白什么叫孤单，但我隐隐觉得奶奶笑意盈盈的眉眼下，有着一丝望不到底的落寞。

渐渐长大了，我发现奶奶似乎没有记忆中那么高大了。我们每天早出晚归，与她交流的时间也变得越来越少。有一段时间，父母总是因为工作繁忙而吵架，家里弥漫着一股火药味。一天夜晚，我居然看见奶奶坐在黑暗中默默啜泣，我赶快走进去悄声安慰她。奶奶小声说，她有点累，想回乡下。我不知道怎么安慰她，因为我知道父母要上班，只有奶奶担起了所有家务，我拍拍她的肩，沉默着。奶奶不一会儿就擦干了泪，笑着催我快去睡觉。第二天起来，她依旧没事人一样做着一家人的早饭，似乎那晚坚强外壳下不经意流露出来的孤单脆弱，只是我的错觉。

奶奶一天天老去，我们一天天长大，等到我的个子超过了她，才发觉时间过得是这样的快。奶奶身体越来越不好了，我上初一时，她得了扁桃体肿大，不得不进行手术。我忐忑地走进病房，一眼便看到了奶奶白得失去血色的脸。她不能说话，只紧闭着眼。听到我们来了，眼睛微微睁了一下，亮起一道光，转眼又陷入昏睡。等到爷爷从老家过来陪她，奶奶的脸上多了一份平和安详，眉宇间少了些许寂寞。我的心却揪紧了，忽然意识到我们陪伴她的时间太少了。为了我们，她不得不和爷爷分开，身边也没个说话的人。我们理所当然地享受着她的付出，却忽略了她的辛苦和孤单。我凑到奶奶面前，小声说："奶奶，过几天我们就接你回家，以后我和妹妹每天都给你念报纸听，好吗？"奶奶轻轻应了声"嗯"，弯了弯嘴角，湿了眼眶。

一个礼拜后，奶奶终于回家了。我和妹妹扑上去抱住她，奶奶立马笑得合不拢嘴，抱着我们不放手。我支使妹妹去拿凳子，自己倒了一杯水递到她手里，拉着她一起坐下来。我握着奶奶的手，拿了张报纸读起来。阳光洒落在她的脸上，抚平了眉间的褶皱。奶奶微眯着眼，脸上的笑容快要溢出来了。此时的我却感到一阵心酸，这么一点平凡的小事，对她来说却如此珍贵。暖阳笼罩着客厅，也围住了一个幸福的老人，和两个陪伴她的孙女。人生匆匆，幸好还来得及，弥补那个孤单的身影。

自此，我们总在闲暇时陪她说说话，读读报。不管多忙，父母能推掉的应酬一律不参加。周末的厨房里围着灶台转的不是爸爸就是妈妈。顶着一头花白头发的奶奶，整个人仿佛年轻了十岁，蓝天下驼背的身影，有了依靠。是啊，还来得及，让她不再孤单，让我们有机会补偿。

彼时骄阳正好，愿所有孤单的身影都能找到依靠！

（指导教师：曹 燕）

评析：这篇文章没有华丽的辞藻，没有扣人心弦的高大上的壮阔场面，有的只是简洁明了的白描，缓缓叙述、娓娓道来，没有刻意的煽情，却能在不经意间使人潸然泪下。我们不禁要问，除了小作者有不错的文字功底外，还有什么值得我们深思的呢？

孤单，不知是从不怜情的岁月给老人的自然"馈赠"，还是我们做儿女的做得真的渐渐稀了、少了，没留意到这份沧桑，少了一份关照？我们，应该在内心捶打自己。一首《常回家看看》，道出了多少长者的殷殷期盼啊！"忙！忙！忙！"我们都能找到各种各样的或成立，甚或不能成立的理由，作为搪塞的借口，来解释，来开脱自己对亲情的疏忽甚至淡忘。世界上，唯有两样东西不能等：一是行善，一是尽孝。问题是，对下，对自己的儿女，几乎天底下所有的父母都可倾注自己的所有；而对上呢，对给予自己生命源泉的长者呢？

我们家里基本都有老人，渐渐地我们每个人也将会老去。多些陪伴，赶走孤独，让所有的儿女与父母们一起享受亲情，愿我们能做得更好！

竹儿先生

初二（8）班　王艾然

体育课上，练排球累了，与朋友们一块儿蹲坐在水泥地上休息。有一位怕虫子的女生忽看见一只红蚂蚁，大叫着请我帮忙踩死。我只轻叹一声，轻轻将它抚开去："它长这么大也不容易呀。"她们都说我好有爱心，我却笑着摇了摇头。这些，其实也是另一个人教给我的。

她，就是我的母亲——竹。

曾几何时，我也是非常厌恶虫子的，这些小东西长得又丑又怪，为什么要出现在这个世界上恶心人呢？所以，小时候每每在家中看见它们，我总会将它们弄死。直到那个夜晚。

那夜，月色正好，星光点点，我在柔柔的月光中愉快地洗漱着。猛地，一只拇指大小的甲虫进入了我的视野。白净整洁的洗漱台上，那油光发亮的黑壳极为刺眼，我感到很难受，虽然心里也有些害怕，却还是用餐巾纸用力捏死了它。我觉得自己战胜了虫子，心中颇为自得，便去与母亲分享："妈，你看，我捏死了一只大甲虫！"本以为会得到夸奖，却见母亲平缓的眉头一下紧锁，亮亮的眼里也一下没了盈盈笑意，而是满溢出心疼与嗔怪。

"为什么要这样？放了它不好吗？"

"可是，它都爬进我们家了，我不喜欢它在这儿！"

"香儿，你这是不对的。我们人类生于自然，吃穿用住全部取之于自然，所以我们必须与自然中的所有生物共存。你不要觉得自己天生高它一等，凭什么？它从一个小卵长到这么大，要经历多少磨难！就因你这个无厘头的理由而死去了？你可以讨厌它，但你必须善待它，它也是个生命啊，孩子。"

我永远忘不了那一刻的母亲，星月洁白的光辉悄然勾勒着她的轮廓，她就这么柔和地望着我，而我，在她的眼中看到了万丈星河——和一个小小的我。小说中念经吃斋的佛徒也不过如此，我想。

从那以后，我再未怕过昆虫，开始逐渐热爱起自然中的一切，爱上了这个缤纷多彩的世界。

我的母亲就是这样，她的言行举止总在潜移默化中影响着我。在工作方面，她是个女强人，工作繁忙时，我们总能在深夜望见那一盏孤灯，听见飞速敲打着的键盘声。每当我学习困倦时，这一幕总会给我动力，让我重又燃起努力奋斗的信心。在生活方面，她格外注重我的家务能力和身体健康，这让我拥有了强健的体魄，也使我有足够强的自理能力去照顾自己。而在学业方面，她更像我的伙伴，陪我一起应对一个个困难，解决一个个难题。在我遭受挫败时，她总会毫不吝啬地鼓励和夸赞我，让我重拾信心与勇气，而当我取得成就时，她却会冷静地提醒我不可骄傲自满……正是她所做的一切，让我一点一点稳步成长、进步着，我这棵小苗苗的每一次开花结果，都离不开她给予的甘霖。

她是我最亲爱的母亲，是我最优秀的榜样，也是我最好的老师。所以，我愿称她为先生——我最最敬爱的竹儿先生。

（指导教师：宣卫东）

评析：《现代汉语词典》中，对"先生"一词有：对成年男性的一种普遍称呼、称别人的丈夫或对人称自己的丈夫、对知识分子和有一定身份的成年男子的尊称，等等，八九个不同的义项。古人所言的"先生"有"达者为先，师者之意"，所以本文作者满怀深情地称赞在工作、生活、学业方面对自己有无可替代影响的母亲为"竹儿先生"，在亲切喜爱的儿化韵中，又饱含着发自内心的敬意。其实，作者还在自觉不自觉间，将一个热点的社会话题抛到了我们面前——今天的我们，怎样做一个合格称职的家长，引导孩子向善向上？

当然，与前文写虫子一事的内容相比，倒数第二节的内容过于笼统了，有概念化、贴标签之嫌。在虚实结合、详略结合的同时，是可以避免此问题的。

第六章　就这样，孩子已长大

前面五章，学生是叙述主体。这一章，我们请家长站到前台，叙写其孩子的成长点滴。所谓"当局者迷，旁观者清"，站在家长这一外在视角看孩子的成长，可能比孩子自身看得更清楚，至少可以看到与学生不同的风景。

作为他者来观察与叙写孩子的成长，当然也可以是教师，但是本书未将教师作品列入。原因有二，一是在我们前面的三本著作中，已经有了从教师视角展现了学生成长的内容了；第二个原因则是，家长观察孩子，比教师有更多的优势。首先，教师只能观察孩子的某个成长阶段，而家长却能观察孩子的全程。自孩子诞生，甚至孩子尚在母亲体内的时候，家长便开始对孩子充满关爱与牵挂了。正是这种全程性，能够更好地展现学生成长的全貌。其次，教师需要面对几十个孩子，而家长只需要面对一个或者两个孩子。就投入观察与了解的精力而言，家长更具优势。第三，由于天然的血缘关系，以及日常密切互动建立起来的深刻情感联结，就使得大部分家长对孩子的情感关注要高于教师；尤其突出的便是父母对孩子的深沉之爱。教师对学生也有爱，但是对学生爱的浓烈与深厚度，教师一般是很难与家长相比的。现象学家舍勒说："只有有爱心的人眼睛是睁开的，眼睛的明亮取决于他们的爱的程度。"[1]家长越是爱孩子，其就会更多地了解孩子的方方面面。第四，每个个体都有"婴儿自我"与"成熟自我"这两种状态。前者一般在家庭中才表现出来，比如回到家脱掉鞋把双脚放在茶几上之类，后者则是公共场合的表现。"婴儿自我"更能展现个体的真实的一面。教师一般是很难观察到

---

[1]［德］舍勒. 舍勒选集（下）［M］. 选编：刘小枫，上海：上海三联书店，1999：18.

学生的"婴儿自我"的，能够观察到孩子"婴儿自我"的主要是家长。总结以上四点便是，就观察孩子的成长而言，再没有比家长的视角更细致、更真实、更投入的了，难怪有所谓的"知子莫若父"之说。

可以想见，家长眼中所察、心中所想，与表达出来的文字比较，一定是有差异性的。或者说，很多家长在写作过程中，常常会将孩子一些"不太好"的东西隐匿起来，而更多的是呈现孩子"灿烂"的一面。在收集来的家长作品中，的确可以看到这种情况。家长的这种做法是可以理解的。我们在做选择的时候，考虑到了这一点，尽量选择隐匿最少的作品。因为人的成长过程，一定有起起伏伏，一定是从愚昧懵懂到睿智清明的，我们特别希望看到从愚昧懵懂到睿智清明的这段过程。

我们的期望并没有落空，我们发现，在家长提交的作品中，还是有很多的家长，比较充分地展现了孩子成长过程中的曲曲折折。这些作品中，不仅有对孩子成长的欣慰与喜悦，也有对孩子的担忧、不满、失望、焦虑、愤怒等多种体验。甚至，有些将孩子的成长视为自己成长的一面镜子，他们不仅反思孩子的成长，也反思自我的成长。在我们看来，这类家长的眼光与格局是非常令人称道的。

在编辑家长的作品过程中，我们时时被家长对孩子的那种深爱所感动着。正因为有爱，他们才会为孩子的一点点进步而泪流满面；因为有爱，他们才对孩子的一点点失败而彻夜难眠；因为有爱，他们才会谨慎选择与孩子交流的语言；因为有爱，他们才会在写作时下笔斟酌。

如果将孩子的作品与家长的作品对比，您会发现，孩子的作品大多属于婉约派，而家长的作品则更趋向豪放派。孩子们的心理袒露与语言选用是略显羞涩与清纯的，仍然有着一种孩子的稚气；家长作品的风格则完全不同，其情感流淌、语言充满张力。或许正如布伯所言："爱以其作用弥漫于整个世界。在仁立于爱且从爱向外观照的人之眼中，他人不再被奔波操劳所缠绕。任何人，无论其善良邪恶，聪慧愚钝，俊美丑陋，皆依次转为真切的实存。"①

---

① 布伯. 我与你［M］. 译者：陈维，上海：上海三联书店，2002：13.

相遇在温暖的校园

王琛　刘颖 [1]

女儿升入初中的那一刻，我们心里是忐忑的。因为，我们实在不知道进入初中学习生活后，尤其是在中考的压力下，一个原本活泼可爱的孩子会变成什么样子。那段时间，内心经常默念张晓风《我交给你们一个孩子》的发问："学校啊，当我把我的孩子交给你，你保证给他怎样的教育？今天清晨，我交给你一个欢欣诚实又颖悟的孩子，多年以后，你将还我一个怎样的青年？"

这不是矫情，也不是杞人忧天。因为我们知道，尽管国家在减负，但是，升学竞争、应试选拔依然有其存在的合理性。在这样的背景下，孩子在情感、心理乃至人格方面的异化现象时有发生。

尽管很多人知道情感、道德、人格这些素养对于人而言，常常比知识更重要，但是很多家长还是坚信，考上一个好的高中、好的大学才是硬道理。尽管他们也知道这种眼光是短视的，但是很多家长质疑："你人格再好、情商再高，考不上好的大学，找不到好的工作又有什么用？"在家长这种强大的对分数和升学的渴望、"绑架"之下，也不知从何时开始，不少学校开始以屈服的姿势不同程度地妥协，越发地迎合应试的需求，而挤压了学生考试之外的作为人的素养。

然而，我们是幸运的！我们的孩子走入的，是一个以"情感文明教育"作为价值追求的学校。校长告诉我们："我们需要思考，当我们的孩子步入校园的时候，脸上没有微笑，也就是说孩子们对学校没有渴望，这说明我们的教育出了问题。……我们不否认知识的重要性、考试的重要性，但是我们需要思考，我们应该以何种方法减少孩子在学习过

---

① 初二（2）班王妤兮家长

程中体验到的负面情绪。"

作为家长，我们也是一个终身学习者。我们知道自20世纪六七十年代以来，世界性的教育反思已经先后认识到，我们不能偏重认知而忽略情感，不能强调科学却忽略道德。我国情感教育的创始人、著名学者朱小蔓先生就提出，学校教育必须从工具理性、唯理性的片面取向回到完整理性上来，应该重视情感教育。她认为，学校教育不仅要关心学生学到什么知识，而且要关心学生学习时有什么感受，希望学生产生与学校、老师、同伴积极合作的态度，使学生不因为书本知识的学习而割断与自然、与社会、与生活的联系以及由此培养起来的社会性情感和审美情感。田家炳中学正是朱小蔓教授亲自指导的情感文明实验学校，在田家炳中学情感文明教育课程蓬勃开展的过程中，我们的孩子正沐浴着教育的美好氤氲成长着。

在没有晚自习的日子里，每天的晚餐时间，是我们和孩子面对面交流的温馨时刻。虽然一顿饭的时间不长，但是，这样的交流非常重要，也十分必要。我们聊天的话题大多是学校一天的生活，因为，透过孩子的讲述，我们可以清晰地看到孩子在我们看不到的地方如何行走，她遇到了些什么，她的内心是痛苦还是欢喜。我们从来都知道，学习一定是辛苦的，成长是不易的，但是学校教育和学校生活不能给孩子带来内心的痛苦。在我们看来，辛苦和痛苦是两个不同的概念，也是不同的心理状态，前者是一个必要的过程，而后者带来的却是伤害。

我们发现，在与我们交流的过程中，孩子讲述中大多是班主任吴老师怎样用幽默风趣的语言教育他们，或者是某一位任课老师课堂教学投向孩子温暖的眼神……孩子或许并不知道这是学校情感教育课程中的一个重要环节。她只知道她的老师心中有她，她感受到了老师的关怀与爱。每每听到孩子描述与老师交往的温暖时刻，看着孩子明亮而充满希冀的眼眸，我们内心的喜悦油然而生，是那种甜甜的、暖暖的味道。我们知道，学校啊，我们交给你一个孩子，我们是放心的。

字里行间，方寸之地，谨以此小文表达我们对学校真切的感谢，感谢学校对教育目的的正确认知与执着坚守，感谢老师给予孩子真诚的教育之爱，感谢与情感文明教育的真实相遇！

（班主任：吴彦）

  评析：本文记述了一对家长将孩子送到南通田中之后的心路历程，从一开始的担忧，到稍稍的安定，再到其后的认同与赞许。从字里行间可以看出，家长们对学校充满着各种期许。当然学校教育不能仅限于满足家长的期许，更应该起到教育引领的作用。"情感文明教育"能够成为家长的常用词汇，便是我们积极努力的成果。

第六章 就这样，孩子已长大

梦开始的地方

顾文蔚[1]

花开盛夏之际，送孩子去田中报到，葱茏岁月熟悉的气息又扑面而来。

我的青春，已留在田中的岁月里。依然记得延寿巷的青砖黛瓦、求实楼的庭院回廊、食堂前摇曳的紫藤、教学楼满墙的爬山虎。我和孩子的青春跨越时空，交汇在田中，那是梦开始的地方。

在田中的时光悄然飞逝间，孩子在拔节成长。还记得去年初冬的一个黄昏，被夕阳镀成金色的校门，涌出一群群归巢的小鸟，却没有见到那熟悉的身影。夜色渐浓、华灯初上，翘首以盼中，他从暮色中走来，脚步沉沉稳稳。不觉间，长成了高高大大的小伙子。看到我，他脚步一下子轻盈起来，带着撒娇的拖沓向我奔来，张开双臂，开心地环住了我。不顾书包沉重，执拗地帮我拿包。他和我道歉，说着："让妈妈担心了。"

原来，社团活动结束后，他到教室拿作业本，有几张桌椅歪斜，就整理一下，顺便把地扫了，垃圾也倒干净。明天，同学们可以在干净整洁的教室里开启新的一天的学习，多好啊！他微微扬头，眉眼间满含笑意。他说，能为班级或他人做点什么，特别开心。真的不是为了得到老师的表扬，而是内心的那种充盈和快乐。他的眼眸亮亮的，似星辰，那是少年清朗的模样。

如果忆起儿子温暖我、温暖他人的例子还真是不少。

那是个远足的前夜，他担心班主任卢老师在户外管理学生嗓子吃不消，让我把扩音器借给老师，提醒我要擦拭干净，要换上新的耳麦话

---

[1] 初二（11）班张家鑫家长

筒，直到充满电后，他才放心地入睡。还有那次，我在家里准备带好吃的草莓冻干给我的学生们，儿子提醒我说："妈妈你一定要告诉弟弟妹妹们，每袋里面都有一小包防腐剂，千万不能误食。"……

思绪从记忆中回到当下，与儿子携手回望田中的校园。我知道孩子这一切带给我的这种美好与温暖，更多的是在这所校园中培养起来的。刚入学时，胆小的他在卢老师清浅暖意的笑容里收获了自信；地震疏散时，卢老师的逆行，保护学生的身影让他泪目；集会中，陈校长说，无论多危险，田中的老师们一定会守护孩子们、一个都不能少时，他动容不已……参加社团活动、合唱团演出、书法作品被展示……成长的一点一滴都能被看见，被肯定。他在获得爱、感知爱中，温暖前行。相信在今后的人生道路中，遭遇凄风冷雨时，他会选择相信爱和希望，坚守内心的单纯与善良。经历世事，定不失少年意趣，仍能保持坚定与热爱。

（班主任：卢剑虹）

评析： 看到孩子一天天地成长，尤其是看到孩子到了中学之后变得更加体贴、有责任心、有爱心，作为父母自然是无比喜悦的。或许是由于自身也是教育者，作者开始追问孩子成长变化的根由，这根由中，固然有家庭和孩子自身努力的因素，而作者则更多的聚焦展现于学校教育这一因素。作者对学校教育努力的种种列举，说明作者与学校之间有着密切的联结。

伴　行

周春峰①

　　儿子小升初的暑假里一次骑车转弯滑倒，嘴唇和下巴缝了六针。这让我和爱人心有余悸，一致决定由我夜间伴行，陪他散步回家。这样一举多得：保证儿子的路上安全，我自己也顺便减少外出应酬，运动健身，更重要的是，能够拥有亲子共处的特别时光。

　　我俩时而并排，时而前后地在人流中行进。开惯了车的人，平时很少能够驻足于户外的风景。现在散步，发现路边的花草树木之类，离我们父子特别切近，我们甚至可以一起去抱一抱某棵大树，或者一起闻一闻某朵花香。城市生活变得不再那么快速，心灵也变得越发宁静了。

　　我们更愉快的，不是流连风景，而是父子间的对话。从和蔼的班主任到活泼的新同学，从宽敞的教室到新颖的课程，从紧凑的学习节奏到多彩的课余时间，甚至从遥远的卫生间到途中遇见的老同学，事无巨细，我们有说有笑聊了一路。平时话不多的他，竟主导了话题。

　　突然发现，忙于工作的我这么多年来没有安静倾听他的声音，更多的是没头没脑的训斥与责怪；也没有这样去认真了解与沟通他的近况，更多的是交代任务和布置作业。他在成长，而我却似乎失职了。

　　那晚以后，我每天都在期待夜晚的到来。每次的话题也越来越广泛，从课程的进度到食堂的菜谱，从肃静的课堂到紧张的考试，从卷面的分析和错题的总结，我发现他多了些自信，少了些腼腆。

　　期中考试第一天的晚上，我略带忐忑地在校门口等候。他平静地出来了，推着车的我迫不及待地问："怎么样？考得怎么样？"

　　"数学有点难，最后花了15分钟做了3道大题，时间比较赶。"

---

　　① 初一（28）班周家瑞家长

"那语文呢？"我接着问。

"语文还好，时间够用。"

"作文题是啥？"

"《那一刻我没有崩溃》。"

"哟，这题目厉害啊，不太好写！"我稍显紧张，"你写的是啥？"

"爷爷的葬礼。"他低声说。

"什么？"我没敢相信自己的耳朵。

"爷爷的葬礼。"他稍稍提高了声音。

"呀……这……这回没人写的和你一样了……"我嘴上在语无伦次地夸他，眼里已经湿润起来，脚步也变重了。他在期中考试里写这样沉重的题材，出乎我意料了。而这也打开了我心中尘封多年的懊悔与痛。父亲的突然离开，对于我这个医生来讲，有太多需要反思的地方。陪伴与关爱是我所欠缺的，无论是对父亲还是他。

爷爷去世的时候，儿子还小。没想到，他对爷爷的记忆那么深刻，对爷爷葬礼的描写那么真实。这些都令我感动。至少我感觉到，他是一个孝顺的孩子。"孝悌也者，其为仁之本与！"

看着他的背影，我感觉到他真的在长大……

（班主任：龚林娟）

评析：文中作者为了接儿子上下学，采取了伴行的方式，尽管这种方式一定程度上会被质疑阻碍孩子的独立性发展，但是事出有因也可理解。更重要的是，伴行成了父子之间的特别时光。在这一时间段里，父子之间可以真正敞开自我，可以通过话语进行精致细腻的情感互动，我们也有理由相信，这一时光将成为孩子一生中温暖的情感记忆。在现代社会，太多压力与太多诱惑绑架着家长，导致亲子陪伴的时光太少了，尤其是父亲陪孩子的时间太少，进而导致孩子产生很多心理与行为问题。因此，作者致力于营造亲子之间的特别时光的做法，一定意义上是可以为其他家长学习借鉴的。

吾家有女初长成

范蕾[①]

　　进入田家炳中学之前，女儿已通过各种渠道了解到，初中阶段的学科要比小学阶段丰富很多，难度也提高了很多，为此她已做好了一定的思想准备。尽管如此，当开学后听到老师调查是否自愿在校上晚自习的消息时，她一下子就像泄了气的皮球，沮丧到了极点。晚上在家里嘟着嘴拿出自愿上晚自习的调查表，说："如果大家都上，我不上好像太不合群了；但是如果上的话，那我不是没时间看书没时间玩了？"我先认同她的情绪，然后与她讨论上与不上的利弊。最后我们达成了共识：在校晚自习和以前小学放学就回家的区别，就在于换了地方吃晚饭和做作业，国家减轻了家长的负担，而由学校和老师承担了，老师们才是真的辛苦。最后我和她约定，先上一段时间自己感受下，不能适应再申请停掉。

　　开学大约两周后，有一天晚上接她放学时，我和她不经意间又聊到晚自习的事情，她说她要上，还说她有两点感触。一是在学校和同学们一起做作业学习氛围很浓厚，也没有外界因素的干扰，能做到认真利用好每一分钟，学习效率比在家提高很多。二是，她发现我接她没有迟到现象了，她再也不需要孤单地等待了（之前因为工作时间各种事情比较多，我经常不是迟到就是请人代接），她还发现来接孩子的大部分是父母，不像以前看到的大部分是爷爷奶奶，这样孩子可以利用回家这段路程多和父母聊天沟通，可以第一时间和父母分享在校一天的学习生活情况。听了她的话，我心中的石头终于落了地，很欣慰她能这么快地适应初中的作息时间，同时也让我深切地感受到，父母的倾听和陪伴在孩子

----

　　① 初一（5）班薛颖霏家长

心目中的分量。

进入初中，原来的一些课外兴趣班便基本停止了，唯一留下的是舞蹈课，因为还有半年就考级结束。开学后前几周每周六上午，她都是开开心心去上课。大约在第四周的周六上午快要出发时，她忽然对我说："我以后不上舞蹈课了，太拖后腿了，我没时间也没精力！"然后任我怎么好言相劝，拖拉拽扯，倔强的小丫头就是不肯出发，嚷了一堆不上课的理由，还半威胁地说，要是成绩不好不能怪她，看到她满脸的烦躁和愤怒，我只好当着她的面打电话向舞蹈老师说明情况。

老师告诉我，暑假因为疫情原因停了好几课，所以现在赶进度，上课学的新内容比较多。孩子们也非常辛苦，老师都知道，但是为了两个月后的考级，希望尽量不要缺课。听了老师的话，女儿没有说话，默默地拿起背包下楼了。之后我就没有再和她提这件事。

接下来的周六上午，我问她舞蹈课还上不上时，她的回答出乎我意料之外。她说其他时间抓紧些，去上课应该没问题，班上其他同学也一直在坚持弹钢琴、学画画，学习成绩并没有受影响，而且老师也说了，身体健康很重要，假期在家也要有适量的体育锻炼，就当是锻炼好了，只要合理分配时间就行。此外，舞蹈老师也和她单独沟通了："学了这么多年相当于800米已经跑了750米，还剩50米冲刺就到达终点，就这样放弃太可惜了。"她认同老师的话。那一瞬间，我发现女儿真的长大了。

女儿的成长不仅仅表现在上舞蹈课一件事情上，我发现女儿参加各项活动的热情比小学时高涨了，责任心也提高了。她会自荐当班委，做老师的好助手；运动会主动积极报名参赛；每周认真完成"青年大学习"，等等。在以前，这些都是在家长的提议或监督下完成的，而现在都是自己主动担责的。

我知道，女儿的成长背后，凝结着学校的积极教诲和关怀，我相信在田中这个温暖和谐的大家庭里，孩子们都会越来越自信，越来越优秀。

（班主任：李云霞）

评析：本文作者记录了自己女儿在进入南通田家炳中学就学之后的几件小事，以及面对这些小事之时女儿的各种情感态度、思想方法及其变化。作者发现，女儿到了初中之后，成长很快，尤其是变得自信与有担当。这些成长的获得，不只是初中阶段学生发展必然性的体现，更是学校教育的功劳。

萌　芽

朱妹[1]

　　我的孩子叫孙颢峻，在今年的9月份，非常荣幸成为了田中的一份子。刚刚步入人生的新阶段，对于孩子和我们，一切都是新鲜的。

　　孙颢峻是个男孩子，在外人看来，他很稳重。其实他跟大多数男孩子一样爱探索、爱冒险、易冲动，有时还爱吹个小牛。稳重只是对外的，在我们眼里，他还是当初那个小小的孩子，虽然现在个子比我都高，可依然爱发嗲、爱撒娇、爱歪头对你眨眨眼睛，想想都开心。人们常说，女孩子是妈妈的小棉袄，男孩子也可以是啊。我生病了，他也会学着我的样子，给我端水，喂我吃药。每次想到这些，心里都是暖暖的。

　　你以为孩子就是这样的可爱小天使吗？也并不是啊！作为一个学生，学习是他现阶段的主要任务，可一开始他并不很清楚。小学的时候，挨了我这个当妈的骂，挨了爸爸的打也是不少呢。可没办法啊，作为父母，谁不希望孩子更进一步呢？说过的要仔细、要圈画、要用草稿纸……诸如此类的老生常谈，就是不记得，我们也发愁啊！

　　现在进入了初中，我感觉他长大了。不仅是身体上的变化，心理上尤为明显。他能够坐下来与我们平等交流沟通，不再盲目相信我们，有时甚至还会提出质疑。对于他的这一转变，我们尽管有点大权旁落的"失意"，但更多的则是惊喜。

　　学习，当然是最令我牵挂的。第一个月，他在学习上还算轻松，做的练习效果还可以。他亲口说："下一次期中考试，我要进步几名。"不错，会定小目标了，接下来就看你的了。我满心期待。可接下来的一

[1] 初一（5）班孙颢峻家长

个月，我看到的是跟以往一样的状态：到家就吃，吃完洗洗就睡，没有一点儿复习巩固。我可真是着急啊，可他并不着急，真是应了那句老话：皇帝不急太监急。

果不其然，期中考试的成绩不仅没有进步，反而后退了很多。对于这个结果，他傻眼了！在得知成绩的那个晚上，不见了他往日的眉飞色舞、夸夸其谈，话都少了很多。沉默……思考……不解……我能感受到他当时内心的忧伤、自责。

也许每个人都会在成长之路上经历这种直抵内心的痛苦。痛苦，一定意义上也意味着新成长的开始。我们有了一次深入的交谈，他终于体会到了没有付出过努力，目标是不可能会实现的；更认识到靠考试前两天的突击是考不到理想的成绩的。

在那之后，无需我们多言，晚上回来儿子便自觉打开书或练习册。除了完成老师的任务，还根据自己的情况，进行一些针对性的练习，巩固当天的知识。我感觉孩子变了，他变得自觉了、认真了，有责任心了。

加油吧！孩子，我已看到了一个小萌芽似乎从土里长了出来……

（班主任：李云霞）

评析： 青春期，既是孩子身心快速的成长期，也是孩子叛逆或者"精神断乳期"，同时这一阶段又是孩子学业竞争越发激烈的时期。于是，父母们既会欣喜于孩子很多优秀品质的形成，也会为孩子某一次的挫折而担心或焦虑。本文在平实无华的语言中真实地反映了父母们的此类心理，读来真切可感。

成长的欣喜

顾 沂[①]

　　在宠爱中长大的小姑娘，今年秋季进入了田中大家庭。初中每日在校时间有十三小时之久，刚开始她说有些恋家，说每天去食堂吃晚饭，就特别想晚餐时家人围坐的温馨。几天之后，渐渐适应了，告诉我说去食堂途中会看到天边很美的晚霞，和同学一起很热闹。

　　小姑娘被老师选为班长，我们想，初一7门课程，还要协助老师管理好班级的事务，真怕她力不从心。她却说："我得好好努力，做个好的表率！"果然，她确实很努力，在认真学习的同时，尽心尽力地做着老师的小助手。秋季运动会，她没有参赛，只做一个灵活勤快的后勤。班级稿子不多，她就赶了八篇广播稿，说这是班级的集体荣誉。运动会结束时我们接她回家时，远远地看她首先是楼上楼下跑来跑去，说是归还班牌之类的，接着又看到她组织同学收拾教室。在那一瞬间，我猛地感觉到：我的小姑娘长大了。

　　这姑娘缺乏体育锻炼，跑步是她的短板。学校体测前她有些担心。体测回家，撒娇地让我抱抱。然后兴奋地告诉我："800米的时候我在第二跑道，开跑瞬间，被同学撞倒了，来不及思考，立刻爬起来快速奔跑。当时我心里特委屈，想哭，但又想着不能沮丧，我现在需要做的就是奋力奔跑。看到自己居然超过几个同学，我信心大增，顺利地通过了！"说罢，还撒娇地让我看看她因摔倒磨红的手掌和瘀青的膝盖。我为她点赞："小姑娘，真的很坚强！"

　　姑娘小学从没有参加过任何课外补习，她认为保持优秀成绩的奥秘就是认真听老师讲课，及时完成作业。初中她也延续这种做法。初中刚

<hr>

　　① 初一（27）班秦蕴墨家长

刚开始的一个月，她还像小学时一样轻松，做完作业回家就万事大吉。后来，她发现一些问题：小四门的背诵来不及，还有最明显的是每天英语默写，满分很少，不时有些小疏忽。于是她马上作出调整，回家把当天所学的知识点复习一下，说第二天就能看到效果了！还无奈地和我们说："温故而知新，古人诚不欺我呀！"

还有一件事情不得不提。她爸爸参加完家长会，老师建议不要在孩子面前玩手机，爸爸第二天就做到了。姑娘笑着说："爸爸，你这么配合，让我压力好大呀！"我跟她爸爸说："姑娘在成长，我们也要成长啊！"全家人都笑了起来。

（班主任：周佳欣）

评析：从字里行间，能够看出作者的确充满着欣喜。一个小瞬间、一件小事情，都能够看到作者孩子的良好管理力，这些管理力是多方面的，包括着自我觉察、自我理解、自我调节、班级管理，甚至对于父母的调节等等。

夕阳下的影子

杨继永[1]

女儿琪琪进入初中了。初中，是孩子人生中的一个特别重要的阶段。从童年时代的懵懂，到少年时代的独立思考；从小学时的无忧无虑，到初中时的课业压力。作为父母的我们，一直担心孩子能不能适应这样的巨大变化。每天晚上，我在延寿路口等她放学，就在思忖：她和谁一起走？脸上有没有笑容？步履是否轻盈？……操心的父母啊，就好像要在内心安上最先进的雷达，随时能探测孩子内心的所有。

让人欣慰的是，琪琪每天放学，都是一路"叽叽喳喳"地讲在学校的新鲜事。有时候，看着她背着重重的书包，我想接过来，琪琪总是笑着摇摇头说："没事，我背得动、背得动。"看着她前行的背影，真的感觉孩子长大了。

孩子的课业虽然变重了，闲暇时间也变少了，但我和妻子还是会尽量安排时间和孩子一起回乡下看看。一来可以让孩子放松一下心情，二来可以看看外公外婆。小学的时候，琪琪一到乡下，第一件事就是和她心爱的小狗玩，房前屋后一通跑。玩累了，要么坐在沙发上看电视，要么就偷偷把外婆的手机拿过来玩。外公外婆发现了，总是笑着批评两句："小孩子，不能一直玩手机，对眼睛不好。"对于这些，琪琪总是当作耳边风。

这次回乡下，车还没有停稳，琪琪宠爱的小狗"喜儿"就奔了出来，围着车门一直打转。琪琪连忙下车去招呼喜儿，但她这次却和往常不一样，没有直接领着喜儿往田里疯跑，而是到屋子里先和外公外婆打招呼。外公问："中午要吃红烧肉吗？"琪琪点点头。等到与外婆打了

---

[1] 初一（7）班杨思齐家长

招呼说了话，她这才带着喜儿出了门。

玩了一圈回来，喜儿累得趴在垫子上直喘气，琪琪也跑得满脸红扑扑的。尽管如此，她倒没有急着坐到沙发前面打开电视，而是跑到厨房，看外婆在那里择菜，她也端个板凳坐下帮忙。外婆问："琪琪，最近在学校表现怎么样啊？"琪琪扬起脸，略带骄傲地说："我感觉很不错，老师和同学都挺喜欢我的。"外婆打趣地说："哟，你也不谦虚谦虚？"琪琪笑着说："有些事我是谦虚不下来啊。"外公在旁边切菜，听到这，都笑得直不起腰来。

吃完午饭，琪琪有点忐忑地问道："爸爸妈妈，我可以看会电视吗？"她这样问，我们一下子还有点不适应了，感觉她像是客人一样礼貌了。我们怎么可能不同意呢？得到许可，琪琪喊了一声："喜儿过来！"，就和她的小可爱一起到客厅去看电视了。我们四个人大人相视一笑，孩子终究还是孩子。

收拾完碗筷之后，我们坐在厨房闲聊。约摸过了40分钟的样子，琪琪走了进来，说："爸爸，你去把车门开一下。我的作业在车里，我要去做会作业。"我们都吃了一惊，想起琪琪在小学里，催她做作业总是要"三请四邀"的，她妈妈为此不知道掉了多少头发。

做完作业，琪琪伸着懒腰从房间里走出来，看到外婆正在院子里修剪月季花。琪琪也走过去，安静地站在外婆的身边，帮着外婆清理树上的枯枝。11月的白天特别的短，下午4点多已经夕阳西下了。琪琪和外婆面对面站在花丛里，夕阳照在她们身上拖出长长的影子。看着那微微的阳光映照下的身影，我想起了琪琪的童年，也是在这里，也是跟外婆在一起，从在怀抱中的呢喃细语，到学步的蹒跚，再到上幼儿园时的爬上爬下，再到小学的嬉戏打闹，一转眼，孩子变成了一个懂事的大姑娘了。

（班主任：刘佳）

评析：本文通过记叙孩子看望外公外婆前后差异性的变化，展现了孩子的成长。这里所指的成长，主要是孩子懂得关心外公外婆，懂得以外公外婆喜爱的方式去陪伴他们，懂得不能一味地贪玩。需要指出的是，文中的孩子之所以能够懂得关心他人，且产生了关心他人的行动，关键因素在于家庭所提供的体验与实践活动——即家长经常性带孩子去看望老人的行动。

成　长

陈炜芬①

　　时光荏苒，转眼间孩子已经升入田家炳初中二年级了。我不记得从哪天开始，孩子那种稚气渐渐没有了，脸上多了份阳光和坚毅。我在想，这说明孩子在成长，而且在快速地成长。

　　记得前两年，当孩子为某件事与我们发生争执时，他一般会用自己简单粗暴的方式来平息："爸爸你不要说了！"于是爸爸闭嘴了。可我这个当妈的还在嘀咕，他又吼一句："妈妈你也不要再说了！"妈妈只得也住嘴了。我们当时并未意识到孩子的这种表现，是我们作为父母处理问题简单甚至粗暴的复制，甚至有时我们还觉得孩子能够这样，是一个勇敢的人，尽管被孩子这样命令让我们心中有些不爽。

　　初一下学期的一次，也是类似的亲子之间观念不一致的情况，我原以为孩子又会命令我们，谁料孩子的口风大变："爸爸妈妈，您二老先说说自己的想法。"然后接着是："希望您二位也听听我的想法。"这显然不是命令，而是商量。我们很惊奇这种变化，询问才知道，孩子刚刚上了一节名为《父母之命》的班会课，他学会了如何跟父母更好沟通的方法。

　　孩子的变化不仅仅是这些，还有很多很多。比如独立处理事情的能力也有所提高。就拿刚开学不久的那件小事来说，在开学第一天晚上，他在取心爱的单车时发现，撑脚断掉了，车子整个倒在了地上。当时没有目击者，他只好郁闷回家。他第二天回来告诉我们，事情已经处理好了。一位人高马大的同学主动和他说没留意，坐到车上，导致侧翻，砸断了撑脚。那同学提出来维修或赔偿，当时他毫不犹豫地说："不用

───────

①初二（2）陈苏睿家长

了，没关系的，你也不是故意的。"。他当时的妥善处理，得到了我和他爸的一致赞同。

参加如东实践活动的收获更是满满。每天早上起来后，他不再需要提醒叠被子了，吃完饭主动收碗，吃到好吃的饭菜还能夸赞我们几句。尤其是周末训练过程中双脚踢肿，却依然能坚持到结束。晚上简单地冰敷后第二天还有疼痛，他忍痛去学校，没提一句请假，换做以前早早的叫唤开了。

点滴变化，点滴成长，就是这些点滴之中，一棵小树长成了参天大树。

（班主任：吴彦）

评析：孩子从对父母的命令式言语到商量式言语的变化，不只是孩子个人的自然成长，而更多受惠于学校的教育，这一教育是南通田中学校比较有特色的课程——学生情感素养类课程。针对亲子矛盾、情绪困扰、压力等诸多初中生的情绪情感问题，南通田中的学生情感素养课程选择近60个初中生常见的情绪情感问题，一一进行专题指导，一定程度上帮助初中生学会了更好地安顿心灵，更好地处理人际关系。

放学路上的那些"说说"

高宁宇[①]

儿子：

上初中后，你每天早出晚归，和老师同学相处的时间多了，与我们相处的时间少了。于是，每天我特别期待的时光，便是来接你放学，然后一起在放学路上闲聊、说说。那些"说说"啊，每每想起特别温馨。

说说一

进入田中后，我第一次来接你放学。在柔和的路灯光下，远远地看到脸上洋溢着微笑的你向我走来。回家路上，你激动地说着："今天我认识了好多新同学，他们来自不同的小学，都很有意思。班主任组织我们学习了学校的规章制度，要求每天佩戴红领巾、胸卡，周一、周五要穿校服，按时上学，积极争创文明班级……"你像一只快乐的小鸟，叽叽喳喳地和我分享着第一天学校里发生的事情。接下来只要是上学的日子，你都能按时起床，佩戴红领巾和胸卡上学，自觉地用学校的规章制度来规范自己的行为。

说说二

今天是期中考试第一天，我准时来到了接送点。在人群中我一眼看到了低着头走路的你。在回家路上，你沮丧地告诉我："今天数学考试结束铃声响起时，检查出第一道简答题的表达式抄错了，来不及改，至少要扣4分。这次期中考试肯定考不好了！"我担心你下面的考试状态，安慰道，数学考完了就不要想了，继续准备下一门的考试，在下面的考

---

① 初一（2）班邓高远家长

试中争取把分数追回来就可以了。但是你情绪还是很低落，一路默不作声。快到家时，你突然抬起头来，眼睛亮亮地对我说："老师说过遇到困难，不要轻言放弃，需全力以赴，勇往直前。嗯，虽然这场数学考试考砸了，但是考试远还没有结束，接下来的5门课考试我要更仔细一点，力争考好其他课程。"第二天，你又准时起床，自信满满地上考场了。

说说三

又到放学的时间了，你兴奋地奔向我。在回家路上，你迫不及待地告诉我："今天我参加了学校乒乓球校队选拔，成功入选，和其他3个高年级男生组成乒乓球男子团队，一起代表学校参加南通市中学生乒乓球比赛。体育老师告诉我们，在上一届中学生乒乓球比赛中，我校乒乓球队获得第一名的好成绩。我也要向他们学习，刻苦训练，和我的队友们一起为学校增光添彩。"

其实，还有太多的说说。在这些说说中，我发现了你身上悄然发生了一点一滴的变化：你变得自律、坚强、自信、乐观。孩子，青春年华是世界上最珍贵的东西，在未来的学习生涯中，愿你不虚度绚烂年华，乘风破浪，成长为自己想要的模样！

（班主任：胡丽）

评析：本文父母的"说说"、絮叨，充满着对孩子浓浓的爱意。与一般让孩子厌烦的"说说"不同，本文的"说说"是孩子乐于倾听的，因为都是对孩子的正面评价。对于身心快速成长变化中的初中生，父母应更多地看到他们的优点，为他们提供更多的正能量支持，希望更多的父母能够直接面对孩子的这些"说说"。

努力吧，少年

刘金锋[1]

璨儿：

见信好！刚见花开，又遇花落，时间过得真快，转眼你迈入田家炳中学已近半学期了，感觉你已经从一名小学生逐渐成长为一名合格的初中生了。

特别感恩你能来到爸爸妈妈身边，给我们的家庭带来了很多的欢声笑语，让我们这个家充满温暖。从你呱呱坠地到会笑会爬，从开始上幼儿园到成长为一名少先队员，从小学毕业季到迈入初中校园，一切的一切，历历在目，仿佛就在昨天！

成长是快乐的。爸爸妈妈每天最期待的，就是能够分享你在学校的点点滴滴，无论是与同学的相处，还是对老师的评价，又或是参加学校秋游及运动会的所见所闻，总之，你的一切都能够给一家子带来欣喜。你说你庆幸是我们家的孩子，其实我们更庆幸你是我们的孩子。

成长的过程中也会有烦恼。虽然爸爸妈妈比以前更忙碌了，但我们会坚持每天都花时间陪你，与你一起面对紧张而又忙碌的学习生活，一起回味努力后收获回报的瞬间喜悦，一起体会月考考砸的挫败懊恼。我们相互扶持、相互鼓励，一路共同走来，虽然磕磕绊绊，但回过头来，看到的却都是成长的足迹。当然，路终究还是要你自己去走。我们只是一个陪伴者、支持者。我们欣喜地看到，在学习的过程中，哪怕是遇到你最头疼的数学和地理学科的学习困难，每次你都能够以一种积极的心态去应对，终究你都能够拨得云开见月明。

我们最欣喜的，不只是你的学业进步，更是你的情感与道德的成

---

① 初一（25）班刘璨家长

长。你懂得了吃苦的意义，懂得了安慰别人，懂得了在爷爷奶奶咳嗽感冒的时候嘘寒问暖，懂得了与我们一起体验家务的辛劳，懂得了在同学有困难的时候帮助他。

因为你，爸爸妈妈有了奋斗的目标和动力，所以我们的生活也过得越来越好了，但是我们相信，以后还会更好！家庭的建设离不开你的共同参与和努力，以后我们各司其职，共同把我们的小家庭经营得更好！

努力吧，少年！

（班主任：蒋慧）

评析：与面对面交流不同，书信可以更深刻、更全面地表达内心的情感与思想。中学阶段的孩子，秘密多了、矜持也多了，于是，书信便成为了亲子之间沟通的另一种有效方式。南通田中会引导家长给家长写信，也会引导家长给孩子写信。我们经常会看到亲子之间阅读彼此信件时的感动画面。感动的过程，是密切亲子关系的过程，更是促进孩子成长的重要节点。

见证成长

黄云[1]

亲爱的女儿：

见信好！翻开前几年的相册，再看看校运动会上拍下的你的照片，突然发现，你已褪去了一脸的稚嫩，长成了一个嫣然少女！仔细回忆你上初中之后的一点一滴，突然发现，何止是外貌变化哦，你从内到外都发生了变化，你真的长大了啊！

曾经的你会因为一点鸡毛蒜皮的小事和弟弟大打出手；现在的你会主动帮弟弟检查作业，教导弟弟要体谅妈妈的不易。

曾经的你把什么人都当知心朋友，因为不善于拒绝别人，有时会干傻事；现在的你知道什么样的人才是真正的朋友，学会了拒绝一些"朋友"的不合理邀约。

曾经的你因为不喜欢某位老师，公然在课堂上以沉默的方式对待老师的提问；现在的你学会了如何给予老师应有的尊重。

曾经的你会在意别人的眼光，会因为别人的一些毫无根据的话而难过；现在的你会告诉我："妈妈，我只要做好我自己就行了，他们说什么都影响不了我！"

曾经的你因为被田径队淘汰而哭鼻子；现在的你能够在校运会上努力拼搏，即使拿不到奖牌，也会笑着对我说："妈妈，我不难过，我已经尽力了！"

曾经的你被我逼迫每天跳绳，会故意把跳绳个数多数几个；现在的你每天回来主动地、一个不少地跳一千个，因为你知道好的身体才能保证你向着自己的目标奋进。

---

[1] 初一（27）班马誉瑄家长

曾经的你会满足于看上去还不错的成绩，从来不会去看和前面的同学的差距；现在的你给自己悄悄定下"下次要考年级前五十"的目标。

曾经的你遇到事情只会找妈妈、找老师；现在的你学会了自己尝试去解决问题，你在一次次的失败中成长，在一次次的犯错后学会了明辨是非。

看到你的这些成长变化，妈妈特别开心、特别欣慰。这也应该是天下所有母亲最幸福的事情。当然，在人生路上，你还会遇到各种困难甚至坎坷，但是请相信，妈妈一直在你身边，是你永远的倾听者、支持者和陪伴者。唯愿你身心康健，快乐成长，早日实现自己的梦想！

（班主任：周佳欣）

评析： 作者以"曾经的你"与"现在的你"为写作线索，通过对比的方式，展现了孩子多方面的成长。当孩子阅读到那么多的"曾经的你"与"现在的你"，孩子会感受到来自父母的满满的爱。

不负韶华　无悔青春

孙晓霞[1]

不知不觉中，我的孩子，你经历了一个个四季的变幻，跨入了初中的校门，从而掀开了你青春岁月崭新的一页。

新的学校、新的同学、新的老师，带来了全新的校园生活。嫩绿新吐，蝉声鸣鸣，落叶飞舞，冬雪飘零。时间悄然过去，渐渐地，你的身上也悄然发生着变化。你会每次都记得要戴好鞋套，爱护电脑室的环境；你会在出黑板报前，寻找各种素材，与同学一起在欢快的气氛中协作出板报；你会在寒暑假按照要求完成体育作业，虽然有时不尽如人意，但却从不轻言放弃……

你更加学会了在生活中关心家人，你会在电话里叮嘱爷爷奶奶要保重身体，冬季注意防寒保暖，平时不要节省，要营养均衡；你会叮嘱外公少抽烟少喝酒，让外婆平时跳跳舞锻炼身体；你会抢着帮妈妈拎东西，和妈妈一起分享美食，做妈妈暖心的"小棉袄"；你会真心地赞美爸爸的厨艺，不挑食，好好吃饭，健康成长；跟亲戚家的弟弟妹妹在一起时，你是可靠的姐姐，会细心地照顾他们，耐心地和他们说话，陪他们做游戏……

你还学会了停下脚步，发现生活中的美好。你细心照料家里养的小乌龟，喂食、换水，冬天让它沐浴暖暖的阳光，欣赏它惬意地伸出长长的脖子，闭着眼睛享受日光浴的样子。你喜欢观察天空，形状各异的云、闪烁的星星、明亮的月亮都会成为你拍照的素材。冬季温暖的午后，看见林荫道两旁树木的树叶在微风的吹动下姿态曼妙地飞舞，映射着金黄的光线慢慢盘旋而下，你会感叹：好美啊！像电影里的场景！夏

---

[1] 初二（4）班汤孙琪家长

日的雨后，鲜艳细小的花瓣铺满一地，明亮的阳光洒在上面，闪着碎钻般的光芒，我们慢慢地走过，你会欢快地说："妈妈，你看，我们在走花路哎！"是的，花路，色彩斑斓的花路。当然，我们也知道，人生之路不全是花路，也有荆棘和泥潭，需要谨慎前行。不过，没有关系，我和你爸爸永远在你的身后，还有你现在的同学、现在的老师，未来的同学、未来的老师，以及未来的同事。

（班主任：茅黎莉）

评析：作者是一位特别善于观察的母亲，她敏锐地捕捉到了孩子成长的N个小细节，涉及到学校生活、家庭生活、社会生活的方方面面。阅读此文，孩子在深切体悟母亲的浓浓爱意的同时，也能感受到自身成长所带来的喜悦，并伴着成长的幸福感生发新的前进动力。

第六章　就这样，孩子已长大

遇见你，在文字中

蒋桂红[①]

亲爱的女儿：

　　想起你，总能想到那个暖暖的午后，和你一起捉迷藏。你用一条大大的浴巾遮住自己，安静地蹲在那里，以为这样我们就看不到你了。金色的阳光笼罩着小小的你，我们就这样微笑地看着你……这一切，好像就在昨天。但，一不小心，你就超过了我的肩头，一不小心，你就变成了一名初中生。

　　每天清晨，你我忙忙碌碌，奔向各自的学校；延时服务里，我站在我的课堂，你坐在你的教室……我们好像没有太多的时间去交流。直到有一天，我翻开你的习作本，才突然发现，我们的女儿长大了！

　　透过你的文字，我们遇到了一个又一个你。

一个懂得感恩的你——

　　每每做完作业，外婆总要细心地为我检查铅笔，一支一支，反复看上几遍，唯恐看丢一支。遇上笔断了的，粗了的，就拿来削笔器，开始削铅笔。每每到了这时候，伴着"吱吱呀呀"的削笔声，外婆总忍不住感叹："能学习是件多好的事儿，瞧瞧我家小馨儿，写的这些字，看着多好，真让外婆欢喜！"印象中，她总是这样说着，日复一日，年复一年，从未疲倦，从未改变。而我，也永远记得那样的时刻，那样的感叹——柔和的灯光洒在外婆的身上，声音那般软糯，停留在我的心底。

---

① 初二（7）班吕蒋馨家长

一个向上向善的你——

正值夏季，骄阳高悬，蝉鸣中透着些许聒噪。阳光直晃得人睁不开眼，吴锦泉的老式单车，在巷内徘徊，终于在一处屋檐下落脚，钝黑的刀片轻轻覆上铁石，来回推拉，黑色的污水一滴滴落入盆中，"咔嗞"声反反复复，打破了燥热的空气，单调而寂寥。汗珠顺着脸颊淌下，浸湿了白布褂，梧桐树下落下一地的绿意，那刀片逐渐锃亮起来，阳光在刀片上来回跳跃，洁白的刀身映着小巷里来往的人群，也映着他淌满汗珠的脸庞……

一个心系祖国的你——

2008年，我出生的那一年，北京奥运会上，一次次国歌的奏响，一面面红旗的升起，让世界再一次认识中国。疫情突袭，无数的逆行者叠加出一种神奇的中国速度，展现出一种无畏的中国担当，给雄鸡形的版图镀上了金灿灿的色彩，让这一抹红再一次激荡出震撼人心的力量！"铁肩担道义"，红色的种子已在心田播撒，补足精神之钙，筑牢信仰之基，所有关于未来的答案让我们共同在实践中找寻！

……

很久以来，我们都希望你不用长大，就做那个无忧无虑的你，小小的你。但……

一朵一朵时光，悄悄绽放；

一枚一枚文字，跃然纸上。

我们又不禁欣喜于你的长大，翻看着你写下的一页一页文字，我想，一定是田家炳中学的菁菁校园滋养了你，给了你一双明亮的眼眸，领着你去发现生活的美好；给了你一颗细腻的心灵，你的笔尖才会有温暖，有感动，有懂得，有爱！

愿你继续在心底种下文字，我们一起陪着你，等待它们再一次发芽、伸展……

（班主任：金晓玲）

评析：本文叙写孩子成长的写作素材，基本上选用孩子写作的文字。透过文字看成长，这是一种崭新的观察视角。成长主题写作的过程，是自我审思、自我对话的过程，孩子若能经常以真情实感开展此类写作，对于提升其个体生命品性是极好的。